照片1 作者在伯克希尔－哈撒韦总部所在地——美国内布拉斯加州奥马哈市基维特广场大厦。巴菲特在此办公已超过50年。迄今为止，作为全世界最大的综合性控股集团之一，伯克希尔－哈撒韦仅在此楼的14层租了半层楼，员工只有20多人。巴菲特的家距离此处也仅有5分钟的车程。

照片2 每年5月的第一个周末，数万名来自美国及世界各地的伯克希尔－哈撒韦的股东及巴菲特、芒格的"朝圣者"都会从凌晨开始，在位于奥马哈的体育馆——CHI健康中心外排起长队，等待早上7点钟入场。

照片3　作者在伯克希尔－哈撒韦股东大会举办地奥马哈市CHI健康中心外接受采访，分享对巴菲特、价值投资与伯克希尔－哈撒韦公司的看法。

照片4　早晨七点半，巴菲特来到伯克希尔－哈撒韦股东会现场。

照片5 靠近讲台的中央位置,是预留给伯克希尔-哈撒韦董事及重要伙伴的座位。图中,巴菲特入场后径直走向坐在第一排的芒格,后者正在与一旁躬身的微软创始人比尔·盖茨聊天。

照片6 座无虚席的伯克希尔-哈撒韦股东大会现场。

照片7　由于人数太多,有的股东甚至坐在主席台后面,会场挂起不同方向的巨幅直播屏幕,供坐在不同位置与角度的股东观看。

照片8　1999年作者在哥伦比亚大学读书期间在校门口(2960 Broadway)留影。

(照片2、4、5、6、7由作者本人拍摄,照片1、3、8为友人帮助作者拍摄)

制胜投资

微米革财富密码

戚克栴
——
著

图书在版编目（CIP）数据

制胜投资：微米革财富密码 / 戚克栴著 . -- 北京：中信出版社，2023.3
ISBN 978-7-5217-5058-4

Ⅰ.①制… Ⅱ.①戚… Ⅲ.①投资－基本知识 Ⅳ.① F830.59

中国版本图书馆 CIP 数据核字（2022）第 233355 号

制胜投资：微米革财富密码
著者：戚克栴
出版发行：中信出版集团股份有限公司
（北京市朝阳区东三环北路 27 号嘉铭中心　邮编　100020）
承印者：嘉业印刷（天津）有限公司

开本：787mm×1092mm　1/16　　印张：23
插页：2　　　　　　　　　　　　字数：255 千字
版次：2023 年 3 月第 1 版　　　　印次：2023 年 3 月第 1 次印刷
书号：ISBN 978-7-5217-5058-4
定价：88.00 元

版权所有·侵权必究
如有印刷、装订问题，本公司负责调换。
服务热线：400-600-8099
投稿邮箱：author@citicpub.com

谨以此书

献给中国资本市场的草根[①]

[①] 中国资本市场的草根,俗称"韭菜",本书中称作"微米",指那些用辛苦赚取的财富进行投资,希望通过投资回报的积累,实现财富自由的普通个人投资者。但由于他们往往没有掌握金融的正确理念或专业技能,不时失利,甚至离自己的目标越来越远。本书致力于帮助"微米"们掌握正确的投资理念与必需技能,通过获得可持续的复利回报,实现"微米"的财富革命。

自　序

2013年，我创立望华之初，曾碰到一位出版社的友人。他说："你们搞金融的有个问题，就是说出来的话，老百姓听不懂。可老百姓也有金融诉求，也想了解理财知识。如果你能写一本'草根金融学'，一定会大卖，而且有社会意义。"

这就是我写作本书的初衷。

此后，我坚持每年去奥马哈，参加伯克希尔-哈撒韦股东大会。基于20世纪末，我在巴菲特的母校——哥伦比亚大学商学院学习金融的根底，以及之后十几年在华尔街与中国资本市场的历练，再加上近10年来在伯克希尔-哈撒韦股东大会上的聆听揣摩，我对格雷厄姆、巴菲特与芒格的价值投资理念与操作方法，有了深刻、直观、系统与比较全面的了解。

在这期间，我吃惊地发现，价值投资其实特别适合于朴实、守法、勤奋，以长期收益与家庭财富传承为目标的中国普通家庭。而巴菲特和芒格所倡导的慢富优于快富、先勤俭后享福、做事要留有足够的"安全边际"、不要违法、热爱自己的祖国、永不借贷、投资于学习、不要押注股市涨跌、不与没有诚信的人打交道等一系列投资理念，甚至人生哲学，非常适用于中国，也是中国金融市场所急需的。

但我也发现，中国投资者对价值投资存在不少"误区"，甚至"曲解"，包括投资好公司就是价值投资，投资低市盈率（PE）公司就是价值投资，价值投资只投资成熟企业等。这使我觉得有必要把真正的价值投资，准确、原汁原味地介绍给中国百姓，并将价值投资"中国化"，用中国人熟悉的语言、理论体系与案例呈现给读者。

此外，我还翻译了两本金融领域的经典之作。第一本是1997年亚洲金融危机、2008年全球金融危机中，美联储主席格林斯潘、伯南克和耶伦关于如何应对金融危机与实现经济复苏的经典文集《危机与复苏》。荣幸的是，2022年10月，伯南克因对金融危机理论的特殊贡献获得了2022年诺贝尔经济学奖。第二本是价值投资[①]代表人物马里奥·加贝利与《巴伦周刊》前总编韦林合著的《并购大师》，其中包含了20位华尔街并购大师与CEO（首席执行官）的经典并购投资案例与人生感悟，该书有幸被评为"2020年度财经十大影响力好书"。

[①] 哥伦比亚大学教授本杰明·格雷厄姆、戴维·多德是价值投资学派的创始人。20世纪30年代开始，他们在哥伦比亚大学商学院开设并教授"证券分析"课程，培养了层出不穷的价值投资人才。沃伦·巴菲特是格雷厄姆的学生，作为世界级富豪与股神，巴菲特以60年年化复利20%的投资业绩，创造了世界投资史的奇迹，是当之无愧的价值投资第二代代表人物。马里奥·加贝利（GAMCO投资公司创始人）、格伦·格林伯格等则是后巴菲特时代（第三代）价值投资的代表人物，参见《价值投资：从格雷厄姆到巴菲特的头号投资法则》。

翻译西方金融名家名作的好处，就是可以静下心来，不受外界干扰，逐字逐句、原汁原味地掌握西方金融巨匠的精髓理念与经典投资案例。翻译这两本著作时所做的大量工作为本书的创作打下了更为坚实的理论与实践基础。

2018年4月，望华在中国证券投资基金业协会正式注册了第一只私募证券基金——望华卓越高分红价值成长私募证券投资基金，我将结合价值投资理念与中国资本市场特色的望华"微米革"模型，应用于A股市场的投资实操。根据Wind（万得资讯）的数据，该基金在近四年半的时间里，在极其波动的A股市场环境中，在经历过2018年、2022年两次大跌之后，仍实现了年均19.5%的复利投资收益率，在13 500多只同类型基金中，排名前5%。这使我对价值投资在中国的应用，以及如何规避价值投资在中国的"陷阱"更有信心，并希望"微米革"投资模型在中国A股市场的实践中焕发出勃勃生机。

2019年《并购大师》译稿交稿之后，我就着手起草本书的提纲。2020年，新冠肺炎疫情暴发，我终于有机会按下"快进"键，利用居家办公与周末的时间，积极投身本书的创作。2022年9月，本书共7篇、24章、25万字与近百张图表基本完成。

我信奉一句箴言："凡事总有其相反的一面。"3年磨一剑。如果没有新冠肺炎疫情，这本写给中国"韭菜"们的书，可能会出版得更晚。

投入如此多的精力创作本书，我主要有三个目的。

第一，与9年前的缘起一样，我希望写一本给中国百姓看的"草根金融学"。这本书既要反映价值投资理念，又要让百姓读得懂，更要符合中国"草根"的根本利益。直白地讲，我希望用 30 年积累的中西方金融知识与资本市场实践经验，为人民服务。通过本书，帮助中国百姓树立长期可持续、不投机取巧的投资理念，在复利的积累中，实现家庭财富的增长与传承，而不像之前那样，炒房、炒汇、炒股、炒黄金……我也希望，本书能成为促进国民金融普惠教育的一部经典之作。

第二，我希望本书具备可操作性，使读者可以学习，对读者好用，成为一本经典的投资教材与工具书。本书的内容不只是停留在理念与理论层面，更重要的是，它给出了具体的衡量标准、估值方法、计算公式、打分体系与案例等。当然，投资是很难的。但我相信，对于在校的大学生和研究生，受过大学或高中教育的中青年人，喜欢学习的中老年人来说，本书都将是一本"可学、可懂、可用"的投资操作指南。

第三，我希望本书可以促进价值投资的"中国化"。基于在哥伦比亚大学的系统学习，以及在华尔街与中国资本市场的长期实践，我深信，价值投资是符合中国传统文化与中国国情，适合中国资本市场的最佳投资理念。但是，国人对价值投资有不少"曲解"。我曾开玩笑地讲，可能是因为"价值投资"这个词太简单了，人人都觉得自己懂，但其实则不然。本书不仅尽量原汁原味地将西方经典价值投资理念展现给读者，而且针对中国国情与发展阶段特点，逐一进行分析，举出中国实例，最终形成中国化的"微米革"价值投资模型。

本书的总体结构分三层。第一层，讲价值投资的理念，对应本书的第一篇"微米的故事"。第二层，讲"中国化"的价值投资理论体系与方法论，包括第二篇至第六篇，从估值（Valuation）、市场（Market）、管理层（Management）、行业（Industry）和增长（Growth）5个维度分别展开。这5个关键词的英文首字母恰好组成"VMMIG"，与"微米革"谐音，也呼应了本书的中心思想——微小的米粒，可以实现财富的革命！这也是我将其取名为"微米革"的原因。第三层，讲"微米革"模型的打分体系、实用举例与风险控制，对应本书的第七篇"'微米革'财富密码"。

在第一篇中，尽管国王与渔夫的寓言在各个国家有很多不同的版本，但大同小异。聪明的渔夫从索要1粒大米的赏赐开始，通过每天实现1倍的复利增长，在短短的30天内，让国王付出了十几吨大米的代价。如果再持续30天，国王无疑将破产，因为他要付给渔夫115亿吨大米。而现实中的渔夫——巴菲特的故事，则向人们展现了持续60年，实现平均20%的年化复利收益的巨大魔力。假设你在20岁时投资10万元，如果能像巴菲特那样实现60年20%的年化复利收益，到80岁时你的这笔投资将变成56亿元。第一篇还将讲述三段论、价值投资的误区、投资就是投国运，以及如何运用经济周期进行投资等热门话题。

第二篇是本书的"硬核"内容，讲"如何给企业估值"。价值投资的本质，是以"真实价值"（Intrinsic Value）5折的价格购买股票，从而在股票价格回归理性时获得超额收益。而真实价值，就是通过折现企业未来的自由现金流算出来的。因此，估值最难，但也最关键。除了折现现金流，可比公司、可比交易可以帮助你找到某一行业里的"便宜货"。芒格有一句名言："在投资中，你不要轻易指望自己能卖得贵。买得便宜要比卖得贵容易得多。"事实上，能否买得便宜，到底是"真便宜"还是"假便宜"，在很大程度上取决于你的估值准不准。除了讲述各种估值方法的方法论与操作步骤外，此篇还会通过经典案例，"手把手"地教投资者如何从多如牛毛的财务、业务数据中找到相关数据与业务驱动因素，建立折现现金流估值模型，锚定企业的真实价值。

第三篇"预测市场趋势"，讲如何预测中长期的市场趋势，以及分析短期的市场影响因素。在传统的价值投资理论中，对此着墨较少。巴菲特曾说过："我在市场'择时'方面，表现非常差。"当然，这并不影响我们分析市场的中长期趋势，因为从长期看，资本市场的走势与实体经济的增速是趋于一致的。我们还会分析影响短期市场走势的货币政策、财政政策、突发事件等因素，这对于理解市场对相关事件的短期反应是有帮助的。

第四篇"寻找善良的管理层"，讲如何从人性角度，在中国的现实环境中，寻找优秀的管理层。好的管理层，首要的条件并非能力有多大，而是有道德、有诚信，甚至是遵纪守法、不做假账。如果公司的财务报告是假的，再精通估值的投资者也算不出企业的真实价值，因为估值的基础是假的。除了"有道德"之外，"微米革"模型还要求优秀的管理层"有目标、有知识、有能力、有体系"，即管理层要有为股东创造价值的目标与机制，要有必要的专业知识，要有足够的管理能力，还要有"接班人"后备体系。这五个方面合起来，可以概括为"五有"管理层。人是世界上最复杂的动物，要洞悉管理层，需要对人的本性与中国特色有深入的理解与准确把握，本篇会逐一分析。

第五篇"行业发展的逻辑"，讲如何分析行业。首先，要厘清行业分析的逻辑与框架。行业是经济的一部分，经济是社会的一部分，社会则由政治、经济、文化、人口、科技、军事、外交、宗教等不同层面构成。因此，要真正对行业有洞察与远见，不仅需要具备行业知识，而且需要成为触类旁通的杂家。站得更高，方可看得更远。在中国，任何一个行业的发展前景，都与国家的大趋势息息相关。第17章将中国的大趋势总结为"国九"趋势，即"一长三忧五化"[①]，以此作为中国行业分析的大背景与基础。第18章则以众星捧月的芯片行业为实例，研究了中国在这个备受全球关注的大国竞争前沿领域的长期发展前景。

第六篇讲"企业增长'护城河'"。芒格说："用划算的价格投资一家优秀企业，比以便宜的价格买入一家普通企业的结果要好得多。"这也是巴菲特口中芒格对他最大的帮助。而好企业的唯一"金标准"，就是企业拥有可持续增长的"护城河"。第20章逐一分析了企业增长的"护城河"——竞争优势，包括成本优势、垄断地位与定价权、品牌与客户忠诚度、文化与组织、技术优势、稳健的资产负债表等，为投资者按图索骥，与投资标的对

[①] "一长"为经济增长，"三忧"为少子化、环境资源约束、国际关系与政治环境之忧，"五化"为城镇化、老龄化、数字化、轻碳化与硬科技化。

号入座提供了"图纸"。第 21 章则从分析企业 ROE（净资产收益率）、ROA（资产收益率）和 ROIC（投入资本收益率）的差异开始，揭示了优秀企业如果善于使用资本的力量，将如虎添翼，更好、更快地实现可持续的高增长。

第七篇"'微米革'财富密码"，集前六篇于一体，形成了"微米革"模型。"微米革"模型不只是概念与方法论，还包括衡量指标与打分体系，而且使用起来便于操作，实用性强。投资者只需对五个维度逐一比照衡量指标进行评分，然后加总排序即可。为了帮助投资者更好、更快地掌握"微米革"打分体系，第 23 章就 A 股市场 20 个细分行业领域的 60 家代表性公司进行了示意性评分。需要强调的是，本书涉及上市公司的分析均为示意性举例，并不代表任何买入或卖出的建议。市场有风险，投资需谨慎。

第 24 章"'微米革'风险控制"，是最后一章，也是本书十分重要的一章。该章系统阐述了在"微米革"模型下如何进行风险控制，介绍了"微米革"模型的重要风控理念，包括永不借贷、守法、构建投资组合、现金为王、管理好投资者等，对投资者实操有重要意义。

本书为了帮助读者理解，绘制了近百张图表，并配有照片。本书逻辑推演的基础是数据与数学，图表与测算也贯穿始终。我相信，喜欢直观，并且是"数字控""图表控"的读者会有更好的阅读体验。

我要感谢5位联名推荐人，他们都是中国经济学界或者金融投资界的翘楚与风云人物，更是我的领导、恩师、客户、朋友甚至校友，都忙于各自的工作、教学与管理。我由衷地感谢他们百忙之中抽出时间阅读书稿并题写推荐语。

我要感谢望华的同事，是他们的辛勤工作、投资业绩与数据支撑，使本书的出版成为可能。尤其是战略投资部的孙湛，他参与了望华"微米革"投资理念的成形与实施工作。我也要感谢望华卓越私募基金的投资人，感谢他们对我们的信任，以及一如既往的支持，并希望有更多的投资人加入望华价值投资的大家庭，有更多的价值投资"粉丝"加入"微米革商学苑"。我们会继续努力，争取为投资者创造长期、可持续的优秀复利回报，为中国资本市场培养更多杰出的人才。

我要感谢我的家人，是他们一直给我前进的动力与成功的力量。

最后，我要感谢我成长路上每一个帮助与指导过我的人，是他们的信任、宽容与理解，成就了望华的今天，从而成就了本书。

希望有更多的中国百姓，能阅读到此书！

戚克栴

于北京华贸中心

目 录

自 序 · I

第一篇　微米的故事

第 1 章　复利魔杖 · 003

第 2 章　三段论 · 023

第 3 章　价值投资误区 · 036

第 4 章　投资就是投国运 · 042

第 5 章　穿越周期 · 051

第二篇　如何给企业估值（Valuation）

第 6 章　估值概览 · 071

第 7 章　从相似开始 · 088

第 8 章　跟踪并购市场交易 · 103

第 9 章 折现未来的现金流 · 112

第 10 章 估值模型 · 124

第三篇 预测市场趋势（Market）

第 11 章 投资时间 · 157

第 12 章 抓住中长期趋势 · 160

第 13 章 分析短期市场 · 179

第四篇 寻找善良的管理层（Management）

第 14 章 洞悉人的本性 · 211

第 15 章 中国管理层的特色 · 221

第五篇 行业发展的逻辑（Industry）

第 16 章 行业分析的框架 · 247

第 17 章 中国大趋势 · 254

第 18 章 行业分析实例 · 267

第六篇 企业增长"护城河"（Growth）

第 19 章 为增长估值 · 283

第 20 章 增长的源泉 · 290

第 21 章 资本的力量 · 310

第七篇 "微米革"财富密码(VMMIG)

第22章 "微米革"选股方法 · 319

第23章 "微米革"实用举例 · 323

第24章 "微米革"风险控制 · 329

后　记 · 349

第一篇

微米的故事

不积跬步，无以至千里；
不积小流，无以成江海。

—— 荀子，《劝学》

第1章 复利魔杖

以巴菲特为代表的西方价值投资理念，与两千多年前中国思想家荀子"跬步千里"的理念如出一辙。

价值投资的本质，就是如果能持续不断地实现复利，并且开始投资的时间足够早，随着时间的流逝，就可以成为百万、千万甚至亿万富翁。而其中，可持续的复利，便是登上财富自由之巅的魔杖。

假设一位20岁的青年拥有10万元的投资本金，如果每年都实现不足为奇的20%的复利回报，那么在20年后他的这10万元将变成383万元，30年后将变成2 374万元，40年后将变成惊人的1.47亿元，50年后将变成9.1亿元，而60年后将变成56.3亿元！[①]

[①] 即 10 万 × (1+20%)^{20} = 383.4 万。10 万 × (1+20%)^{30} = 2 373.8 万。10 万 × (1+20%)^{40} = 14 697.7 万，10 万 × (1+20%)^{50} = 9.1 亿，10 万 × (1+20%)^{60} = 56.3 亿。

1.1 微米寓言

很多年前,有个国王出海遇到风暴,险些丧命,幸被渔夫救起。国王将渔夫带回宫中,好酒款待,并许诺满足渔夫的一个要求,答谢救命之恩。

渔夫沉思片刻,提出了一个看似微不足道的要求。他说:"请国王今天赏赐我 1 粒大米。从明天开始,每天赏赐给我同我已有米粒数一样多的米粒。如此两个月,我就带着这些大米回家。"国王爽快地答应了。

日子一天天过去。渔夫第 1 天到第 10 天所拥有的米粒数分别是 1、2、4、8、16、32、64、128、256 和 512 粒。1 粒大米约 0.02 克,10 000 粒米就是 200 克,也就是 4 两,相当于 1 斤约 25 000 粒米,或者 1 公斤约 50 000 粒米。[①] 到第 10 天,渔夫只得到了 2 钱[②] 米,国王不由得感叹渔夫的宽容大度。

日子又一天天过去了。渔夫第 11 天到第 20 天所拥有的米粒数分别是 1 024、2 048、4 096……262 144 和 524 288 粒。到第 20 天渔夫终于拥有了 21 斤大米。国王听后蛮高兴的,认为这是恩人应得的奖励。

又过去了 10 天。渔夫第 21 天到第 30 天所拥有的米粒数分别

[①] 1 公斤 =2 斤 =20 两 =200 钱 =1 000 克。1 吨 =1 000 公斤 =2 000 斤。本书中所说的"斤",即"市斤",等于 0.5 公斤。

[②] 即 512 粒 × 0.02 克 / 粒 = 10.24 克。1 两等于 50 克。所以,10.24 克约合 1/5 两,即 2 钱。

是 1 048 576、2 097 152……268 435 456 和 536 870 912 粒。到第 30 天，渔夫已经拥有 21 400 多斤大米，大约 10.7 吨。用一个能装 10 公斤米的袋子装，已装满了 1 000 多个袋子。

国王开始叫苦不迭，赶紧叫停，并请求渔夫早日回家。渔夫很知足，谢过国王，就带着国王派出的十几辆马车，满载着大米，兴高采烈地回家了。

表 1-1 记录了第一个月，渔夫每天拥有的米粒数及对应重量。

表 1-1 微米寓言——第一个月渔夫获得的赏赐及重量

天数	渔夫获得的米粒数	折合重量（1 斤 =25 000 粒米）
1	1 粒	不足 1 钱
2	2 粒	不足 1 钱
3	4 粒	不足 1 钱
4	8 粒	不足 1 钱
5	16 粒	不足 1 钱
6	32 粒	不足 1 钱
7	64 粒	不足 1 钱
8	128 粒	1 钱
9	256 粒	1 钱
10	512 粒	2 钱
11	1 024 粒	4 钱
12	2 048 粒	8 钱
13	4 096 粒	2 两
14	8 192 粒	3 两
15	16 384 粒	7 两
16	32 768 粒	1.3 斤
17	65 536 粒	2.6 斤

续表

天数	渔夫获得的米粒数	折合重量（1斤=25 000粒米）
18	131 072 粒	5.2 斤
19	262 144 粒	10.5 斤
20	524 288 粒	21.0 斤
21	1 048 576 粒	41.9 斤
22	2 097 152 粒	83.9 斤
23	4 194 304 粒	167.8 斤
24	8 388 608 粒	335.5 斤
25	16 777 216 粒	671.1 斤
26	33 554 432 粒	1 342.2 斤
27	67 108 864 粒	2 684.4 斤
28	134 217 728 粒	5 368.7 斤
29	268 435 456 粒	10 737.4 斤
30	536 870 912 粒	21 474.8 斤

资料来源：望华研究。

再根据表1-2，我们来看看如果国王的赏赐持续两个月会怎样。

到了第60天，渔夫累计会得到约57.6亿亿（即 57.6×10^{16}）粒米，折合大约115亿吨。假设1辆一匹马拉的马车能拉1吨，则大约需要115亿辆马车。马车的数量，甚至大于当今世界约80亿的人口数。

毫无疑问，国王无法满足渔夫的要求。如果国王真有这么多的马车，已足够他征服世界很多次了。

表1-2 微米寓言——第二个月渔夫获得的赏赐、重量及所需马车数

天数	渔夫获得的米粒数	折合重量 （1公斤＝5万粒米①）	所需马车数 （假设1辆一匹马拉的马车能拉1吨）
31	1 073 741 824 粒	21 475 公斤	21 辆
32	2 147 483 648 粒	42 950 公斤	43 辆
33	4 294 967 296 粒	85 899 公斤	86 辆
34	8 589 934 592 粒	171 799 公斤	172 辆
35	17 179 869 184 粒	343 597 公斤	344 辆
36	34 359 738 368 粒	687 195 公斤	687 辆
37	68 719 476 736 粒	1 374 390 公斤	1 374 辆
38	137 438 953 472 粒	2 748 779 公斤	2 749 辆
39	274 877 906 944 粒	5 497 558 公斤	5 498 辆
40	549 755 813 888 粒	10 995 116 公斤	10 995 辆
41	1 099 511 627 776 粒	21 990 233 公斤	21 990 辆
42	2 199 023 255 552 粒	43 980 465 公斤	43 980 辆
43	4 398 046 511 104 粒	87 960 930 公斤	87 961 辆
44	8 796 093 022 208 粒	175 921 860 公斤	175 922 辆
45	17 592 186 044 416 粒	351 843 721 公斤	351 844 辆
46	35 184 372 088 832 粒	703 687 442 公斤	703 687 辆
47	70 368 744 177 664 粒	1 407 374 884 公斤	1 407 375 辆
48	140 737 488 355 328 粒	2 814 749 767 公斤	2 814 750 辆
49	281 474 976 710 656 粒	5 629 499 534 公斤	5 629 500 辆
50	562 949 953 421 312 粒	11 258 999 068 公斤	11 258 999 辆
51	1 125 899 906 842 620 粒	22 517 998 137 公斤	22 517 998 辆
52	2 251 799 813 685 250 粒	45 035 996 274 公斤	45 035 996 辆
53	4 503 599 627 370 500 粒	90 071 992 547 公斤	90 071 993 辆
54	9 007 199 254 740 990 粒	180 143 985 095 公斤	180 143 985 辆

① 由于表1-2中第二个月的数字太大，因此重量单位用公斤表示。而表1-1中第一个月的数字较小，因此重量单位用钱、两、斤表示。

续表

天数	渔夫获得的米粒数	折合重量（1公斤＝5万粒米）	所需马车数（假设1辆一匹马拉的马车能拉1吨）
55	18 014 398 509 482 000 粒	360 287 970 190 公斤	360 287 970 辆
56	36 028 797 018 964 000 粒	720 575 940 379 公斤	720 575 940 辆
57	72 057 594 037 927 900 粒	1 441 151 880 759 公斤	1 441 151 881 辆
58	144 115 188 075 856 000 粒	2 882 303 761 517 公斤	2 882 303 762 辆
59	288 230 376 151 712 000 粒	5 764 607 523 034 公斤	5 764 607 523 辆
60	576 460 752 303 423 000 粒	11 529 215 046 069 公斤	11 529 215 046 辆

资料来源：望华研究。

这不由得令人感叹，智慧在民间。即使普通的渔夫，也知道复利——"利滚利"的厉害。这，就是复利魔杖的力量！

1.2 渔夫巴菲特

在投资界，也有着十分类似的故事，那就是沃伦·巴菲特[①]的故事。巴菲特用复利的奇迹，创造了世界上市值最大的综合性公司——伯克希尔-哈撒韦，而他自己则持续跻身世界上最富有的人之列。

[①] 沃伦·巴菲特，1930年8月生于美国内布拉斯加州奥马哈市，毕业于哥伦比亚大学商学院，伯克希尔-哈撒韦公司董事长、CEO和最大股东。2022年8月，巴菲特以1 180亿美元的财富位列《福布斯》全球富豪榜第五。他通过在合适的时候买入被低估的公司的股票，创造了巨大的财富，并成为当今世界无可争辩的股神与价值投资大师。

自 2013 年我离开工作 12 年的中金公司之后，每年 5 月的第一个周末，我都会参加在美国奥马哈市举行的伯克希尔 - 哈撒韦股东大会。一整天待在巨大的体育馆，与 5 万名投资者一起，聆听巴菲特与查理·芒格①分享人生、投资、资本市场与伯克希尔 - 哈撒韦的故事。

巴菲特于 1951 年毕业于美国哥伦比亚大学商学院，尽管比我早毕业 49 年，但也算正宗学长。相同的学习环境与氛围，使我对他有着独到的深刻认识。不得不说，本书的"微米革"投资理念与伯克希尔 - 哈撒韦的投资理念有诸多相通之处。

巴菲特很长寿，开始投资又早，因此投资周期很长。他生于 1930 年，第一次投资是在 1941 年。那一年他 11 岁，珍珠港事件爆发。巴菲特多次在股东大会上说："如果你在珍珠港事件爆发的第二天买进美国股票，并且一直持有，你就发大了。"

这就是他的基本理念：在一个长期有希望的经济体——巴菲特眼中的美国——最困难的时候，买入股票，并且长期持有。

1941—2022 年，共 81 年。记得渔夫和国王的故事吗？国王在第 30 天时就已经叫苦不迭，如果再拖几天，整个国家就都是渔夫的了。在持续创造复利收益的情况下，时间越长，投资回报就越惊人！

伯克希尔 - 哈撒韦是巴菲特唯一的投资平台公司。作为公司的大股东、董事长与 CEO，他对伯克希尔 - 哈撒韦是全部投入。

---

① 查理·芒格，1924 年 1 月生于美国内布拉斯加州奥马哈市，毕业于哈佛大学法学院。他是沃伦·巴菲特的黄金搭档，伯克希尔 - 哈撒韦公司的副主席。

除了伯克希尔 - 哈撒韦，他和家人没有其他任何投资。

1962年12月，巴菲特32岁的时候，以7.5美元1股买入了经营不景气、不断关闭工厂的纺织企业——伯克希尔 - 哈撒韦公司。巴菲特之所以投资，是因为他预期伯克希尔 - 哈撒韦会不断关闭工厂，获得现金以回购股票。而每股7.5美元的价格，远低于公司每股净资产20.20美元，甚至低于每股运营资本[①]10.25美元。

截至2022年8月，巴菲特对伯克希尔 - 哈撒韦的投资时间接近60年，这与渔夫在皇宫住60天的请求颇为类似。到2022年8月底，伯克希尔 - 哈撒韦的每股（A类股）价格是421 308美元，这近60年[②]的复合年均增长率（CAGR[③]）为20.1%，即$(421\,308/7.5)^{(1/59.67)}-1=20.1\%$。对应的绝对净增长倍数是$(421\,308/7.5)-1=56\,173.4$倍。

也就是说，如果60年前的你拿出1万元跟着巴菲特投资伯克希尔 - 哈撒韦，60年后，你将拥有5.6亿元！

由于年代过于久远，难以找到巴菲特投资伯克希尔 - 哈撒韦近60年全周期的股价数据。但我们找到了1980年3月—2022年8月这42年的每日股价数据[④]，绘制了伯克希尔 - 哈撒

[①] 运营资本（working capital）= 流动资产总额 - 流动负债总额。
[②] 实际上是1962年12月—2022年8月，即约59.67年。
[③] CAGR是Compound Annual Growth Rate的缩写，意思是复合年均增长率。复合年均增长率是指，一项投资在特定时期内的年均增长率。其计算方法为总增长倍数（即V_n/V_i，V_i代表第i年的价值）的n方根减1，n等于投资期间内的年数。
[④] 资料来源：1987年11月之前的数据来自雅虎财经，之后的数据来自万得资讯。

韦的股价走势图（见图1-1）。在此期间，伯克希尔－哈撒韦的复合年均增长率约为19%，绝对净增长倍数是（421 308/290）-1≈1 451.8倍，即在42年里，创造了约1 452倍的绝对回报。

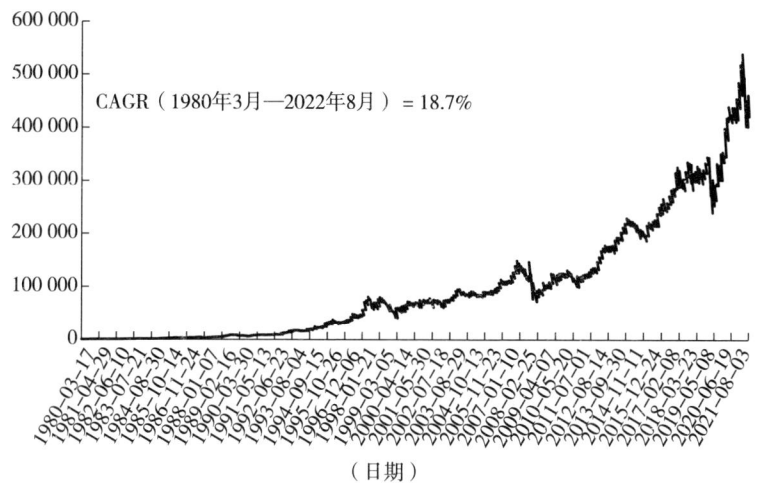

图1-1　伯克希尔－哈撒韦股价走势（1980年3月—2022年8月）

资料来源：万得资讯，雅虎财经，望华研究。

2021年2月，伯克希尔－哈撒韦曾公布1965—2020年该公司与标准普尔500指数的收益率比较情况（见表1-3）。1965—2020年，伯克希尔－哈撒韦股价的复合年均增长率正好是20.0%，而同期标准普尔500指数（含分红）的复合年均增长率是10.2%，约为伯克希尔－哈撒韦的一半。

表1-3 伯克希尔-哈撒韦与标准普尔500指数收益率比较

年份	年收益率（%）	
	伯克希尔-哈撒韦	标准普尔500指数（含分红）
1965	49.5	10.0
1966	-3.4	-11.7
1967	13.3	30.9
1968	77.8	11.0
1969	19.4	-8.4
1970	-4.6	3.9
1971	80.5	14.6
1972	8.1	18.9
1973	-2.5	-14.8
1974	-48.7	-26.4
1975	2.5	37.2
1976	129.3	23.6
1977	46.8	-7.4
1978	14.5	6.4
1979	102.5	18.2
1980	32.8	32.3
1981	31.8	-5.0
1982	38.4	21.4
1983	69.0	22.4
1984	-2.7	6.1
1985	93.7	31.6
1986	14.2	18.6
1987	4.6	5.1
1988	59.3	16.6
1989	84.6	31.7
1990	-23.1	-3.1
1991	35.6	30.5
1992	29.8	7.6
1993	38.9	10.1
1994	25.0	1.3
1995	57.4	37.6

续表

年份	年收益率（%）	
	伯克希尔-哈撒韦	标准普尔500指数（含分红）
1996	6.2	23.0
1997	34.9	33.4
1998	52.2	28.6
1999	−19.9	21.0
2000	26.6	−9.1
2001	6.5	−11.9
2002	−3.8	−22.1
2003	15.8	28.7
2004	4.3	10.9
2005	0.8	4.9
2006	24.1	15.8
2007	28.7	5.5
2008	−31.8	−37.0
2009	2.7	26.5
2010	21.4	15.1
2011	−4.7	2.1
2012	16.8	16.0
2013	32.7	32.4
2014	27.0	13.7
2015	−12.5	1.4
2016	23.4	12.0
2017	21.9	21.8
2018	2.8	−4.4
2019	11.0	31.5
2020	2.4	18.4
复合年均增长率（1965—2020）	20.0	10.2
总收益率（1965—2020）	2 810 526	23 454

资料来源：伯克希尔-哈撒韦公司网站。

上文的分析，几乎都指向了"巴菲特级"投资收益率标准：

- 1962—2022 年，复合年均增长率为 20.1%。
- 1980—2022 年，复合年均增长率为 18.7%。
- 1965—2020 年，复合年均增长率为 20.0%。

尽管在不同的时间段，伯克希尔－哈撒韦的投资收益率会有所不同，而且会随着资本市场的波动有所波动，例如 2008 年全球金融危机与 2020 年新冠肺炎疫情发生后，但在超过半个世纪的时间长河里，"巴菲特级"的复合年均增长率，都在 20% 左右。

1.3 正常的收益率

前文已经提到了复利的魔力，也举了复利在生活中的实例——巴菲特。他在过去近 60 年里，创造了年化 20% 的收益率，绝对增长倍数是 56 173 倍。

那么，20% 是否就是股权投资收益率的上限了呢？如果你考虑的是长期收益率，例如几十年，那么是的。为什么？因为巴菲特是股神。他在半个多世纪的时间里，不断地以 20% 的投资收益率实现惊人的复利，获得了成千上万倍的绝对回报，这是世界上任何其他投资者或投资基金都无法企及的，也是实践证明的长期投资回报水平的最高值。否则，在投资界，全世界就不会只有巴菲特一人不断跻身世界财富榜前 10 了。

如表1-4所示，巴菲特持续近60年实现年化20%的收益率，实现了5万多倍的绝对回报倍数（表中标灰的数字）。这个回报倍数超过了持续40年年化30%的绝对回报——36 118倍，也接近持续50年年化25%的绝对回报——70 064倍（见粗体数字）。

表1-4　不同收益率及期限下的绝对净投资回报倍数

		投资期限（年）							
		3	5	10	15	20	30	40	50	60
年化投资收益率	5%	0.2	0.3	0.6	1.1	1.7	3.3	6.0	10.5	17.7
	10%	0.3	0.6	1.6	3.2	5.7	16.4	44.3	116.4	303.5
	15%	0.5	1.0	3.0	7.1	15.4	65.2	266.9	1 082.7	4 383.0
	20%	0.7	1.5	5.2	14.4	37.3	236.4	1 468.8	9 099.4	56 346.5
	25%	1.0	2.1	8.3	27.4	85.7	806.8	7 522.2	**70 063.9**	652 529.4
	30%	1.2	2.7	12.8	50.2	189.0	2 619.0	**36 117.9**	497 928.2	6 864 376.2

注：绝对净投资回报倍数 =（1+ 年化投资收益率）^{投资期限}－1。

资料来源：望华研究。

按照中国城市人口的平均寿命约80岁测算，假设在30岁时，一个人通过打工赚到了第一个10万元，并把这10万元用于投资，如果投资收益率能达到巴菲特年化20%的水平，那么到他离世时，这10万元就变成了9.1亿元，这是惊人的投资回报。即便他改了主意，决定到60岁退休的时候就开始使用自己30年前投资的10万元，那10万元也已经变成了2 374万元，即10万元×（236.4+1）倍，足够他过上十分富足体面的退休生活了。

如果把巴菲特半个多世纪的投资业绩，与近200年里整个股票市场、债券、黄金等其他备选投资产品的投资回报进行比较，我们会发现，巴菲特的业绩是其他投资品远远无法企及的。如图1-2所示，1802—2002年，美国股票多元化组合的年化收益率大约是6.6%，长期国债的年化收益率是3.6%，而短期国债的年化收益率是2.7%，黄金则只有0.7%。因此，从美国资本市场200年的历史看，股票、长期国债、短期国债、黄金的收益率分别只有巴菲特20%的收益率的约1/3、1/6、1/7、1/29。

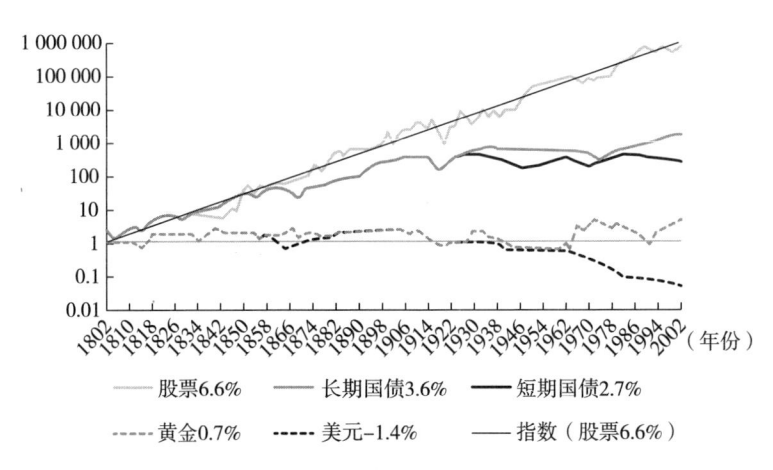

图1-2 美国资本市场主要投资品种收益率（1802—2002年）

资料来源：杰里米·J. 西格尔，《股市长线法宝》。

我们把巴菲特的投资收益率与图1-2中各产品的长期投资收益率做成不同投资产品收益率与波动性的比较表（见表1-5），作为对不同投资产品收益率正常预期的参考。

表1-5 不同种类的投资产品收益率与波动性比较

	年化收益率	波动性
股神巴菲特	约20%	较高~高
多元化股票指数	6%~7%	较高
中长期政府债券	3%~4%	中等
短期政府债券	2%~3%	中等
黄金	0.5%~1%	较低~中等
美元	−2%~0%	较低~中等

资料来源：望华研究。

1.4 如何实现可持续

无论是巴菲特还是渔夫，不难的是在一两个时间段内实现高回报水平，难的是长期、可持续甚至数十年如此。因此，复利的难点是可持续。在半个多世纪里，巴菲特实现了20%的复利回报，标准普尔500指数也实现了10%的复利回报，那么中国资本市场怎么样，平均水平是怎样的呢？

中国资本市场始于1990年12月。图1-3绘制了上海证券综合指数[①]1990年12月19日至2022年9月9日的每日价格走势。令人吃惊的是，在此期间，上证综指的复合年均增长率为11.6%。这高于同期美国标准普尔500指数的复合年均增长率10%，也与同期中国名义GDP（国内生产总值）的年均增长率

---

① 上海证券综合指数，其样本股是在上海证券交易所上市的股票。在本书中亦简称为A股大盘。其中，1990年12月19日的收盘价为100，2022年9月9日的收盘价为3 262。

（含通货膨胀）大致一致。考虑到股市是宏观经济的晴雨表，该增长率总体也还算合理。

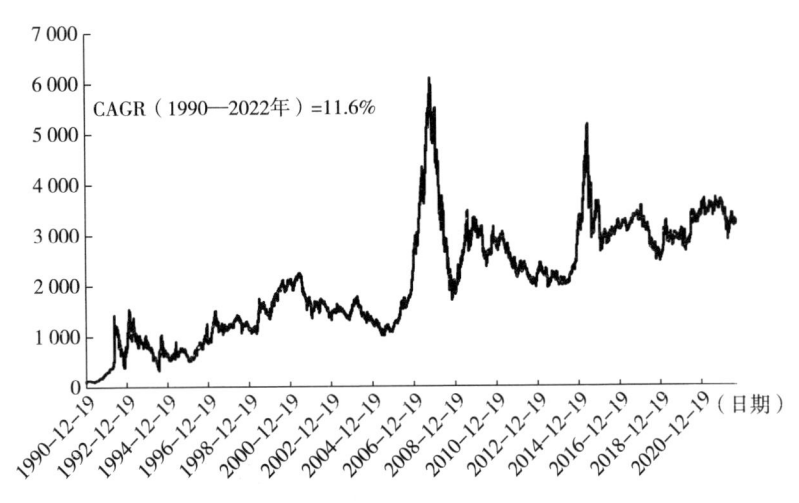

图 1-3　A 股上证综指自成立之初至 2022 年 9 月的走势

资料来源：万得资讯，望华研究。

然而，中国股市从初始至 2022 年的年均增长率超过 11%，为什么与大多数国人印象中的大盘走势表现不一致呢？很多股民觉得，A 股基本就不赚钱。其实不然，如果有人自 A 股市场创立之初就持之以恒地持有到今天，年化收益率会超过 11%，问题就出在 A 股大盘的波动性更强上。

如表 1-6 所示，在中国股市 31 年的风风雨雨里，尽管 A 股大盘（以每年底上证综指为基数计算）有年均 11.4%[①] 的收益率，

---

① 因截至 1990 年底，上证综指已从 1990 年 12 月 19 日的收盘价 100 涨至 12 月 31 日的收盘价 127.6，因此以年底上证综指计算 1990—2021 年的年均增长率 11.4%，略低于 1990 年 12 月 19 日至 2022 年 9 月 9 日的年均增长率 11.6%。

但是其中有13年的当年收益率为负（表1-6中标灰底的数字），年份占比高达42%（约两年就有一年亏损）。而如表1-3所示，在1965—2020年里，标准普尔500指数收益率为负的年份占比为22%，伯克希尔-哈撒韦收益率为负的年份占比为20%（约5年才有1年亏损）。因此，A股与标准普尔500指数或伯克希尔-哈撒韦相比，并未输在绝对收益率上，而是输在巨大的波动性上。

表1-6 上证综指1990年底至2021年底各年收益率及累计年化收益率

日期	收盘价	当年收益率（%）	自1990年底年化收益率（%）
1990年12月31日	127.61		
1991年12月31日	292.75	129.4	129.4
1992年12月31日	780.39	166.6	147.3
1993年12月31日	833.80	6.8	87.0
1994年12月30日	647.87	−22.3	50.1
1995年12月29日	555.29	−14.3	34.2
1996年12月31日	917.02	65.1	38.9
1997年12月31日	1 194.1	30.2	37.6
1998年12月31日	1 146.7	−4.0	31.6
1999年12月30日	1 366.58	19.2	30.1
2000年12月29日	2 073.48	51.7	32.2
2001年12月31日	1 645.97	−20.6	26.2
2002年12月31日	1 357.65	−17.5	21.8
2003年12月31日	1 497.04	10.3	20.9
2004年12月31日	1 266.50	−15.4	17.8
2005年12月30日	1 161.06	−8.3	15.9
2006年12月29日	2 675.47	130.4	20.9

续表

日期	收盘价	当年收益率（%）	自1990年底年化收益率（%）
2007年12月28日	5 261.56	96.7	24.5
2008年12月31日	1 820.81	−65.4	15.9
2009年12月31日	3 277.14	80.0	18.6
2010年12月31日	2 808.08	−14.3	16.7
2011年12月30日	2 199.42	−21.7	14.5
2012年12月31日	2 269.13	3.2	14.0
2013年12月31日	2 115.98	−6.7	13.0
2014年12月31日	3 234.68	52.9	14.4
2015年12月31日	3 539.18	9.4	14.2
2016年12月30日	3 103.64	−12.3	13.1
2017年12月29日	3 307.17	6.6	12.8
2018年12月28日	2 493.90	−24.6	11.2
2019年12月31日	3 050.12	22.3	11.6
2020年12月31日	3 473.07	13.9	11.6
2021年12月31日	3 639.78	4.8	11.4

资料来源：万得资讯，望华研究。

从表1-7可以看出，上证综指31年复合年均增长率为11.4%，略高于标准普尔500指数的55年复合年均增长率10.2%，远低于伯克希尔-哈撒韦的55年复合年均增长率20.0%。但是，A股的上证综指的波动性区间更大，为−65.4%~166.6%，跨度达232%。而标准普尔500指数的55年收益率区间为−37.0%~37.6%，跨度为74.6%，不足A股的1/3。伯克希尔-哈撒韦的55年收益率区间为−48.7%~129.3%，跨度为178%，在实现20%复合年均增长率的情况下，波动性仍显著低于A股。

表1-7 上证综指、标准普尔500指数、伯克希尔-哈撒韦收益率表现比较

	上证综指	标准普尔500指数	伯克希尔-哈撒韦
比较期间	1990—2021年	1965—2020年	1965—2020年
跨越年份	31年	55年	55年
CAGR	**11.4%**	**10.2%**	**20.0%**
收益率区间	−65.4%~166.6%	−37.0%~37.6%	−48.7%~129.3%
正增长年份数	18年	43年	44年
负增长年份数	13年	12年	11年
负增长年份占比	**41.9%**	**21.8%**	**20.0%**

资料来源：万得资讯，伯克希尔-哈撒韦，望华研究。

因此，尽管A股在30多年里的年均增长率并不低，但波动性很高，是标准普尔500指数的数倍。高波动性导致两个方面的问题。一方面，如果投资者在一个不好的年份退出，则其年均收益率会下降更多，例如，2008年A股大盘从2007年底的5 262点下降至2008年底的1 821点，下跌了接近2/3[①]。因此，如果2007年底投资者退出，则1990—2007年的年均收益率会高达24.5%。但到2008年底，1990—2008年A股大盘的年均收益率会大幅下降8.6个百分点至15.9%。另一方面，高波动性会让投资者感觉很不确定，"获得感"不强。

反观伯克希尔-哈撒韦，相对而言它更加稳健与可持续，历经55年，仍保持低于A股大盘的波动性，创造出年化20%的收益率。如表1-6所示，A股大盘曾在2004年之前，连续13年

[①] 同时期，在世界金融危机中心的美国，标准普尔500指数只下降了37%，伯克希尔-哈撒韦下降了31%。

创造出超过 20% 的累计年均收益率水平，但之后除了个别年份，再也没有回到 20% 的累计年均收益率水平。

因此，复利的关键在于长期可持续，而实现长期可持续，必须有独特的理论与方法。

第 2 章 三段论

有时，他的估价似乎与你所了解到的企业的发展状况和前景相吻合；另一方面，在许多情况下，市场先生的热情或担心有些过度，这样他所估出的价值在你看来似乎有些愚蠢。

——本杰明·格雷厄姆[①]，《聪明的投资者》

2.1 价值投资

价值投资是哥伦比亚大学教授格雷厄姆与多德在 20 世纪

[①] 本杰明·格雷厄姆，1894 年 5 月出生于英国伦敦，1914 年毕业于哥伦比亚大学，后来长期在该校任教。他是华尔街公认的价值投资奠基人，著有《证券分析》《聪明的投资者》等价值投资名著，也是沃伦·巴菲特的老师。他与戴维·多德在哥伦比亚大学商学院开设的"证券分析"课程，是价值投资领域最为经典的课程，培养出诸多华尔街投资大师。

20—30年代创立的投资学派。而巴菲特作为格雷厄姆的学生，60多年来创造了无可匹敌的投资业绩，使价值投资在投资界家喻户晓。

格雷厄姆总结了资本市场的三个基本特点，作为价值投资的基础。我将其称为价值投资三段论。

第一段，资本市场是一个"疯子"，因此"市场先生"的价格会非理性波动，即股票价格发生巨大的、反复无常的波动。"市场先生"很像是一个奇怪的"人"，他受制于各种无法预测的情绪波动，而这些情绪影响了他"做生意"的价格（市场价格）。

第二段，尽管市场是"疯子"，但股票却是有真实价值（Intrinsic Value）①的。大部分股票或其他金融资产的确存在隐含的或根本的经济价值（真实价值）。这个价值是相对稳定的，而且可以被勤奋、有纪律、聪明的投资人在一个合理的准确度内估测出来。

第三段，以大幅度低于真实价值的市场价格买入股票，长期将产生超额回报。格雷厄姆把真实价值与低价买入的市场价格之间的"落差"叫作"安全边际"（Margin of Safety）。在理想情况下，这个"落差"或"折扣"，即安全边际会是真实价值的50%或以上（即以低于5折的价格买入），或至少1/3（即以低于6.7折的价格买入）。他希望用5角钱，去买1块钱的东西。真正的价值投资者认为，如果你确实能实现这个策略，则长期收益将是

---

① 股票的真实价值，等于对应企业的100%股权的真实价值除以公司的总股数。

巨大的。而且更重要的是，这在长期内，几乎是确定的。

当然，上述三段论是对理性的价值投资者而言的。与之相反的是，在现实生活中，尤其在中国，大多数投资者是"技术型"投资者，而不是"价值投资者"。"技术型"投资者的主要特点如下。

一是他们不关注股票的真实价值。换句话说，就算他们关注，也无法计算股票的真实价值，比如由于能力问题，如数学能力、对财务报表的解读能力、辨识行业的能力、辨识人（管理层）的能力、学习专业知识的能力不足；或是由于性格问题，如缺乏纪律性而做不到"心静如水"，性格急躁而不善忍耐，喜欢"及时行乐"而不愿"延迟满足"；抑或是缺乏计算真实价值所需的时间（对股票的真实价值做出准确判断需要投入大量专注的时间。由于不同的人所受价值投资专业培训、个人所学财务知识、数学能力有所不同，以及公司所在行业的难易程度不同，所以需要投入的时间不同，一般为一个月到半年）。

二是他们只关注交易数据，即股票的价格走势与交易量的数据。他们相信，这些走势数据，反映了这只股票的供给与需求情况，如果追踪这些特点，他们可以分析出其隐含的未来价格走势。他们构造图表，来展示这些信息。他们仔细检查交易量数据，来发现所谓预示股价涨跌的蛛丝马迹或"信号"，以预测价格如何变化，从而使自己可以进行一次似乎有利可图的股票交易。真正的价值投资者认为，这些分析都是无益的。正如芒格所说，很多人连自己明天早晨起来心情是好是坏都不知道，怎么可能知道明天股市的涨跌呢？

2.2 "疯子"市场

关于资本市场是一个"疯子"的说法，很多人（尤其是"技术型"投资者）不认可。他们说，市场是最理性的，市场的价格才是真实的价格。

让我们先看看世界上拥有最发达资本市场的国家——美国的情况。我们选取了标准普尔 500 指数，这是一个记录美国 500 家上市公司的股票指数，由标准普尔公司创立，其包含的公司均在美国主要交易所，例如纽约证券交易所或纳斯达克上市。与道琼斯指数相比，标准普尔 500 指数包含的公司更多，因此风险更为分散，反映了更广泛的市场情况。

从图 2-1 不难看出，即使比上证综指稳健得多的标准普尔 500 指数，其波动性也是很高的，尤其在 2001 年互联网泡沫破灭、2008 年全球金融危机以及 2020 年新冠肺炎疫情发生后，股价均大幅下跌，之后又大幅反弹，直至下一次大跌。在金融领域，波动性指金融资产价格在一定时间段的变化性，通常以一年内涨落的标准差（Standard Deviation）[1]来测量，反映了投资的

---

[1] 标准差是离均值之差平方的算术平均数（即方差）的算术平方根，用 σ 表示。标准差能反映一个数据集的离散程度。平均数相同的两组数据，标准差未必相同。标准差的公式为 $\sigma = \sqrt{\dfrac{\sum_{i=1}^{n}(x_i - \bar{x})^2}{n}}$。

风险。

那么，为什么资本市场会非理性呢？这缘于股票市场价格的形成机制。大家每日津津乐道的股票价格，其实只反映了股票买卖双方的供需关系，而不是企业本身的基本面。根据证券交易所的交易机制，市场价格是股票买方与卖方交易撮合出清的价格，由交易时间内买卖该股票的供给与需求数量及价格限制决定。例如，当市场出现恐慌情绪时，投资者会大量抛售股票，而愿意接盘的人很少，因此股价会一路下跌。而价格下跌会加剧市场的恐慌，促使更多的投资者抛售，更少的人愿意承担风险去买，从而使股票的供给远远大于需求，导致价格进一步下跌。

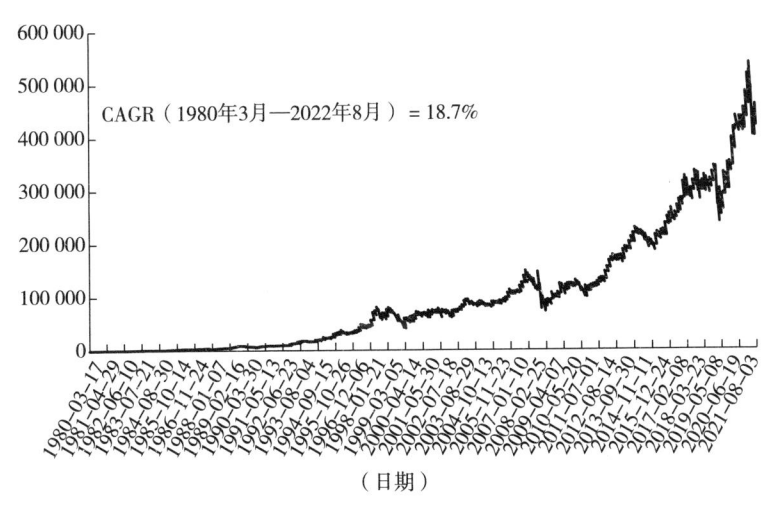

图 2-1 美国标准普尔 500 指数走势

资料来源：万得资讯，望华研究。

此外，资本市场的非理性，源自"羊群效应"[①]等行为金融学[②]范畴的心理因素。一般而言，股票市场中有机构投资者，也有个人投资者。机构投资者更加专业，承担风险的能力相对较强，而个人投资者相对缺乏专业的培训，承担风险的能力较弱。但是，由于机构投资者多是管理他人的钱，不是自己的钱，而且有定期甚至按月考核的业绩压力，因此，也会对市场的波动十分敏感。在股票市场中，存在类似羊群在头羊或部分羊的带领下，一窝蜂"跟风卖"或者"跟风买"的"羊群效应"（国内有个通俗的说法叫"追涨杀跌"）。在出现特殊事件扰动市场后，部分投资者（尤其是有一定影响力的投资者）大量抛售或大举买进会导致其他投资者尤其是中小型机构投资者与个人投资者跟进，形成"羊群效应"，从而使市场波动更大，更加极端。

而对理性的价值投资者而言，市场的非理性与盲目跟从，则创造出了更高的安全边际，从而使实现超额收益成为可能。

与拥有数百年历史的西方资本市场相比，起步于1990年的中国资本市场，散户投资者比例高，机构投资者也相对不成熟，因此，整个市场的投机性很强。如第一章的图1-3所示，上证

[①] "羊群效应"是经济学里用来描述经济个体从众、跟风心理的名词。现实生活中，羊群在一起时盲目地左冲右撞，一旦有一只头羊动起来，其他羊会随即模仿、一哄而上，甚至不管不顾前面可能有狼或者不远处有更好的草。因此，该名词比喻人的盲目从众心理，甚至会因此陷入骗局或遭到投资损失。

[②] 行为金融学是将心理学尤其是行为科学的理论融入金融学中的一门新兴边缘交叉学科。该学科从微观个体行为以及产生这种行为的心理动因等来解释、研究和预测金融市场的发展，分析市场主体的行为偏差和反常。

综指曾从2006年初的1 181点，一路上涨至2007年10月16日的6 092点，一年三个季度的涨幅达416%，然后又一路下跌至2008年11月4日的1 707点，约一年的时间下降了72%，这充分印证了A股市场价格的波动性与非理性。可以说，彼时的A股资本市场，就是"资本市场是一个'疯子'"的典型例证。

2.3 什么是"真实价值"？

资本市场是"疯子"的论断，可以通过剧烈甚至疯狂的股价波动来证明——因为无论如何，一个公司的真实价值不可能在一两天内上蹿下跳。那么，股票真的有真实价值吗？

首先，股票是什么？股票是股份公司发出的证明投资者对公司拥有一定所有权的凭证，每股股票都代表股东对公司拥有一个基本单位的所有权，享有相应的收益与分红的权利，并可以自由买卖。上市公司的股票可以在证券交易所进行公开交易，买卖交易的价格就形成了股价。因此，很明显，股价仅仅是股票交易的价格，而非其真实价值。

那么，股票的真实价值是什么？根据价值投资学派的观点，股票本身作为一张纸或一个代码，是没有任何意义也没有任何价值的。而"每股股票的真实价值"是公司的"全部股权的真实价值"除以公司的总股数。其中，"全部股权的真实价值"则是由公司未来自由现金流（Free Cash Flow，FCF）折现到当下求和得到的"企业价值"（Enterprise Value，EV）扣除"净债务"（Net

Debt）。真实价值的公式为：每股股票的真实价值＝公司全部股权的真实价值/公司总股数＝（公司的企业价值－净债务）/公司总股数＝（公司所有未来自由现金流折现值之和－净债务）/公司总股数。

这恐怕是价值投资里最重要的一个公式。让我们把每个环节都消化一下（见图 2-2）。

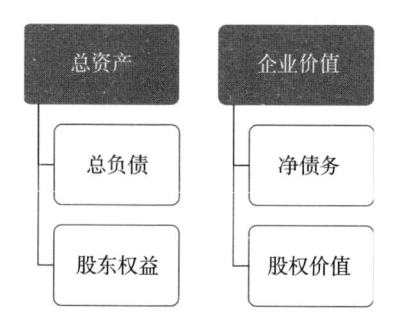

图 2-2　公司资产、股东权益与企业价值、股权价值对应类比关系

资料来源：望华研究。

第一，什么是公司的企业价值？很有意思，在中国，有很多人研究股票或估值很多年了，依然搞不清楚什么是企业价值、什么是股权价值，甚至会认为两者是一样的。

就大概念而言，企业价值更像企业的总资产（是股东权益与总负债的加和），而不是净资产（股东权益）。但是，总资产是公司所有资产总的账面价值；而企业价值则是公司总的真实价值（非账面价值），来自企业创造未来自由现金流的能力，包含公司股权的真实价值与净债务。

第二，什么是净债务？净债务也是一个很有意思的概念，很多人搞不清楚。最常见的错误是把净债务与负债掺和到一起。其实，净债务严格地讲，是净付息债务（Net Interest-Bearing Debt），即所有承担支付利息义务并须偿还的债务（付息债务[①]）加上股东权益中性质属于"借的钱"的科目（优先股、少数股东权益等），扣除公司持有的现金及现金等价物（如即时可变现的股票等），公式为：净债务 = 付息债务 + 少数股东权益 + 优先股 − 现金及现金等价物。

这里面有一系列的问题，例如资产负债表股东权益项目下的少数股东权益应该怎样算，很多人认为它是权益项，怎么可能做债务呢？但实际上是只知其一，不知其二。因为整个公司（或企业）的估值过程都是围绕公司而来的，而公司（对下级公司而言是母公司）是合并子公司报表的主体，少数股东权益不是母公司的，而是属于公司之外的，是其他也持有子公司股权的少数股东的。对公司而言，其运营并控制了子公司，但一部分资本却来自少数股东，因此从逻辑上讲，也属于公司"借来的"资本，属于净债务的一个组成部分。

第三，公司的企业价值如何估值？公司的自由现金流折现方法，也称折现现金流法（Discount Cash Flow，DCF），是价值投资最根本的估值方法，尽管时不时也会用可比公司法、可比交易法进行辅助参考。但在价值投资领域，对 DCF 估值的重要性，无论怎样强调都不为过。

[①] 付息债务也译作负息债务，两者可互换使用。

价值投资者之所以选择 DCF，主要源自价值投资"时间换空间"的基本理念。价值投资者认为，任何金融资产的价值来自其未来产生自由现金流的能力。

因此，巴菲特表示，黄金除了可以做首饰，几乎没有任何价值，因为黄金本身在未来并不能产生源源不断的自由现金流，除非把它卖掉——而能否卖掉其实是个未知数，与每年可以源源不断产生现金流的企业完全不同。

既然金融资产的价值，来自其未来产生自由现金流的能力，那么把其未来可产生的自由现金流折现到当下，再进行加总，自然就是该资产的真实价值了。

这个概念说起来这么简单，但为什么很少有人能像巴菲特或伯克希尔 – 哈撒韦团队那样，驾轻就熟地运用 DCF 模型，发现那些市场价格低于真实价值 50% 的股票进行投资，并获得持续 20% 的复利呢？

难就难在 DCF 这个模型涉及的数字太多，普通人难以进行十分准确的预测，得到十分准确的结论。

下面，我们先温习一下自由现金流的公式：FCF = $EBIT$[①] ×（1– 所得税率）+ 折旧摊销 – 资本开支 – 营运资本增加。

DCF 中的折现率，一般会使用加权平均资本成本（WACC），其公式为：WACC = 股权资本成本 × 股权资本比例 + 债务资本成本 × 债务资本比例 ×（1– 所得税率）。

[①] EBIT 即公司息税前利润。

尽管根据资本结构与成本的不同，WACC 的计算结果会有所不同，但是谨慎的价值投资者都不会选择乐观的折现率，因为估值对折现率的变化太敏感了。一般而言，WACC 在 10%~12% 之间是价值投资者可以接受的，我则倾向于更加保守的高端。

FCF 的预测是有年限的（一般是 10 年），因此，企业还有 FCF 预测期之末的终值（Terminal Value，TV）。

终值的计算，有两种常用的方法。

方法一：永续增长率法，即 TV = FCF_{n+1} / (WACC-g)，g 是永续增长率，一般可取长期的通货膨胀率，例如美联储的目标通货膨胀率是 2%。

方法二：退出倍数法，即通过 EV/EBITDA 等估值倍数估计终值，EBITDA 指息税折旧摊销前盈利。

因此，DCF = $\sum_{i=1}^{n} FCF_i / (1+WACC)^i + TV / (1+WACC)^n$。

其实，FCF 的基础是企业的盈利能力，因此这涉及企业损益表的预测，涉及市场规模、市场份额、产品结构、趋势变化、成本结构、毛利变化、管理费用直至资本结构等一系列预测。一个靠谱的 DCF 模型，取决于 10 年或以上，每年几十个或逾百个数字的不同组合。因此，DCF 的估值结果会依赖于成百上千个数字。

这就是为什么价值投资者钟爱这种方法，而普通人却难以将其作为实践投资的工具来使用。本书第二篇将进一步详解该估值方法的要领。

2.4 "安全边际"要50%？

在格雷厄姆的经典价值投资理论中，"安全边际"的概念十分重要，然而，安全边际要至少50%的明确量化要求，令人印象深刻，甚至有所疑惑。

为什么安全边际要至少50%？难道10%或20%不行吗？

巴菲特说："成为一个优秀的价值投资者，你并不需要极高的智商，你只要会算普通的数学就可以了。但是，你需要极其冷静的脾性与极好的耐性。"

普通数学是价值投资中计算的核心，而其中的关键数字是彼此关联的。

我先问读者两个问题。

第一，假设对股票真实价值的估值是正确的，那么在5年内公司股票价格回归正常水平（即接近或超过真实价值）的概率大吗？

答案是明显的。因为投资周期很长，跨越5年，股价回归正常水平的概率是很高的。这里面还有一个参考指标，就是西方国家的经济危机周期，一般每6~9年都会发生一次，因此，如果在周期低点买入，正常的情况下在3~4.5年内（即周期的一半）会恢复到周期高点。不仅可以按照真实价值卖出，甚至可以按照超出真实价值的价格卖出。

第二，根据价值投资的要求，安全边际要达到50%或以上。如果股票的真实价值是10元，购买时的安全边际是50%，即按照每股 5 元买进，那么在第 5 年末，假设按照股票的真实价值即 10 元卖出，投资者这 5 年的总收益率是多少？

不少人会回答 50%，其实不对，总收益率是 100%。

总收益率 =（10−5）/5=100%。

则 5 年内每年的单利收益率 =100%/5 = 20%。

如果计算复利，即 $(10/5)^{(1/5)}-1\approx 15\%$。

因此，在最保守的 5 年股价回到真实价值的情形下，5 年的单利收益率是 20%，复利收益率约为 15%。如果乐观一点，在 4 年股价回到真实价值的情形下，4 年的单利收益率是 25%，复利收益率约为 19%，基本接近"巴菲特级"的长期目标年均收益率 20%。

可以看到，经典价值投资对安全边际 50% 的苛刻要求，是与经济周期理论以及价值投资者 15%~20% 的年化复利收益率目标紧密相连的。

第 3 章　价值投资误区

在中国，有很多价值投资的"误区"，甚至"曲解"。

除了 A 股尚年轻，老百姓缺少专业知识外，中国缺乏"微米革"这样既有西方正宗传承，又"接地气"的价值投资体系，也是主要原因。

3.1　误区一：投资"好公司"就是价值投资

很多人说投资茅台这样的"好公司"的股票就是价值投资。很明显，这是错误的。

价值投资最基本的就是我们讲过的三段论。而三段论并没有从"好公司"还是"坏公司"入手，而是从资本市场的"疯子"价格与企业真实价值之间的安全边际开始。因此，不管买入价格高低，不管安全边际多少，仅说投资"好公司"就是价值投资，毫无疑问是错误的。

因为即使是"好公司"，如果价格高了，按照价值投资理论，也不应该投资。甚至如果股票可以做空，如果茅台股票的价格超过了其真实价值的两倍，反倒做空茅台才是真正的价值投资。

而且，按照价值投资理论，如果投资的价格是真实价值的一半，"坏公司"也值得买。巴菲特有一个著名的"雪茄屁股"理念。他把不好的公司（或资产）类比为雪茄抽完剩下的烟头。尽管"卖相"不好，甚至很烂，但由于是免费的，因此也有投资价值。

2008年金融危机期间，巴菲特投资了高盛。在当时，华尔街的著名投行贝尔斯登、雷曼兄弟刚刚先后倒闭，它们的同行——高盛、摩根士丹利这些老牌投行也岌岌可危。巴菲特能够在金融危机期间，巨额投资一个雷曼兄弟的对标公司，可见他的逻辑与胆量。毫无疑问，作为盘根错节的华尔街投行，金融危机旋涡中的高盛一定有大笔的坏账。但需要注意的是，由于在危难之时，巴菲特可以以很低的价格获得高盛的认股权证，并获得了高达10%的优先股股息条款，换句话说，由于优先股股息很高，它所获得的认股权证几乎是免费的。那么，免费的东西，为什么不要？

需要澄清的是，值得投资的"坏公司"也要看这个公司是怎样的"坏"法，"坏"到什么程度。如果是违法、违背道德准则的"坏公司"，巴菲特，包括我本人，都绝不赞成投资，因为投资本身有代表社会正义的一面，或者最起码，有是否长期可持续的问题，因此，绝不能为了"挣快钱"，而投资违法的企业，或无良的"坏公司"。

还有，如果这个公司"坏"到已经要破产，那恐怕就不能买它的股票了，因为它的股票已没有任何剩余价值。在企业破产清算时，股权的偿还顺序排在银行债务及经营欠款之后。按照格雷厄姆的理论，这时反倒应该以低于真实价值一半的价格去购买破产企业所拥有的资产，例如可变现的应收账款，或房产、设备等，因为破产企业急于将资产出手变现，以偿还债权人。

事实上，以低于真实价值一半的价格购买破产企业的资产或债权（注意：不是股权），是格雷厄姆等人在20世纪30年代"大萧条"期间创立价值投资学派的早期应用之一，尽管当今的资本市场已不像当初那样，但近一年来，中国房地产市场出现了大批违约债券的投资机会，有的也属于类似范畴。

3.2　误区二：投资"低PE"公司就是价值投资

市盈率或称PE倍数（Price-Earning Ratio），即每股价格与每股盈利之比，或者公司市值除以公司归母净利润之比，是股票投资时最常用的估值指标。

尽管PE指标将股票价格与股票盈利能力直接进行比较，是使用方便且意义明显的估值指标，但是，由于市盈率的分母毕竟只是某一年的每股盈利（或净利润），并未反映企业未来的盈利或现金流的变化，因此低PE未必就代表安全边际大于50%。根据三段论的定义，投资低PE的公司未必就是价值投资。

根据三段论的第三段，当我们用1减去市场上可获得的价格与真实价值之比（即 1- 价格 / 真实价值）时，就得到投资的安全边际，而真正的价值投资要求安全边际大于 50%。

很明显，低 PE 仅仅代表了对应某年的每股盈利或净利润，公司的股票价格或市值是低的。那么，如果企业的盈利逐年下降会怎样？甚至，如果企业的盈利逐年减半怎么办？

例如，一个企业的每股价格是 10 元，对应 2022 年的每股盈利是 1 元，市盈率是 10 倍，听着并不贵。如果每股盈利逐年减半，那么对应 2023 年每股盈利计算的预测市盈率就是 20 倍，对应 2024 年的预测市盈率就是 40 倍。很显然，即使不计算公司的真实价值，我们也会知道这个公司的安全边际绝不会到 50%。

因此，投资低 PE 公司是否属于价值投资，这里面一个重要因素就是公司的成长性。对于低 PE 公司，如果每年公司净利润或自由现金流仍然高速增长，则公司未来自由现金流折现所得到的真实价值就会高，安全边际高于 50% 的概率就大。

反之，即使投资的 PE 倍数低，但公司净利润或自由现金流逐年大幅度下滑，则安全边际很可能无法达到 50%，在这种情况下，投资低 PE 公司就不是价值投资。

3.3　误区三：价值投资就是投成熟企业，不投早期高科技企业

根据三段论，价值投资与被投企业是不是成熟型企业没有必然的关系。无论是成熟型企业，还是成长型企业，都只有当其投

资价格低于真实价值的一半时，即安全边际达到50%，才是价值投资。

这是判断投资是不是价值投资的唯一"金标准"。

当然，成熟企业有一个好处，与三段论的第二点相关，就是其业务模式清晰固定，因此收入、成本、盈利、自由现金流等未来财务指标更容易预测，这为准确地计算标的企业的自由现金流以及真实价值提供了条件。

芒格曾在伯克希尔－哈撒韦股东大会上说："不是说伯克希尔－哈撒韦就不投资高科技或互联网这样的高成长企业。而是由于我们（指伯克希尔－哈撒韦）当时没有这样的人才。你看，我们现在也投资亚马逊、投资苹果了。"

的确，对任何一个行业中的企业而言，如果你能对该行业的增长前景、增长驱动因素、收入与成本的结构趋势有深刻的理解，那么你都可以相对准确地预测企业的未来自由现金流，从而确定相对准确的真实价值。这也就是巴菲特常说的"舒适圈"。

对早期高成长企业而言，由于企业成长迅猛，甚至半年、一年就大变样，会挑战你对自己预测准确度的信心。早期企业的业务、产品模式都未定型，而自由现金流往往连年为负，因此预测企业未来的现金流更加困难。

于是，投资者发展出比盈利和自由现金流更适合早期企业估值的其他指标，比如EV/活跃用户数、EV/营业收入、市销率等。这些指标的分母更靠近于损益表（Profit & Loss）的上端，而非下端。对早期成长型企业而言，更容易获得，因此常被用作早期企业的估值指标。

但是，无论如何，一个执着的价值投资者都会拿出电脑、纸、笔和计算器，做一个 10 年甚至更长期的从收入、成本，到毛利、EBIT 及自由现金流的预测表。只是由于该类公司的历史参考时间过短，预测者只能通过自己对行业的理解与专业知识，以及可比公司的历史收入、成本、盈利及自由现金流的演进情况，加上公司目前的活跃客户数及增长率等情况，来推演公司的自由现金流预测。

这样预测出来的自由现金流的准确度会大打折扣，因此，就像芒格所说的，你需要的是懂得这些高增长、高科技行业的人才，来进行财务预测与自由现金流模型的搭建，而不能由于它每年经营情况变化太快，就不做预测了。

总之，被投资企业的发展阶段或所处行业，只影响企业自由现金流的预测难度，以及真实价值、安全边际计算的准确度，但并非判断是否可以进行价值投资的标准。

第 4 章 投资就是投国运

> 过去 60 多年里,我投资了自己的祖国,从而创造了巨大的财富。
>
> ——沃伦·巴菲特,伯克希尔-哈撒韦股东大会

4.1 巴菲特投资美国

人人都知道巴菲特是股神,但并非所有人都知道他也是一个忠实的爱国者。2017 年伯克希尔-哈撒韦股东大会上,我亲耳听到了他对投资国家的看法。

他说,投资其实就是投国家,他热爱自己的祖国,所以投资于美国,并获得了惊人的回报。在股东大会现场,他展示了 1941 年 12 月 8 日的《纽约时报》。头条新闻是日军偷袭了美军的太平洋海军基地——珍珠港,美军遭受重创,举国震惊。12

月 8 日，美股开盘后大跌，道琼斯工业指数下跌 2.9%。

巴菲特说，如果你在那个时候投资美国股市，你不需要做任何研究，不需要投资任何一只特定的股票，就只是长期、坚定地持有道琼斯工业指数①的股票，并且在此期间不做任何事情，就可以获得数百倍的回报。他说，这就是投资国家。

如果一个国家足够好，经济体量足够大，你找到那些可以持续存在的行业，并且投资于行业的领导者，你就不会错。当然你要活得足够长，并且有足够的耐心。如图 4-1 所示，如果在 1941 年 12 月 8 日收盘时买入道琼斯工业指数，并且坚定地持有至 2022 年 9 月 9 日，则年均增长率可达 7.2%，绝对收益倍数是 285 倍。

"投资就是投国运"有以下几点理由。

第一，一般企业收入的首要来源是本国市场。做过企业估值模型的人都知道，如果要预测企业的收入规模，对于行业领导者而言，往往要从企业所在目标市场的规模与增长率算起，乘以企业的市场占有率，得到企业的收入。这里有两个增长驱动因素，一个是企业所在目标市场规模本身的增长速度，另一个是企业市场占有率的提升。

---

① 道琼斯工业指数是由《华尔街日报》和道琼斯公司的创建者查尔斯·道创造的一种股票市场指数，该指数测算美国股票市场上工业公司的股价走势，是最悠久的美国股票市场指数之一。巴菲特之所以以此指数为例，原因之一是另一个目前用来衡量美国资本市场的重要指数标准普尔 500 指数于 20 世纪 50 年代才设立，而珍珠港事件爆发于 1941 年。

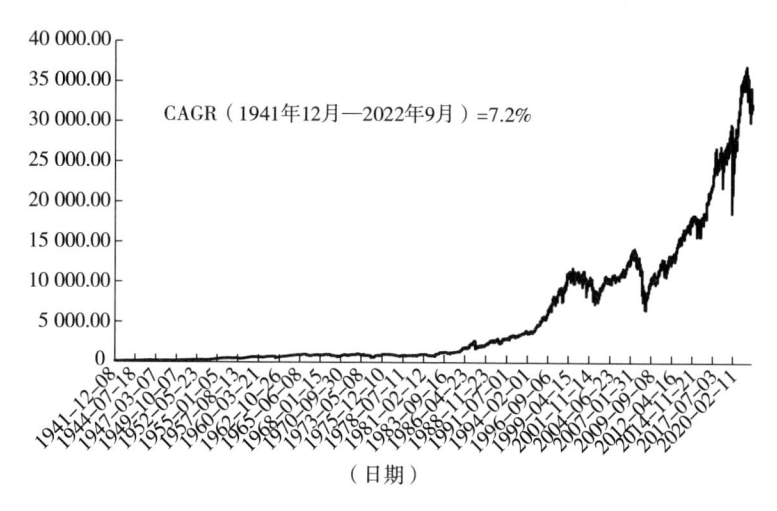

图 4-1 道琼斯工业指数（珍珠港事件至 2022 年 9 月）

资料来源：万得资讯，望华研究。

要诞生一个伟大的企业，首先就要求企业所在的本土市场有足够的规模空间与增长速度，而这与所在国家的总的经济产出（GDP）、人口、人均 GDP 水平及可持续增长速度直接相关。因此，企业的收入规模潜力，首先就是看所在国市场的规模与成长性。

第二，行业龙头的竞争壁垒往往在短期内难以撼动。如果在市场规模大、增速高的国家的某个"可持续存在"的行业里，有一两家或几家领先的龙头企业，它们就会有先发优势，包括技术、资本、人才、品牌等，形成较高的保护壁垒，使新进入的竞争对手难以在短时间内实现超越。如果观察美国的行业，从石油、通信、零售、制造业，到银行、保险、医药等，当初的领导者几十年后大都还是领先者，新进入者有，但属于少数。

第三，在周期性的经济与金融危机中，最先倒下的往往是中小企业，而非领先企业。以美国为代表的西方国家，周期性经济与金融危机往往6~9年就会发生一次。每一次危机中，最先倒下的多是中小企业。周期性危机的典型特征就是股价下跌与市场流动性快速减少。股价下跌导致企业难以进行股权融资，而流动性减少使中小企业的债务融资更加困难，从而导致资金链断裂。

但对大型龙头企业而言，一方面，可以削减庞大的日常开支来"挤出"利润与现金流；另一方面，它们比中小企业更易于获得银行贷款，易于度过危机。政府对企业的保护也是如此，2008年金融危机中，华尔街投行冠军和亚军——高盛和摩根士丹利受到美国政府的救助，而排名相对靠后的贝尔斯登和雷曼兄弟先后倒闭，破产清算的中小金融机构则更多。因此，在美国金融领域有"太大而不能倒"（too big to fall）[①]之说。

第四，即使在快速发展的高科技领域里，龙头企业也难以被颠覆。20世纪90年代以来，随着互联网及高科技的风靡，涌现出一批互联网与高科技企业，但无论是在美国还是在中国，那些经过了十几年、二十几年的市场淘汰，奠定了龙头地位的"巨无霸"高科技企业，其竞争优势突出，竞争壁垒高，难以被新进入

---

① 美联储将一些金融机构定义为"系统重要性机构"，意思是这些机构规模庞大，且在整个金融体系中占据重要地位，如果这些机构出现了流动性问题甚至破产清算，将引发美国整个金融体系的系统性重大风险。在2008年金融危机之后，美联储显著加强了对这些系统重要性公司的数据收集、跟踪分析与监督管理。

者撼动，或至少在很长时间内，难以被打垮。一个例子就是苹果公司，这家公司在20世纪90年代曾经一度举步维艰，市场份额快速下降，但后来推出音乐播放器、智能手机、平板电脑等，大受本土市场欢迎，同时大举进军中国等新兴市场，实现了巨大的成功。

2020年2月，被视作"老派"而不经常投资高科技企业的巴菲特，在接受CNBC（美国消费者新闻与商业频道）的采访时坦言，苹果可能是世界上最好的企业，它不仅仅是一只股票，更是伯克希尔－哈撒韦的第三项业务。

综上，在长期可持续增长的国家里，那些"不会消失的行业"里的龙头企业，往往会与所在国家的经济一道增长，并且抵御住经济危机的考验。加上在品牌、技术、人才、资本等方面的优势积累叠加，龙头企业往往会不断在竞争中胜出。如果投资了这些优秀企业，往往会享受到国家经济成长与企业优势积累的成果，获得超出一般水平的投资回报。

4.2 投资中国股市的新时代

到2022年，新中国成立73年了。在新中国成立之前的30年里，从军阀混战、日寇入侵，到3年解放战争，当然谈不上投资，更不用说资本市场的投资了。新中国成立后，直至1990年上海证券交易所和深圳证券交易所成立之前，中国人自然也没有投资股市的机会。

从 1990 年到现在，已经 30 多年了。我国股市走过了充满曲折的成长历程。回想起来，中国股市成长跌跌撞撞，自有其道理。在中国资本市场，无论是监管层、执业者还是投资者，都在"摸着石头过河"，缺乏真正熟悉发达资本市场，并在西方有着长期实践经验的优秀专业人才。

新中国成立初期，我国花大力气引入了一批科学家，例如后来实现了"两弹一星"战略突破的科学家，这些科技人才奠定了我国工业化及军事自主强国的基础。但就资本市场而言，直至近十几年来，在监管机构的从严监管下，市场风气才趋向变好。同时，国内金融机构的收入水平也快速提升，华尔街优秀的金融专业人才及境外有资深经验的基金经理开始进入中国资本市场。而此前的中国股市，长期弥漫着炒作、投机、"赌市"、内幕交易的气息，所谓劣币驱逐良币。

毫无疑问，一个充满投机的"赌市"，不是巴菲特所说的投资市场。因为赌博是"零和"或"负和"[①]游戏，没有人会精确地知道股票在短期内的涨跌，除非是违法的内幕交易者或股价操纵者。

巴菲特所说的投资，是投资企业本身，而不是一个股票代码。巴菲特不关注股票在短期内的涨跌，因为他没有能力预测。但是，如果这个企业与行业在他的"能力圈"范围内，他就有能力分析所在行业的市场规模是否会长期增长，分析企业是否有可

---

① 如果考虑交易成本的话。

持续的竞争优势与"护城河",以及企业能否占据更多的市场份额,产生更多的盈利与自由现金流。

在中国股市逐渐走入风清气正的时刻,在中国经济未来十几年还可以实现每年5%~6%的实际增长率的背景下[1],在那些国计民生所必需、符合"双碳"目标[2]能源趋势、居民消费可持续、制造业产业链不可或缺,或者技术创新、进口替代推动的高增长领域,对于具有竞争优势的行业龙头企业而言,实现超出名义GDP年均增长率8%(即扣除2%~3%的通胀后的实际GDP增长率为5%~6%)的盈利增长率,甚至超过10%,实现更高的增长率是完全有可能的。在这样一个充满具有两位数增长潜力的上市公司的资本市场进行投资,其前景值得期待。

回到巴菲特所举的例子,如表4-1所示,道琼斯工业指数自1941年12月31日至2021年12月31日年均增长率为7.5%(包含通胀),同期,美国实际GDP(不变价)年均增长3.2%,年均CPI(消费者价格指数)[3]是3.7%,美国名义GDP(现价)年均增长6.7%,与实际GDP年均增长率及年均CPI之和大致相当。而道琼斯工业指数的年均增长率为7.5%,则比名义GDP增长多了0.8个百分点。

---

[1] 我们通常所说的GDP增长率都是扣除通胀的实际增长率,而企业在计算营业收入增长时并不考虑通胀因素,因此,如果企业增长与GDP增长持平,则企业收入的增长率就是GDP实际增长率再加上几个点的通胀率。

[2] 中国将力争2030年前实现碳达峰,2060年前实现碳中和。

[3] 统计上经常用CPI代表通胀率。

表 4-1　1941—2021 年美国 GDP、CPI 及道琼斯工业指数年均变化

序号	指标	1941—2021 年（%）
1	美国 GDP 年均增长率（实际）	3.2
2	美国 GDP 年均增长率（名义）	6.7
3	美国年均 CPI	3.7
4	道琼斯工业指数年均增长率	7.5
5	道琼斯工业指数超出名义 GDP 增长百分点	0.8

资料来源：万得资讯，望华研究。

因此，如果我们预测中国未来十几年或几十年内仍将保持较快的实际 GDP 增长率，例如 5%~6%，加上 2%~3% 的通胀率，则名义 GDP 增长率为 8% 左右。如表 4-2 所示，如果单纯从数学的角度，分别按照 8%（名义 GDP 增速）、12%（公司表现比名义 GDP 高 4 个百分点）、18%（公司表现比名义 GDP 高 10 个百分点）的增速进行计算，那么复利 10 年则分别可以达到目前收入规模的 2.2 倍、3.1 倍、5.2 倍，复利 20 年则分别可以达到 4.7 倍、9.6 倍、27.4 倍，复利 30 年则分别可以达到 10.1 倍、30.0 倍、143.4 倍。

表 4-2　企业在不同增长速度下与不同期限内可实现的增长倍数

可持续增长年数	10 年	20 年	30 年
对应年份区间	2021—2031 年	2021—2041 年	2021—2051 年
情况 1：年均增长率 =8%（名义 GDP）	2.2	4.7	10.1
情况 2：年均增长率 =12%（名义 GDP+4%）	3.1	9.6	30.0
情况 3：年均增长率 =18%（名义 GDP+10%）	5.2	27.4	143.4

资料来源：望华研究。

我相信，如同巴菲特投资自己的祖国获得巨大成功一样，那些投资中国国运的人，同样可以享受中国经济未来几十年的复利增长，尤其如果投资那些符合国家发展趋势、成长可期的行业龙头企业。

第 5 章　穿越周期

> 别人贪婪时我恐惧，别人恐惧时我贪婪。
>
> ——沃伦·巴菲特，《纽约时报》，2008 年 10 月

由于价值投资的本质，是在资本市场或企业处于低谷时，以低于真实价值 5 折的价格买入公司股票，再在资本市场或企业走出低谷、走向高峰时，或股价高估时卖出股票，因此，我们需要充分地了解、掌握经济与资本市场周期。

5.1　西方经济周期的代表——美国

西方资本主义国家的经济与资本市场有着明显的周期性，即平均每六七年或八九年，经济就会出现周期性的衰退或负增长。伴随经济衰退发生的是，资本市场股价出现大幅下跌与回调。这种周期性，即使在 20 世纪 30 年代经济大萧条后一路高歌猛进的

美国，也不例外。

周期性对于理性的价值投资者而言，意味着价值投资中按照真实价值的一半或更低的价格买入股票的机会，会周期性地出现。当然，即使在经济周期处于中部，甚至高点的时候，价值投资的机会（被显著低估的个股）也会存在，但在周期性低谷，价值投资的机会更容易被找到，反之，则更难。

如图5-1所示，在1930—2020年这90年间，美国实际GDP年增长率出现负增长或超低增长[①]的情况（本书定义为经济衰退）共有12次[②]，即11个区间段，平均每一段约8.2年。

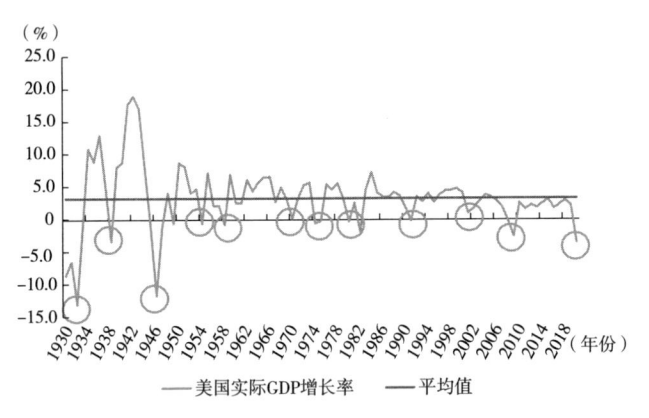

图 5-1 美国实际 GDP 年增长率（1930—2020年）

资料来源：万得资讯，望华研究。

---

① 负增长或超低增长，是指实际 GDP 年增长率为负数，或为正数但低于 1% 的情况（相较于这 90 年间平均实际 GDP 年增长率为 3.3%）。如果连续几年出现负增长或超低增长，则合并算作出现一次。在美国，经济衰退有着标准的定义，是指连续两个季度 GDP 环比增长为负数。本书为了方便从年度角度进行数据分析，并与中国数据可比，将实际 GDP 出现一年或连续几年负增长或超低增长作为经济衰退的标志。

② 其中 1949 年与 1947 年、1982 年与 1980 年的 GDP 负增长相距很近，故各视作一次经济周期波谷。

不出意料的是，在这 90 年间，每一次出现经济衰退时，都伴随着资本市场价格的大幅度下跌。在图 5-2 中，我们选取了道琼斯工业指数每年末的价格与上一年末的价格进行比较，以显示当年资本市场是否陷入衰退[①]。尽管如图 5-2 所示，资本市场年度价格负增长的次数明显比经济出现负增长或超低增长的次数要多，大约是 22 次对 12 次，即资本市场衰退比实体经济衰退更加频繁[②]，但一般而言，GDP 进入衰退期均会导致股市指数的大幅下跌。由于此时股票资产价格几乎全部大幅下跌，意味着价值投资者更易于寻找比真实价值低 5 折的投资机会。

为了支持前述图 5-1 的数据，在下面的表 5-1 中，我们把 1930 年以来美国的 GDP 年增长率逐一列出，将负增长与超低增长的年份（即衰退期的低点）用灰底标出，并将每两个衰退期低点之间记作一个周期。可以看到，在 11 个周期中，最短的周期是 1954—1958 年，间隔 4 年，最长的是 2008—2020 年，间隔 12 年。平均每个周期经历的时间是 8.2 年（即 90 年除以 11）。

---

① 在很大程度上，这是为了便于与以年为单位考察的 GDP 增速相比较。有时资本市场的下跌，在一年之内已经完成了大幅下跌与快速上涨两个过程，因此，在这种情况下，仅看年末对年末的指数变化是难以分辨资本市场是否经历过危机的。其中，最经典的就是 2020 年 3 月，因新冠肺炎疫情在美国及欧洲快速蔓延，导致美股创下历史性的三次大跌熔断纪录，但在随后的半年多时间里，在美国政府的大规模量化宽松等宏观政策的刺激下，美国的主要股指基本全面获得了恢复。参见图 5-2，2020 年道琼斯工业指数年增长率为正。
② 鉴于前述章节所论述的"价值投资三段论"第一段，即"资本市场是一个'疯子'"，资本市场的年度下跌次数超出实体经济进入衰退的次数显然并不奇怪。

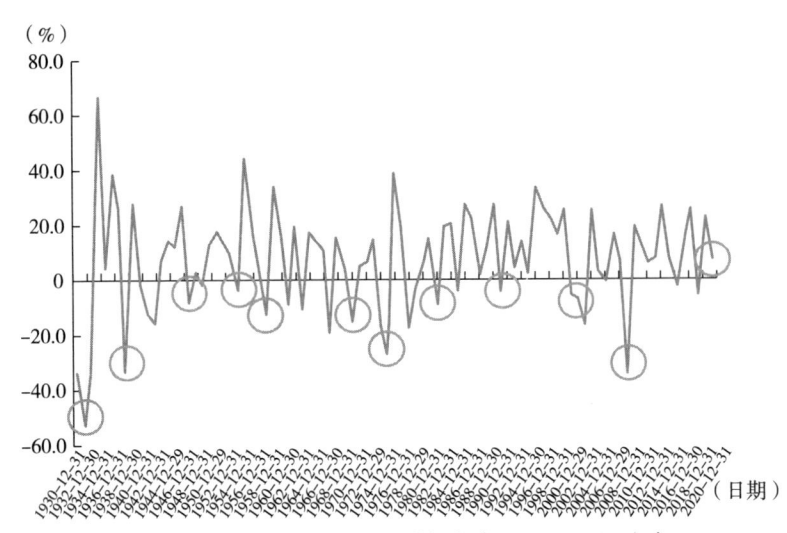

图 5-2 道琼斯工业指数年增长率（1930—2020 年）

资料来源：万得资讯，望华研究。

表 5-1　1930—2020 年美国 GDP 年增长率及出现负增长或超低增长的年份

负增长或超低增长次数	年份	美国实际 GDP 增长率
1	1930	-8.5%
	1931	-6.4%
	1932	-12.9%
	1933	-1.2%
	1934	10.8%
	1935	8.9%
	1936	12.9%
	1937	5.1%
2	1938	-3.3%
	1939	8.0%

续表

负增长或超低增长次数	年份	美国实际GDP增长率
2	1940	8.8%
	1941	17.7%
	1942	18.9%
	1943	17.0%
	1944	8.0%
3	1945	−1.0%
	1946	−11.6%
	1947	−1.1%
	1948	4.1%
	1949	−0.6%
	1950	8.7%
	1951	8.0%
	1952	4.1%
	1953	4.7%
4	1954	−0.6%
	1955	7.1%
	1956	2.1%
	1957	2.1%
5	1958	−0.7%
	1959	6.9%
	1960	2.6%
	1961	2.6%
	1962	6.1%

续表

负增长或超低增长次数	年份	美国实际 GDP 增长率
5	1963	4.4%
	1964	5.8%
	1965	6.5%
	1966	6.6%
	1967	2.7%
	1968	4.9%
	1969	3.1%
6	1970	0.2%
	1971	3.3%
	1972	5.3%
	1973	5.6%
7	1974	−0.5%
	1975	−0.2%
	1976	5.4%
	1977	4.6%
	1978	5.5%
	1979	3.2%
8	1980	−0.3%
	1981	2.5%
	1982	−1.8%
	1983	4.6%
	1984	7.2%
	1985	4.2%

续表

负增长或超低增长次数	年份	美国实际 GDP 增长率
8	1986	3.5%
	1987	3.5%
	1988	4.2%
	1989	3.7%
	1990	1.9%
9	1991	−0.1%
	1992	3.5%
	1993	2.8%
	1994	4.0%
	1995	2.7%
	1996	3.8%
	1997	4.4%
	1998	4.5%
	1999	4.8%
	2000	4.1%
10	2001	1.0%
	2002	1.7%
	2003	2.9%
	2004	3.8%
	2005	3.5%
	2006	2.9%
	2007	1.9%
11	2008	−0.1%

续表

负增长或超低增长次数	年份	美国实际 GDP 增长率
	2009	−2.5%
	2010	2.6%
	2011	1.6%
	2012	2.2%
	2013	1.8%
11	2014	2.5%
	2015	3.1%
	2016	1.7%
	2017	2.3%
	2018	3.0%
	2019	2.2%
12	2020	−3.5%

资料来源：万得资讯，望华研究。

同样地，我们把1930—2020年道琼斯工业指数的变化列在表5-2中，供与图5-2进行比对。

表5-2　1930—2020年道琼斯工业指数年增长率及负增长的年份

负增长次数	日期	道琼斯工业指数年增长率
	1930-12-31	−33.8%
	1931-12-31	−52.7%
1	1932-12-30	−23.1%
	1933-12-29	66.7%
	1934-12-31	4.1%

续表

负增长次数	日期	道琼斯工业指数年增长率
1	1935-12-31	38.5%
	1936-12-31	24.8%
2	1937-12-31	-32.8%
	1938-12-30	28.1%
3	1939-12-29	-2.9%
	1940-12-31	-12.7%
	1941-12-31	-15.4%
	1942-12-31	7.6%
	1943-12-31	14.1%
	1944-12-29	11.8%
	1945-12-31	26.6%
4	1946-12-31	-8.1%
	1947-12-31	2.2%
5	1948-12-31	-2.1%
	1949-12-30	12.9%
	1950-12-29	17.6%
	1951-12-31	14.4%
	1952-12-31	8.4%
6	1953-12-31	-3.8%
	1954-12-31	44.0%
	1955-12-30	20.8%
	1956-12-31	2.3%
7	1957-12-31	-12.8%

续表

负增长次数	日期	道琼斯工业指数年增长率
7	1958-12-31	34.0%
	1959-12-31	16.4%
8	1960-12-30	-9.3%
	1961-12-29	18.7%
9	1962-12-31	-10.8%
	1963-12-31	17.0%
	1964-12-31	14.6%
	1965-12-31	10.9%
10	1966-12-30	-18.9%
	1967-12-29	15.2%
	1968-12-31	4.3%
11	1969-12-31	-15.2%
	1970-12-31	4.8%
	1971-12-31	6.1%
	1972-12-29	14.6%
12	1973-12-31	-16.6%
	1974-12-31	-27.6%
	1975-12-31	38.3%
	1976-12-31	17.9%
13	1977-12-30	-17.3%
	1978-12-29	-3.1%
	1979-12-31	4.2%
	1980-12-31	14.9%

续表

负增长次数	日期	道琼斯工业指数年增长率
14	1981-12-31	-9.2%
	1982-12-31	19.6%
	1983-12-30	20.3%
15	1984-12-31	-3.7%
	1985-12-31	27.7%
	1986-12-31	22.6%
	1987-12-31	2.3%
	1988-12-30	11.8%
	1989-12-29	27.0%
16	1990-12-31	-4.3%
	1991-12-31	20.3%
	1992-12-31	4.2%
	1993-12-31	13.7%
	1994-12-30	2.1%
	1995-12-29	33.5%
	1996-12-31	26.0%
	1997-12-31	22.6%
	1998-12-31	16.1%
	1999-12-31	25.2%
17	2000-12-29	-6.2%
	2001-12-31	-7.1%
	2002-12-31	-16.8%
	2003-12-31	25.3%

续表

负增长次数	日期	道琼斯工业指数年增长率
17	2004–12–31	3.1%
18	2005–12–30	−0.6%
	2006–12–29	16.3%
	2007–12–31	6.4%
19	2008–12–31	−33.8%
	2009–12–31	18.8%
	2010–12–31	11.0%
	2011–12–30	5.5%
	2012–12–31	7.3%
	2013–12–31	26.5%
	2014–12–31	7.5%
20	2015–12–31	−2.2%
	2016–12–30	13.4%
	2017–12–29	25.1%
21	2018–12–31	−5.6%
	2019–12–31	22.3%
22	2020–12–31	7.2%
	2021–03–26	8.1%

注：2020年3月发生历史性的3次熔断。
资料来源：万得资讯，望华研究。

5.2 把握周期的意义

理解经济与资本市场周期，具有极其重要的意义，主要包括以下几点。

第一，让投资者把心态放平，不要仅盯着当下，而要放眼未来。这是一个极其重要的理念。投资者需要知道，今天的经济顶峰，一定会有未来的回调；或者，今天的经济低谷，必然会有未来的复苏。至于何时反转，根据美国的经验，一般一个周期是7~10年，最长周期是12年。因此，当处于谷底时，等待三四年或六七年，"出谷"的概率很大。这符合价值投资理念的基本逻辑，在低谷时，按照5折的价格进行投资，等待若干年，大概率可以实现翻倍的真实价值。

如图5-3所示，我们选取2007年1月至2015年1月作为一个周期的观察区间。2008年金融危机爆发之前，标准普尔500指数的最高点为2007年10月9日的1 565点。金融危机爆发之后，标准普尔500指数下跌至2009年3月6日的最低点683点，只花了不到一年半的时间，跌幅却高达56.4%，超过50%。随后一路上扬至观察区间内的2014年12月29日，达到区间高点2 091点，较低点683点涨幅为206.1%，所用时间为5年9个月。

第二，避免在经济周期出现极端情况时，做出极端的"不利行为"。例如，在经济大幅增长时，忘记经济周期的基本原理，认为股市不会回调，加杠杆大幅度买入——要知道，资本市场每

图 5-3　单周期内的股价波动——标准普尔 500 指数（2007—2015 年）

资料来源：万得资讯，望华研究。

分钟均可能回调，而且可能回调百分之几十，甚至如 2008 年金融危机那样下调 50% 以上，加杠杆无异于毁灭性自杀，因为下跌到一定程度即会被迫平仓。又如，在经济极度低迷时，忘记了经济周期的基本原理，不敢甄别好的公司进行投资，或者即使有能力甄别，也毫无"余粮"——没有任何现金，从而无法抓住价值投资的"黄金期"进行投资布局。

第三，理解了经济周期，就理解了尽管资本市场是一个"疯子"，但仍有一定的规律可循。资本市场的波动尽管频繁，但与所在国经济 GDP 的总体增长率有一定相关性，中长期趋势大致一致，尤其是如果以跨度 7~10 年为考察区间的话。资本市场的股价，如果放在 7~10 年，甚至更长的时间去观察，一定程度上是围绕真实价值来波动的（见图 5-4）。如果用马克思的价值规律来进行通俗的解释，就是"从长期来看，资本市场的价格是围绕价值来波动的"。

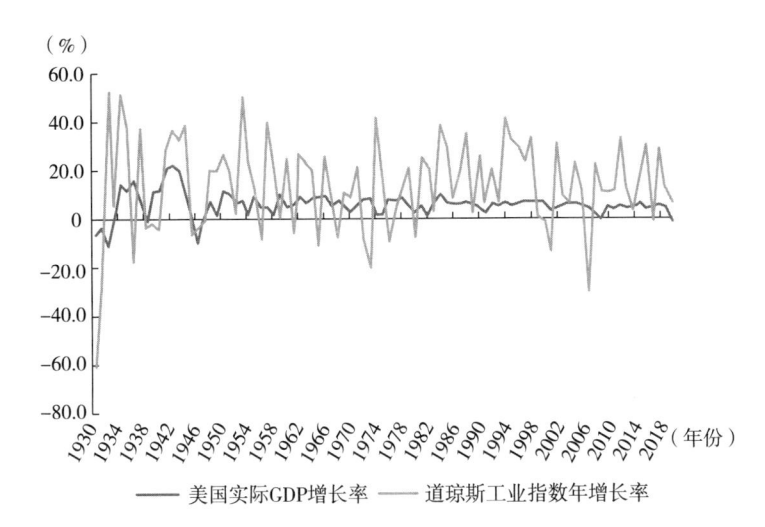

图 5-4　1930—2020 年美国 GDP 增速与道琼斯工业指数年增长率
资料来源：万得资讯，望华研究。

第四，理解了经济周期，就会努力避开那些走下坡路，甚至可能会消失的行业。有些行业由于不符合社会演进、人类需求与经济发展趋势，在高峰期尚可苟延残喘，但到了低谷时，它们终将被淘汰。例如，巴菲特曾投资过多家报纸，这不难理解，一个自幼热爱学习，需要不断获取信息进行投资的老人，报纸自然是其日常喜爱之物，如同可乐、保险等这些巴菲特耳熟能详的东西一样。但这一切都忽略了互联网与智能手机替代纸媒的趋势。因此，尽管巴菲特曾对报纸行业的衰落表示伤心，但他深知，那淡淡的油墨香，终将被电子媒体所替代。

5.3 中国的经济周期

中国的 GDP 增长与资本市场有周期性吗？

图 5-5 是 1979 年改革开放以来，中国实际 GDP 年增长率。从趋势上看，40 年间有 5 个快速下降与探底区间，平均也是每个周期 8 年。尽管中国经济始终处于正向中高速增长，罕有负增长或超低增长，但其阶段周期性依然十分明显。

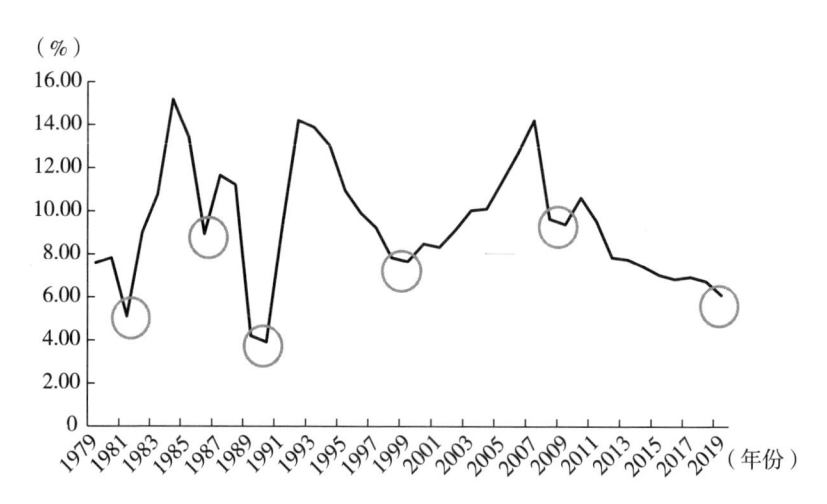

图 5-5　中国实际 GDP 年增长率（1979—2020 年）

资料来源：万得资讯，望华研究。

我们把 A 股上证综指的年增长率与同期实际 GDP 增长率相叠加，得到图 5-6。可以看到股市的波动频率及幅度显著超过 GDP 增速的变化。以股市谷底为标志的股市周期有 9 个（相对于 GDP 的 5 个），波动的幅度，则上至 167%（1992 年），下至 -65%（2008 年）。

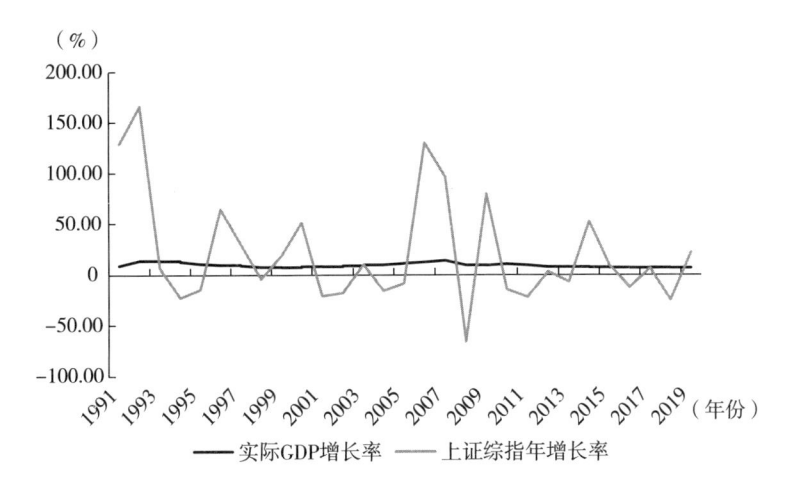

图 5-6 中国实际 GDP 与上证综指年增长率（1991—2019 年）

资料来源：万得资讯，望华研究。

总之，经济增长与资本市场的周期性在美国这样的老牌资本主义国家与作为新兴大型市场经济体的中国均存在，尽管经济谷底对应的 GDP 增长率与资本市场的波动幅度会有所不同，但有趣的是，美国与中国 GDP 周期的跨度（约 8 年）及资本市场周期频率相对于 GDP 周期的频率之比（大约 2 倍）却大致相同。因此，经济与资本市场周期性不只适用于美国，也适用于中国。

这为价值投资者在中国提供了周期性的低价买入机会。

第二篇

如何给企业估值（Valuation）

估值像一面"照妖镜"，不仅可以照出"市场先生"是狂热还是悲观，而且可以照出狂热、悲观的具体尺度。但是，估值也是价值投资中最难的环节。

——戚克栴

第 6 章　估值概览

第一篇重点讲了价值投资的理念，包括可持续复利的魔力、价值投资的三段论、投资就是投国运、如何穿越周期等。其中蕴含了一个近年来在中国资本市场日益火爆的词语——长期主义。

总结上述理念，可以用 2018 年伯克希尔-哈撒韦股东大会上一个小男孩提问时用到的巴菲特、芒格的"最爱"词语——延迟满足[①]（delay of gratification）。用老百姓的话讲，就是耐性好，沉得住气，把一切好东西都向后放。

[①] 延迟满足是指一种甘愿为更有价值的长远结果而放弃即时满足的抉择取向以及自我控制能力。巴菲特、芒格常会提及此词。20 世纪 60 年代，美国斯坦福大学心理学教授沃尔特·米歇尔设计了一个著名的关于延迟满足的实验。他让数十名儿童每人单独待在一个只有一张桌子和一把椅子的房间里，桌子上有这些儿童爱吃的糖果，并告诉他们有三种选择：一是可以马上吃掉；二是等研究人员回来时再吃，还可以再得到奖励；三是他们可以按响桌子上的铃，研究人员听到铃声会马上返回。十几年后，米歇尔在分析不同孩子的表现时发现，当年马上按铃的孩子通常难以面对压力，注意力不集中，学习成绩也较差。而那些可以等上 15 分钟再吃糖果的孩子，在学习成绩上则比那些马上就吃糖果的孩子要好很多。

例如，把持续收获的看似微薄的年度复利再投资，把投资都投到好的国家，能够忍耐穿越经济周期等。客观而言，这些理念都很重要，但并不是很多人都能做到的，因为多数人会为了"即时满足"或"眼前收获"，而放弃"延迟满足"或"长期巨额财富"。但是，仅凭前述这些"软技能"，是否就足够了呢？答案是否定的。

投资理念只能帮助投资者实现与长期持有大盘一致的投资回报，如果参考美国道琼斯工业指数及标准普尔500指数的长期投资收益率水平，也就是7%~10%。但仅仅学会投资理念，是很难超越大盘的，更别说贴近巴菲特所实现的约20%的长期收益率了。

因此，价值投资中最重要的也是最难的环节，就是三段论中的第二段，确定股票对应企业的真实价值。在华尔街投资银行与投资机构的实践中，企业的估值方法主要就是"老三样"：

1. 可比公司法（Comparable Companies）。
2. 可比交易法（Deal Comparable，也称先例交易法，即 Precedent Transactions）。
3. 折现现金流法（Discounted Cash Flow）。

其中，相对最容易的是可比公司法，相对比较复杂的是可比交易法。但是，最根本（即可以计算企业的真实价值）却也最复杂、最难全面掌握的方法是折现现金流法。

6.1 可比公司法

可比公司法与可比交易法都是相对估值方法。其中，可比公司法是寻找与目标公司[①]可比、类似或同行业内的公司（简称"可比公司"），计算可比公司的估值指标倍数（例如市盈率、市净率、EV/EBITDA 等），再把这组估值倍数乘以目标公司对应的指标（例如净利润、净资产、EBITDA 等），来计算目标公司的价值。

经典的可比公司估值如表 6-1 所示，主要栏目往往包括三类，第一类是公司的基本情况，包括公司名称、最新收盘价[②]、公司总股本、公司总市值，有时还包括企业价值[③]等；第二

[①] 目标公司，指需要估值的公司，也可以称作标的公司。

[②] 可比公司估值的一个重要特征是更新到最近的公司股价。这和可比公司法经常用来给 IPO（首次公开发行）以及二级市场并购交易定价有关。一般而言，由于 IPO 及上市公司相关的交易均是参考二级市场公司的估值指标，因此越近、越新的价格越有参考意义。我曾在国内实操中见过有人用过去一年或几年的可比公司股价及估值来对现时的公司或股价进行估值，这明显是没有领悟到可比公司的现时性特征及其相对估值法的本质，因为相对估值法如果未采用最新的市场估值数据，则其对现时的股价估值参考的意义就大打折扣。反言之，如果可比公司法用的是两年前的数字，则其估值得出的价格应该是两年前的市场情况下标的公司的股价。

[③] 企业价值为公司市值与净债务之和，而净债务的计算相对专业，涉及常用的银行债务、债券、现金等，也涉及不常用甚至不容易理解为债务的少数股东权益、融资租赁、永续债等，有时还会有人把负债（如经营性的负债）误当作债务。因此，一般金融终端或数据库的企业价值计算往往不如市值那样准确，需要专业的投资分析师或投资银行家来独立进行计算。

表6-1 可比公司法示意——A股白酒公司可比公司估值

证券简称	收盘价（元）	总股本（万股）	总市值（亿元）	市盈率（2021年）	预测市盈率（2022年）	市净率（2021年）	EV/EBITDA（2021年）	市销率（2021年）
泸州老窖	224.59	147 162	3 305	41.5x	32.6x	11.4x	29.2x	16.0x
古井贡酒	263.82	52 860	1 395	60.7x	46.0x	8.1x	31.6x	10.5x
酒鬼酒	131.02	32 493	426	47.6x	32.9x	11.1x	32.5x	12.5x
五粮液	164.40	388 161	6 381	27.3x	23.6x	6.2x	17.8x	9.6x
顺鑫农业	21.14	74 177	157	153.3x	60.2x	2.0x	14.8x	1.1x
洋河股份	148.28	150 699	2 235	29.8x	23.3x	5.0x	20.2x	8.8x
伊力特	24.49	47 196	116	37.0x	28.4x	3.2x	20.2x	6.0x
贵州茅台	1 880.00	125 620	23 617	45.0x	37.8x	12.3x	30.9x	22.2x
老白干酒	24.61	91 475	225	57.8x	32.3x	5.7x	33.0x	5.6x
舍得酒业	137.68	33 204	457	36.7x	27.4x	8.5x	24.2x	9.2x
水井坊	67.82	48 836	331	27.6x	23.9x	12.7x	18.9x	7.2x
山西汾酒	296.00	122 007	3 611	68.0x	47.4x	20.0x	49.1x	18.1x
迎驾贡酒	50.62	80 000	405	29.3x	22.7x	6.7x	19.7x	8.8x
今世缘	42.67	125 450	535	26.4x	21.6x	5.3x	18.7x	8.4x
口子窖	46.99	60 000	282	16.3x	14.9x	3.5x	10.8x	5.6x
金徽酒	25.91	50 726	131	40.5x	30.0x	4.3x	25.3x	7.3x
均值				46.5x	31.5x	7.9x	24.8x	9.8x
中位数				38.7x	29.2x	6.5x	22.2x	8.8x

注：数据截至2022年9月15日。表中的x表示倍数，例如市销率16.0x，即市销率是16倍。

资料来源：万得资讯，望华研究。

类是公司的主要估值指标，包括市盈率（历史及预测）、市净率[①]、EV/EBITDA 等；第三类是用来估值的公司基本的财务数据，例如历史及预测净利润、总收入、净资产、历史及预测EBITDA 等。

看罢上面的可比公司估值表，恐怕不少人会感觉难。其实，这是三种估值方法中最容易的。可比公司的表格，如果提前选择好公司，设计好格式，在需要时直接下载最新股价及财务数据即可。对应的可比公司估值倍数就会自动更新，只需要几秒钟。但是，如果希望通过可比公司法实现比较精准的估值，存在以下几个难点。

首先，如何选择可比公司？在国内最简单的方法，即直接打开万得或某券商行业分类，把该行业分类下所有的公司数据都下载即可。但有些指数分类过宽，例如，有的把白酒与饮料或红酒放在一起。此外，即使是同一个行业，例如白酒，全国性品牌与区域性品牌的业务模式及市场地位明显是不同的，因此，估值也会有所差异，即所谓同行但"并不可比"。

其次，可比公司选择哪些估值指标？一般而言，有些指标对所有行业几乎都是必选的，例如市盈率或市净率。但是，仍然有一系列问题，如市盈率是历史市盈率（当前股价除以已经公布年

---

① 市净率往往使用最新一期的历史净资产数据来进行测算。仅有银行或金融机构等对市净率估值方法或公司净资产高度倚重的行业，才会使用近期预测的净资产为市净率的估值依据。

报的每股盈利[1]），还是预测市盈率（当前股价除以还未公布年报，但估值者有内部或外部预测的相对比较准确的每股盈利），或是都计算？预测周期是一年、两年还是更久？净利润或每股盈利是用扣除非经常性损益之后的，还是扣除之前的？是包含少数股东的，还是不包含的？此外，有些指标并不是对所有行业都适用的，有的指标虽然可以从万得这样的金融终端下载，但数据往往不准确，有的指标甚至无法直接下载，需要自行查找或计算，例如企业价值或 EBITDA、互联网企业的活跃用户数、房地产企业的 NAV[2]，寿险公司的内含业务价值、新业务价值[3]等指标。

最后，如何解读可比公司估值表？例如，表 6-1 所示 A 股白酒行业可比公司估值中，共有 9 列 19 行，涉及 138 个数据，如何看呢？这取决于可比公司估值表的目的是什么。如果是为了对一个非上市的白酒公司进行估值，那么可以取历史市盈率或预测市盈率的中位数[4]作为估值倍数参考，打一定的非上市公司流

---

[1] 或者当前市值除以已经公布年报的经审计的净利润。如果计算方法正确，两种方法的计算结果应该一致。

[2] NAV 是房地产行业常用的一个估值指标，即土地储备的净资产价值。一般而言，会用每一家公司的市值除以其 NAV，作为一个估值比率（或倍数）。NAV 是根据房地产企业的所有土地储备具体区块情况，以及其各自周边房价、开发速度、开发成本、折现率等假设，折现并剔除负债后，得到净资产价值。

[3] 新业务价值是人寿保险行业常用的一个估值指标，即以精算方法估计的在一段时间内售出的人寿保险新业务所产生的经济价值。

[4] 中位数是按顺序排列的一组数据中居于中间位置的数字。如果序列数字的个数是偶数，则中位数是中间两个数字的平均值。由于中位数不是所有数字的均值，可以避免被部分过高或过低的数字拉高或拉低。因此，相对于均值而言，中位数对整个数字序列更具代表性。

动性折扣，用该非上市公司的历史或预测净利润乘以打折后的对应市盈率倍数即可。如果可比公司估值的目的是寻找被低估的白酒公司，则可以把相对更可比的白酒公司进行归类，如贵州茅台与五粮液属于白酒中的超级品牌，则可以在给予贵州茅台适当合理溢价的基础上，比较五粮液与贵州茅台的市盈率、PEG[①]等指标孰高孰低。

可比公司法的价值，在于可以通过计算现时市场上可比公司的估值倍数，来估算非上市公司应当值多少钱；或者，发现同类或类似公司中相对更便宜的企业。该方法的操作简便直观，因此被广泛使用。

6.2 可比交易法

可比交易法与可比公司法类似，即寻找与收购目标公司类似的并购[②]交易（简称"可比交易"），计算可比交易的估值倍数，再用目标公司的指标乘以可比交易的相应估值倍数，来计算目标公司的价值。在西方市场化的大中型并购交易中，买卖双方往往都会聘请顾问对企业进行估值，然后进行谈判，可比交易法是顾

---

① PEG 即市盈率相对盈利增长比率，要用市盈率除以净利润增长率，以反映在考虑企业净利润增长的情况下市盈率的高低。为方便起见，一般用市盈率除以去掉百分号的增长率，例如 A 公司市盈率为 15 倍，净利润增长率为 15%，而 B 公司市盈率为 50 倍，净利润增长率为 50%，则两个公司的 PEG 相同，均为 1。
② 并购指兼并收购，英文为 Merger&Acquisition（M&A），即公司之间的股权或资产的收购或者合并。

问们必须做的功课。

由于可比交易法的本质与可比公司类似,属于相对估值法,因此其格式与可比公司法也有类似之处。如表 6-2 所示,其内容主要包括:一是关于并购交易的基本信息,如标的公司及交易股比、买方名称、卖方名称,以及交易的简要描述;二是估值信息,包括交易的市盈率、市净率、市销率、EV/EBITDA 等。有所不同的是,由于可比交易不像可比公司那样数据全面且易于获得[①],因此历史市盈率、市净率等基本指标还相对容易找到,而对于预测市盈率或 EV/EBITDA 等的数据则很难获得。

从下述中国医药行业(2020 年)的可比交易表中,可以得到行业平均约 31.3 倍的交易市盈率中位数;还可以看出谁是活跃的买家或投资者(例如高瓴资本),以及医药健康领域的投资趋势,例如向创新药、生物制药领域发展。从投资股权比例看,这些规模超过 10 亿元的交易中,既有低于 10% 的参股权投资,也有大于 51% 的绝对控股权收购,说明该领域基金类财务投资者与产业战略并购投资都比较活跃。

因此,从可比交易估值表中,我们不仅能看到估值倍数,还能看到并购投资的趋势与故事。对于从事并购及投资的企业内部团队、基金管理人和投资银行家而言,可比公司估值表是不可或缺的重要工具。

---

① 因可比公司估值表中所列公司都是上市公司,所以数据均可从法定披露的年报、季报中查到,也可从专业金融终端软件直接下载。

第 6 章 估值概览

表 6-2 可比交易法估值示意——中国医药行业[①]（2020 年）

	标的公司/交易股比	买方	卖方	并购简介	交易规模	市盈率	市净率	公告日期
1	兴盟生物医药（苏州）有限公司（100%）	南新制药（688189.SH）	兴盟生物科技股份有限公司等 3 位股东	南新制药拟通过发行股份及支付现金的方式收购兴盟生物医药（苏州）有限公司 100% 的股权，布局创新药业务，丰富公司产品组合	26.7 亿元人民币	—	56.8x	11-09
2	泰邦生物（13.79%，CBPO.O）	中信资本等 3 位投资者	普华和顺（1358.HK）	普华和顺拟向中信资本等 3 位买家出售所持血液制品企业泰邦生物 13.79% 的股权，进一步缓解资金压力	6.4 亿美元	31.2x	2.6x	10-26
3	天境生物（17.97%，IMAB.O）	高瓴资本、新加坡政府投资公司等 10 位投资者	增资	临床生物制药公司天境生物通过私募配售的方式获得 4.2 亿美元融资，所得资金用于推进创新药管线研发及全球临床试验，以及拓展在中国的商业化能力	4.2 亿美元	—	—	9-04

[①] 该表格为中国医药行业 2020 年的并购交易，主要数据节选自望华联合 2020 年《中国并购月报》（1—12 月）医药行业并购交易的相关内容，参见 www.bmcg.com.cn/column/17.html。

续表

	标的公司交易股比	买方	卖方	并购简介	交易规模	市盈率	市净率	公告日期
4	迪瑞医疗（53.8%，300396）	中国华润有限公司、广东恒健投资控股有限公司	晋江瑞发投资有限公司	迪瑞医疗的控股股东晋江瑞发投资有限公司拟转让公司控股权，实控人将会变成中国华润，从而华润系将会形成医药工业、医药商业、医疗机构的医疗全产业链布局	34.0亿元人民币	29.4x	4.2x	8-27
5	京东健康	高瓴资本	战略投资	京东旗下的京东健康获得了高瓴资本8.3亿美元的B轮融资，继续加强自身的药品供应链实力	8.3亿美元	—	—	8-17
6	浙江朗华制药有限公司（80%）	维亚生物（1873.HK）	宁波宁化投资管理有限公司等3位股东	维亚生物拟以25.6亿元人民币收购浙江朗华制药有限公司80%的股权，进一步扩张至CDMO（医药合同研发生产外包）业务，实现产业链的垂直整合	25.6亿元人民币	—	10.1x	8-09
7	瀚晖制药有限公司（49%）	海正药业（600267）	高瓴资本	海正药业拟以发行股份、可转债及支付现金的方式收购瀚晖制药49%的股权，从而全资持有瀚晖制药，推动上市公司业务从原料药向高端制剂转型，交易完成后高瓴资本将会参股海正药业，预计持股比例超过10%	43.4亿元人民币	16.4x	3.1x	7-21

8	健康元(8%, 600380)	高瓴资本	增资	高瓴资本战投投资健康元, 将利用自身在全球创新药领域的布局, 协助健康元引入重点治疗领域的在研创新药产品, 以及高水平研发技术平台	22.0亿元人民币	31.3x	2.6x	7-13
9	福州迈新生物技术开发有限公司(95.55%)	九强生物(300406)、中国医药投资有限公司	德福资本等5家公司	九强生物联合中国医药投资,以现金方式收购迈新生物95.55%的股权,其中九强生物收购65.55%的股权,此次交易是九强生物强化在体外诊断试剂领域的布局,进一步扩充病理诊断试剂和仪器产品线	27.5亿元人民币	23.6x	7.2x	6-13
10	凯利泰(7.49%, 300326)	淡马锡、高瓴资本	增资	淡马锡与高瓴资本战略投资椎健微创领域企业凯利泰,进一步完善医疗健康领域投资布局,而求得业内知名PE(私募股权基金)支持的凯利泰也可以丰富产品管线和提升研发能力	11.0亿元人民币	51.5x	5.2x	5-12
11	科华生物(18.63%, 002022)	格力地产(600185)	方源资本	格力地产拟以协议转让的方式收购科华生物18.63%的股权,进一步布局大健康领域,完善公司"医疗+地产"的大健康领域发展模式	17.3亿元人民币	45.5x	3.9x	5-10

续表

	标的公司交易股比	买方	卖方	并购简介	交易规模	市盈率	市净率	公告日期
12	康恩贝（20%，600572）	浙江省中医药健康产业集团	康恩贝集团有限公司	康恩贝的实际控制人康恩贝集团转让公司20%的股权，交易完成后实际控制人变更为浙江省国资委，本次交易是地方国资和民营企业的一次资源整合，旨在合作共建浙江省中医药产业健康主平台	29.0亿元人民币	28.4x	2.6x	4-03
13	华兰生物疫苗有限公司（15%）	高瓴资本、晨壹投资（北京）有限公司	华兰生物疫苗科康有限公司	华兰生物（002007.SZ）旗下控股子公司华兰疫苗引入高瓴资本和晨壹基金两大战略投资者，给参与新冠肺炎疫苗研发的华兰疫苗注入新的活力，未来华兰疫苗存在着独立走向资本市场的可能	20.7亿元人民币	36.8x	10.9x	3-27
14	Grifols Diagnostic Solutions Inc.（GDS，基立福诊断解决方案公司，45%）	上海莱士（002252.SZ）	Grifols SA（基立福公司）	血液制品龙头上海莱士以发行17.66亿股、每股作价7.5元的方式收购西班牙血液检测龙头企业GDS，此次收购使上海莱士跨境整合产业链上游企业，进一步扩大血液检测产品的范围	132.5亿元人民币	49.1x	4.0x	3-13

第 6 章 估值概览　　083

15	凯莱英 （7.48%， 002821）	高瓴资本	—	凯莱英引入战略投资者高瓴资本，双方旨在创新药领域展开进一步合作，共同深耕创新药市场	23.1 亿元 人民币	57.9x	10.82x	2-16

2020 年中国医药健康领域并购交易估值倍数平均值	36.5x	10.1x
2020 年中国医药健康领域并购交易估值倍数中位数	31.3x	4.7x

注：按照时间由近至远排列，仅选择进入 2020 年《中国并购月报》月度前 10 的中国医药健康领域交易规模大于 10 亿元人民币的并购交易。表中的 x 表示倍数。

资料来源：万得资讯，《中国并购月报》（望华研究）。

6.3 折现现金流法（DCF）

折现现金流法是绝对估值法，而不是像可比公司法或可比交易法那样通过相对估值倍数来估算自身价值。它通过预测企业未来自由现金流，再将现金流折现、加总，来计算企业到底值多少钱。

价值投资三段论要求计算的企业真实价值是绝对价值，而非相对价值。因此，折现现金流法计算的估值，对价值投资而言是最重要的。

DCF的基本理念是投资企业（或投资股票等于投资了企业的一部分），这就获得了未来收到企业净现金流的权利（或一部分）。但由于这些现金流是未来发生的，因此必须进行折现，即

$$PV=\sum_{i=1}^{n}FCF_i/(1+WACC)^i+TV/(1+WACC)^n$$。

公式中，PV代表现时价值（Present Value）。FCF_i 代表第 i 年的自由净现金流，自由净现金流＝公司息税前的利润×（1–所得税率）+折旧摊销–资本开支–营运资本增加。

TV代表终值。终值有两个计算方法。方法一是永续增长率方法，即 $TV=FCF_{n+1}/(WACC-g)$ 或者 $TV=FCF_n\times(1+g)/(WACC-g)$，$g$ 为永续增长率。方法二是退出倍数法，即通过EV/EBITDA等倍数估计终值价值。

WACC代表折现率，即加权平均资本成本，WACC＝股权资本成本×股权资本比例+债务资本成本×债务资本比例×

(1- 所得税率)。

折现现金流法是计算企业绝对价值最根本的方法，也是估值方法中最难的。其基本理念是，用今天的投资换取未来的自由现金流，可用图 6-1 表示。

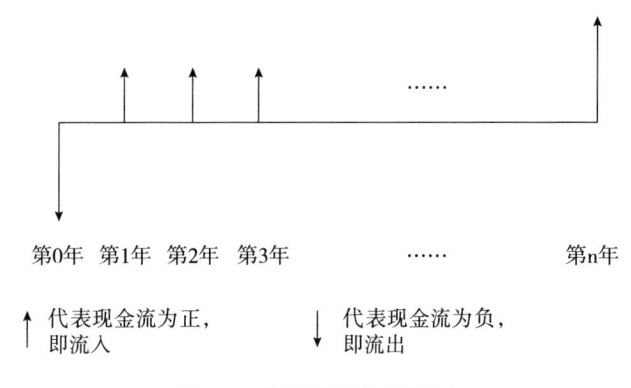

第0年　第1年　第2年　第3年　……　第n年

↑ 代表现金流为正，即流入　　↓ 代表现金流为负，即流出

图 6-1　折现现金流理念示意

资料来源：望华研究。

折现现金流估值方法既是价值投资的核心组成部分，也体现了价值投资的重要理念。

第一，就投资的对象而言，买股票就是投资企业的一部分，而不是一个股票代码，因此收获的是企业未来现金流的一部分。这和开饭店是一个道理，你希望饭店获得盈利，不断有现金流入账，而不是指望饭店能尽快溢价卖掉——其实，饭店也只有经营得好，净现金流不断进来，才可以卖个好价钱。投资企业的理念很重要，你要关注的是企业的业务本质。

第二，就投资的时间而言，投资是有等待时间的，等待时间起码是 3~4 年，5~7 年则会更稳妥，甚至更长，因此至少要看这期间的现金流。如果今天投资了，期待明天就大涨套现，那是赌博，是投机，而不是投资，更不是价值投资。

第三，就衡量指标而言，投资和收获都用现金流来衡量。理由也不难理解。你付出的是现金，当然期望收回的也是现金。如果你收到的不是现金，而是其他物品或服务，那整个投资周期还没有画上句号，因为其他物品或服务变成现金，还需要一个过程。那为什么不用会计报表里的净利润来衡量？因为企业会计准则使用的是权责发生制①，而不是收付实现制②，因此净利润并不等同于净自由现金流，投资还没有形成闭环。折现现金流法与企业会计报表的权责发生制基础不同，增加了 DCF 的使用难度，也增加了普通人成为真正价值投资者的门槛。

第四，为什么要折现，而不是简单地把未来现金流入和流出 100% 地进行加减？这个问题与为什么今天的 1 元不等于几年后的 1 元是一个问题。答案有很多，首先是通货膨胀，即今天 1 碗

---

① 权责发生制又称"应收应付制"。它是以权利和责任的发生来决定收入和费用归属期的一项原则，即以本期会计期间发生的费用和收入是否应当计入本期损益为标准，处理有关经济业务的一种制度，而不是以现金是否已经收到或者支出作为是否计入本期损益的标准。抽象地讲，权责发生制是把企业会计，按照企业收入及支出的法定或惯常权利与义务的标准来衡量，因为毕竟在一个法治与诚信的社会，约定该收的就得收，约定该付的就得付，至于为什么应收未收或者应付未付，则反映了企业所在行业的特点以及企业自身的财务管理能力。

② 收付实现制亦称"收付实现基础"或"现收现付制"，是与权责发生制相对的。在会计核算中，是以款项是否已经收到或付出作为计算标准，来确定本期收益和费用的一种方法。凡在本期内实际收到或付出的一切款项，无论其是否应该由本期收取或承担，均作为本期的收益和费用处理。

牛肉面约10元，5年后一定不止这个钱。其次是资金成本，就是今天的资金投入无风险的国债中，会产生非常确定的无风险收益，因此今天的1 000元到几年后一定不止1 000元。再次是风险溢价，尽管通过投资企业获得了未来的现金流入，但这毕竟是有风险的，因此需要在折现率中予以补偿。最后，在经济学里有个概念，就是利息理论中的"人性不耐"[①]。"人性不耐"指出了未来的每一个与今天相同单位的财富，算到今天都需要进行折现，因为人性是不耐的，今天获得与未来获得的边际效用不同，因此价值不同。

第9章我们将就如何使用折现现金流法估值进行详解。

[①] "人性不耐"（human impatience）是欧文·费雪在《利息理论》中提出的，是指人对当下获得的财富或商品，优于将来获得的财富或商品的边际偏好。这种偏好叫作时间偏好，或者叫作"人性不耐"，指人对现在财富或商品更多一个单位的"当下边际欲望"，大于将来财富或商品更多一个单位的"当下边际欲望"的超出部分。

第 7 章　从相似开始

可比公司法的基本逻辑是，用与目标公司最相似公司的估值倍数，确定目标公司的价值高低，就像买东西在同类货品中"货比三家"。

可比公司法主要有两个用途。一是通过分析可比公司的估值，对目标公司进行相对估值。二是用于确定某类可比公司中，哪家公司相对更便宜或者更贵，从而在同类股票的投资中做出取舍。

7.1　如何选可比公司？

选择合适的可比公司是可比公司法使用中对估值影响最大的环节，也是最容易引发不同意见的环节。毕竟，多数人并不精通财务报表的科目解读或估值演算，但就贵州茅台、口子窖或青岛啤酒是否可比，他们都会有所评判。这和可比公司法的英文"Comparable Companies Valuation"也有关系，其实，类比公司法可能是更准确的翻译。

"可比"一词，在中文中有相似、可以相提并论，甚至差不多的意思。但是，任何可比总有从量变到质变的过程。例如，相对于中国石油，青岛啤酒和贵州茅台肯定更为可比，它们都属于酒类。而口子窖一定比青岛啤酒和贵州茅台更可比，因为它们同属于白酒。而五粮液，则一定比口子窖和贵州茅台更可比，因为它们都是全国性高端白酒品牌，也是行业内市场占有率最高的两家龙头企业。

我建议在选择可比公司时，不要太纠结于这几个公司到底是否完全可比，只要做到大致可以类比即可。除此之外，则要更看重其他几个方面，包括是否有更可比的公司被漏掉了；选出来的这些公司，用什么估值指标或估值倍数进行比较；对应这些指标，这些公司是否有足够的数据可以比较[1]；是否需要在可比公司中进行"分层"，即找出哪几个甚至哪一个是最可比的公司，计算其估值数据，用作估值的最佳参考，再计算整体可比公司的估值倍数，作为次优参考；等等。

图7-1列示了选择可比公司的主要考虑因素，包括是否属于同一行业、是否属于行业中同一细分子行业、公司行业地位与规模是否类似、公司主要特点是否类似等。

由于各个行业内已成功上市的公司数量不同，在构造可比公

---

[1] 有些公司尽管可比，但并非上市公司，公开数据不可获得，这样的可比公司就没有意义。或者有的可比公司，净利润指标为负数，因此其市盈率为负值，对估值目标公司的市盈率估算也没有意义。

司估值表时，需要在"面"（总共有多少家可比公司）与"点"（其中哪一家或哪几家最可比）之间做好平衡。

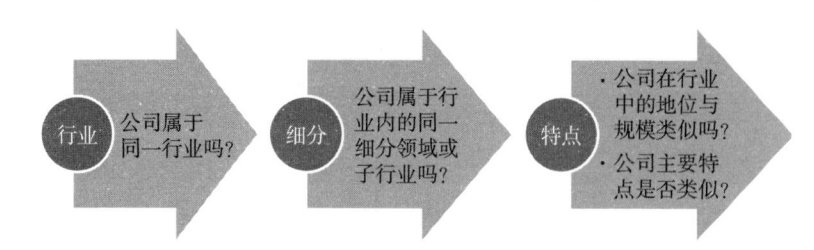

```
[行业] 公司属于同一行业吗？ → [细分] 公司属于行业内的同一细分领域或子行业吗？ → [特点] ·公司在行业中的地位与规模类似吗？ ·公司主要特点是否类似？
```

图7-1　选择可比公司的主要考虑因素

例如，在考察白酒类公司时，我会把所有上市的白酒公司都先列上去，按照A股、港股①、美股②（如有）分类列示，然后去掉数据明显有问题的公司，例如ST（特殊处理）公司，净利润为负的公司，由于净利润畸低导致倍数过高或者明显有股价操纵痕迹的公司（所谓"庄股"）等。然后，再重点看相对最可比的公司，比如研究贵州茅台时，五粮液就已经是最可比的了，尽管对完美主义者而言，可能有100条理由讲两家公司如何不同。

在实践中，为了有更好的全局观，我会把眼光放得更远，关注相关的行业或子行业。例如，在研究白酒时，我会顺便看一下啤酒或饮料类公司，甚至榨菜或调味品公司，以确定白酒板块的估值是否有道理，是否相关板块会更贵或更便宜，到底是什么驱动因素导致白酒与相关板块的估值有明显差异（如有）等。

---

① 港股指在香港联合交易所（HKEX）上市的境内公司。
② 美股指在美国的证券交易所，例如纽约证券交易所、纳斯达克等上市的中国公司。

7.2 如何选估值指标？

有人动辄讲"估值多少倍",这完全是错误的,因为可比公司的估值指标有许多,例如市盈率、市净率、EV/EBITDA 倍数、市销率、PEG 等。不同的指标有不同的含义,也对应着不同的估值倍数区间。尽管都是倍数,但其隐含的逻辑关系以及"贵贱"却是完全不同的。相同的倍数,对应不同指标所隐含的估值有着巨大的差异。因此,首先要了解各个估值指标的含义。

第一,是被最广泛使用的市盈率。顾名思义,市盈率等于公司市值[①]除以净利润(或盈利),或者每股价格除以每股净利润(或每股盈利)。

市盈率为什么重要？因为它用最简单的公式,把企业的股权价值与盈利能力,或者每股的价格与每股盈利能力连接起来。如果你投资办了一家公司,按照每年收回的盈利,根据市盈率还能算出多少年可以把本金都收回来。

此外,市盈率的倒数就是投资收益率。我习惯在看市盈率时,在心中算一下倒数,并与国债收益率比较。据说巴菲特早期从不投资市盈率超过 16 倍的公司,这从市盈率倒数的角度看就很容易理解。16 的倒数,即 1/16 = 6.25%,这样的收益率尽管高于无风险的国债收益率(在 3%~4.5% 之间),但与公司高收益债

---

① 市值等于最近的每股收盘价乘以公司发行在外的总股本数。

券①相比，已没有吸引力，而股票投资是没有强制偿还本金要求的，因此不难理解，从巴菲特传统的眼光看，6.25%的收益率是难以有吸引力的。

当然，随着互联网、高科技、生物医药等新经济上市公司的崛起，有些公司的收入与利润呈现超高速增长态势，历史市盈率超过16倍的公司，下一年市盈率可能还不足10倍。因此，需要用发展的眼光看待市盈率及其倒数对应的投资收益率。

第二，是传统的市净率。市净率就是每股价格除以最近一期的每股净资产，或者公司市值除以公司最近一期财务报表里的净资产②值。市净率是最传统的估值指标，因为它指向企业的净资产，甚至没有考虑企业的盈利能力。

在20世纪30年代西方资本主义国家经济大萧条时，市净率被看重，它也是价值投资学派创立者格雷厄姆看重的一个指标。然而，格雷厄姆在比照净资产分析投资价值时，往往会采取"折上折"的做法。

首先，他会从净资产中剔除不能快速变现的资产，例如过时的生产设备，没有市场立即变现价值的房产等。然后，对于可以变现的资产，例如应收账款也要大打折扣，因为应收账款回收具

---

① 公司高收益债券指非投资等级的公司债券。这些公司资产负债结构不够稳健，或者规模、市值不够大，同时没有强大的股东背景，因此发行债券的利率高，被称作高收益债，又称垃圾债。

② 净资产即公司资产负债表中的所有者权益科目。该所有者权益需要扣除少数股东权益，因为后者就本质而言，是合并方控股集团对下属企业小股东的债务。

有不确定性，而且回收会有成本。有时，他甚至要对账面的现金打折，因为公司的现金到股东的手上需要通过分红、回购或清算程序，需缴纳相关税款，而在经济危机背景下，又有随时被冻结的可能。在进行了一系列打折的计算后，他会与收购价格再进行比对，如果 5 折可以买下，则进入了他收购的视野。这样收购资产的市净率估值，将显著低于 5 折。

对银行等金融机构而言，市净率是最重要的估值指标，其重要程度超过了市盈率。因为银行有资本充足率和核心资本充足率[①]的要求，而资本是由权益资本及其他资本加权后加总得出的。其中，权益资本的权重最高。从业务本质讲，银行主要收益来源是生息资产规模乘以净息差[②]，而由于有资本充足率的要求，净资产直接决定生息资产的规模。此外，银行的净利润受坏账计提标准、拨备覆盖率等会计处理是否严格的影响很大，因此银行的净利润所受的关注不如净资产。这也是中国银行业上市公司市盈率极低的原因之一。

市净率在中国的另一个重要应用是国有资产转让。在中国，

---

① 资本充足率是一个银行的资本总额对其风险加权资产的比率。《巴塞尔协议》将银行的资本总额分为两大类：一类是核心资本，又称一级资本，是指权益资本和公开储备；另一类是附属资本，又称二级资本。《巴塞尔协议Ⅲ》要求银行的资本充足率不低于 8%，核心资本充足率不低于 6%，核心资本至少要占资本总额的 50%。
② 净息差（NIM）指银行净利息收入和银行全部生息资产的比值，即净息差 =（银行全部利息收入 − 银行全部利息支出）/ 全部生息资产。可以把银行的净息差理解成其他行业的"营业利润率"。净息差收入加上中间业务手续费收入再减去坏账拨备变动等费用就构成了完整的银行税前利润。

任何国有控股或实际控制的企业（统称国有企业）的资产（含股权等资产），在进行转让、增资扩股引入外部投资者或者发行上市时，均有一个严格的要求，即不得低于完成国资评估备案的净资产值[①]。如果把经评估的净资产值作为 P/B（市净率）中的 B[②]，则意味着国有资产处置的市净率不得低于 1。在实践中，这导致了一系列问题。

例如，盈利能力低的国企往往采用"就高不就低"的原则以资产法进行评估，导致资产价格无法被盈利能力所支撑，从而使这些国有资产的转让、引资或上市运作无法完成。而盈利能力高的国企如果简单地用资产法进行评估，则"隐藏"了其优秀的创造盈利与现金流的能力，有可能导致国有资产流失。当然，这种方法比较直观，总比没有监管好。无论如何，企业净资产值代表了股东的历史累计投入与企业经营所产生的未分配利润之和。

第三，是 EV/EBITDA 倍数。EV 是企业价值。EBITDA 是息税折旧摊销前盈利。这是华尔街投行与投资机构经常用到的一个指标。很多中国公司在并购时也喜欢用，我问这些公司的人："你们为什么用这个指标？"得到的答案往往是："外资投行都用这个。"显然，这是只知其一，不知其二。他们不知道这是巴菲特、芒格等价值投资者不时抨击的一个指标。

---

① 在国有资产处置的有关规定中，也有转让或处置的价格不得低于经评估净资产值的 90% 的说法。但随着近些年国有资产监管的加强，经评估的净资产值往往是资产处置的底线价格。

② B 指"book value"，即净资产或股权的账面价值。

EV/EBITDA 于 20 世纪 90 年代前后才在华尔街成为主流的估值指标，对于互联网等高科技公司的重要性甚至超出了市盈率，这有两个方面的原因。

一方面，很多新经济或者高资本投入公司是常年亏损的，用市盈率根本无法估值，尤其是对 20 世纪 90 年代后半期快速崛起的互联网、通信科技等高科技企业。华尔街投行的使命就是促成交易，包括不断推广简便易懂且看似有道理的估值指标。EBITDA 作为粗略代表企业现金流入[1]，不必等净利润为正就可以使用的指标进入投行的视野。在华尔街做电信、互联网并购项目时，EBITDA 是最主要的估值指标之一，因为绝大多数企业都是亏损的。"稀松"的估值指标，为 21 世纪初互联网泡沫的破灭埋下了伏笔。

另一方面，EBITDA 指标对应整个企业的价值，而企业价值等于市盈率、市净率所对应的股权价值，加上净债务所得之和，因此往往比股权价值大得多。[2] 在华尔街的控股权企业并购中，投资银行按照企业价值而非股权价值计算并购业绩与收取佣金。

---

[1] 由于折旧、摊销均是无实际现金流出的成本科目，因此加回折旧、摊销，实际上是恢复了企业现金流的真实状况。此外，加回利息还原了企业总体产生现金流的能力，即未考虑企业资本结构及其中借债的成本。不考虑所得税也有其道理，因为没有扣除利息，所以损益表的税前利润作为税基已无意义（例如在计算自由现金流时是从 EBIT 扣税的），况且该指标的初衷是给没有盈利的企业估值，扣与不扣也无差别，何必烦扰。

[2] 在少数情况下，当企业的现金及现金等价物大于付息债务时，企业净债务为负，则股权价值大于企业价值。

这既符合企业控股权并购的本质，即收购的是整个企业，与标的公司资本构成中是股多还是债多无关，也有利于投资银行提高业绩与收费。这也促使企业价值指标被广泛使用，毕竟估值指标是华尔街的投资银行家们设计与使用的。

巴菲特不认可 EBITDA 指标，他说："利息、税收都是必须支出的项目，怎么可以视而不见？而大额的折旧摊销，反映了企业巨大的资本开支需求，也不是好东西。"在巴菲特的衡量体系中，只有那些几乎不需要资本开支，仍可源源不断产生净现金流的企业才是值得投资的企业。巴菲特也不喜欢发明 EBITDA 的投资银行家，他说："你永远不会问理发师自己是否需要剪发。"言下之意是，投资银行家是卖股票的，怎么可能说股票不好！这反映了一个视角问题，即理智的投资者永远要对别人的观点保持客观的认识，尤其是利益相关方的观点。

第四，是 PEG，即市盈率与净利润增长率之比，该指标尤其适合于高增长与高市盈率（所谓"双高"）企业的估值。如同理想的市盈率是用市值除以预测净利润一样，理想的 PEG 指标应是预测市盈率除以 2~3 年的预测年均净利润增长率。例如，在 2022 年下半年，则用 2022 年甚至 2023 年[①] 预测的市盈率，除以 2021 年至 2023 年或 2024 年的年均净利润增长率。但是，在使用年均净利润增长率时，会去掉百分号（%）。例如，企业的当年预测市盈率是 30 倍，净利润增长率是 30%，则 PEG=30/30=1。

---

① 如果已经接近 2022 年底的话。

随着新经济的崛起，越来越多的市场领先企业是高增长企业，而非高分红企业。在此背景下，企业估值兼顾市盈率与高增长率就越发重要。而PEG恰是将两者有效结合到一起的指标。目前国内已有越来越多的投资者使用PEG指标。这说明高增长企业，包括高科技、生物医药、互联网等新经济企业，在中国资本市场的占比与日俱增，也说明国内估值体系日臻成熟，逐步与西方接轨。

第五，是市销率，指市值与销售收入（Sales）[1]之比。严格地讲，这是一个错误的指标，因为市值仅是指企业的股权价值，而销售收入是企业的所有资本（包含股权和债务）共同投入后产生的结果，因此，应当用企业价值除以销售收入。但在国内，市销率是一个早期企业估值比较常见的指标，在此予以分析。

EV/Sales指标是20世纪90年代互联网泡沫前期，与EV/EBITDA几乎同时代出现的指标，但出现的频率远不及EV/EBITDA。时至今日，由于风险投资、天使投资都进一步向创业的早期走，这些企业不仅净利润是负的，连EBITDA都是负的，所以人们才不得不看销售收入[2]，并以此为估值倍数的分母来计算。那么，为什么存在逻辑错误的市销率，会把有一定合理性的EV/Sales逐步替代了呢？

一个原因是P的计算比EV简单，使用方便。P就是市值或

---

[1] 销售收入即营业收入，本书中营业收入与销售收入可以互换使用。
[2] 如果企业连市销率都不能用，即销售收入是0，那么是纯粹的天使投资，即企业一无所有，只有创始人和一本早期商业计划书。

股权价值。而 EV 则是 P 再加上企业的净债务。难就难在净债务上。目前万得等主流金融软件依然没有准确的净债务指标可以下载。因为净债务不仅包含企业的银行贷款、债券，还包含优先股、可转债、少数股东权益、融资租赁，甚至股东借款，而这些都是不为普通人熟悉的会计科目。

此外，仔细琢磨的话，市销率也还有一定道理。例如，会计上有一个常用的销售净利润率（净利润除以销售收入）指标，而市销率 =P/（E/ 销售净利润率）=P/E × 销售净利润率。因此，P/E= 市销率 / 销售净利润率。假设一个公司的市盈率是 15 倍，净利润率是 10%，那么市销率就是 1.5 倍。对于一个早期的企业，由于只产生了收入，净利润还为负，如果有了早期的市销率，隐含预示着如果净利润率达到行业平均，市盈率是多少，例如市销率是 3 倍，行业净利润率是 5%，则隐含的市盈率是 60 倍，即 3/5%=60 倍，明显是偏高的。

第六，是一些行业的个性化指标。例如，本书的前面曾讨论过房地产行业的 NAV、保险行业的新业务价值等。

在互联网行业，活跃用户数是十分重要的指标。这个指标最早来自电信或媒体行业的用户数（subscribers 或 subs），后来拓展至互联网企业，直至近年来手机 App（应用程序）估值使用的月度活跃用户数（Monthly Active User, MAU）也是同样的道理。但在使用用户数进行估值时要注意以下问题。

一是用户数对应的价值应该是企业价值，而非股权价值。因为，用户数是企业所有资本（包括股权资本、债务资本）共同产生的结果，因此，电信行业中用 EV/Subs 倍数，或互联网行业中用 EV/MAU 才是正确的。如果不考虑债务因素，仅用用户数来确定股权估值是片面的、不准确的。

二是用户数和企业的收入及盈利能力是有逻辑关系的。例如，在电信行业，与用户数相对应的一个指标叫 ARPU[①]，一般是每个月的 ARPU，即每月单一用户平均产生的收入。ARPU 乘以用户数再乘以 12，其实就是大致的年度收入（Sales）。而 EV/Sales 就等于 EV/（Subs × ARPU × 12）=（EV/Subs）×［1/（ARPU × 12）］。而 Sales 乘以 EBITDA Margin（毛利率），其实就是 EBITDA。因此，EV/EBITDA =（EV/Sales）×（1/EBITDA Margin）=EV/（Subs × ARPU × 12）×（1/EBITDA Margin）=（EV/Subs）×［1/（ARPU × 12）］×（1/EBITDA Margin）。可见，不同的估值指标之间，是有着紧密逻辑关系的。其实，一切非财务的估值指标（例如用户数等），最终都还是指向公司的财务估值指标，如 EV/Sales、EV/EBITDA 及市盈率、市净率等。

7.3 如何用可比公司估值？

下面，我们通过一个模拟测算练习，来掌握如何使用可比公司估值。

题目：一家区域内领先的白酒公司，计划在 A 股 IPO 上市。

[①] ARPU 即 Average Revenue Per User，指每个用户平均产生的收入。

企业 2020 年、2021 年的营业收入分别是 10 亿元、12 亿元，2020 年、2021 年的净利润分别是 2.5 亿元、3 亿元，2022 年预测营业收入、净利润分别是 15 亿元、3.6 亿元。IPO 发行新股的比例是 30%。请估算一下它上市后市值能达到多少，IPO 募集资金的规模有多少。

第一步，进行可比公司估值，包括选择可比公司，下载可比公司相关数据，制作可比公司估值倍数，形成可比公司估值表。

此处，我们利用表 6-1 的 A 股白酒公司可比公司估值表作为基础进行后续计算。

第二步，选择估值的指标。

白酒属于成熟的消费品饮料行业，其业务模式相对稳定。一般消费品公司可以选择市盈率及 EV/EBITDA 进行估值，如果企业高速增长，也可以适当考虑 PEG。在本题目中，未提供任何关于 EBITDA 及净债务的信息，因此 EV/EBITDA 不必考虑。故以市盈率指标为主，可适度考虑 PEG。

第三步，选取可比公司对应估值指标的估值倍数。

由于题目给出了 2022 年的净利润预测，因此可以用 2022 年的预测市盈率进行估值。可比公司 2022 年预测市盈率的中位数是 29.2 倍。

鉴于题目中提到了这家公司是一家区域内领先的白酒公司，我们也再看一下区域性品牌的估值。我们发现除了白酒巨头贵州茅台、五粮液，以及一线的洋河股份、泸州老窖等，其他带有一定区域性色彩的白酒公司如伊力特、金徽酒等，其 2022 年预测市盈率与所有白酒公司的29.2倍差别不大。因此，我们认为白酒行业总体与区域性龙头白酒公司的估值差别不大。

第四步，进行估值，即将目标公司的财务指标与可比公司的估值倍数相乘。

按照2022年预测市盈率倍数29.2，与2022年目标公司预测净利润3.6亿元相乘，得到在A股上市后，该公司的市值可能约为105.1亿元。注意，一定不能用2020年或2021年的净利润数据做乘数，因为可比公司使用的是2022年的预测市盈率，所以必须"一一对应"，要用2022年的预测净利润。

由于除了市盈率之外，还有营业收入数据，我们可以用市销率指标对市盈率估值进行适当验证。2021年可比公司的市销率中位数是8.8倍，而目标公司2021年的营业收入是12亿元，两者相乘得到105.6亿元，基本验证了2022年预测市盈率得出的估值。

第五步，根据估值的目的，最后进行必要的调整。

对于不同的估值目的，可比公司的估值结果应当进行必要的调整。例如，如果是收购一个企业的控股权[①]，一般需要给予一定的控股权溢价，因为收购方在收购成功后可以绝对控制目标公司，并进行整合重组，发挥协同效应。这种情况下的估值与二级市场交易股价的估值应当不同，一般需要给予20%~30%的控股权溢价。

---

① 一般而言，是指收购企业51%或以上的股权。

对于本次题目，是 A 股 IPO 定价，由于需要给予投资者一定的 IPO 盈利空间①，即给投资者一定的 IPO 定价折扣，我们假设是 15%。因此，IPO 募集资金的规模约为 105 亿元 ×（1-15%）× 30% = 26.8 亿元，如果考虑到上下浮动 10% 的区间，则是 24.1 亿~29.5 亿元。

---

① 在 IPO 时，给予投资者一定的 IPO 后股价上涨空间是国际资本市场惯常的做法。一般而言，在国际上应为 IPO 后市预留 8%~12% 或更高的升值空间。一方面，由于对上市公司而言，IPO 是首次进入资本市场，以后还要投资者进行再融资；另一方面，投资者往往需要为打新准备一定的资金，有一定的资金成本。在国内资本市场，曾经有监管机构为保护投资者利益，而长期控制 IPO 发行市盈率不到 20 倍的隐形红线。这样的做法也不好，因为有的行业市盈率本身还不足 10 倍，例如银行业，这反倒导致 IPO 定价畸形、后续炒作过度等问题。

第 8 章　跟踪并购市场交易

与可比公司法对二级市场交易的股票进行估值不同，可比交易法（又称先例交易法）对股权并购交易进行估值。

可比交易法涵盖的并购交易一般包括：

1. 控股权（持股比例不低于 51%）；
2. 有重大影响力的股权（不低于 33.4%）；
3. 可用权益法合并对应股比利润的股权（一般不低于 20%）；
4. 低于 20% 但有重要战略协同效应的股权。

通过对可比交易的分析，可以使交易各方审视行业内的并购交易，获得可比交易的估值倍数，用于目标公司估值定价，有时还可以了解到交易背后的逻辑与故事，是投资者喜闻乐见的估值方式。

由于可比交易法的并购交易名单及数据难以从金融终端直接

下载，因此需要行业并购专家对业内的股权交易进行长期跟踪与数据更新，方可获得最新的可比交易表①。

比较常见的并购交易买方往往是行业领导者，关注该行业的战略及财务投资者，或综合性集团公司，而交易的卖方往往是企业的创始人、私募股权基金、希望退出该板块或公司的大型企业集团等，故买卖双方多是业内专家。因此，持续跟踪可比交易，观察行业内公司的买卖，对于理解行业趋势、洞察行业先机有重要意义，对于二级市场投资也有重要的启示作用。

8.1 如何选可比交易？

与可比公司法类似，可比交易的选择也是从相同的行业入手的，之后进一步聚焦细分行业领域，并选择与目标公司具有类似特点的公司。

首先，选定行业。如表 8-1 所示，该表是中国医药行业 2020 年的可比交易估值表，包括了中国医药健康领域发生的 15 笔交易规模在 10 亿元以上的并购交易，股比涵盖控股权、重大参股权以及少数但存在战略协同的股权。

其次，进入细分行业领域。我们将交易分成生物制药，血液制品，医药电商供应链，检测仪器与试剂，制药、中药及保健品，

---

① 望华联合定期发布《中国并购月报》，内容包括每月发生的与中国相关的各行业并购交易，参见公司网站（www.bmcg.com.cn）或"望华联合"微信公众号。

第8章 跟踪并购市场交易　105

表8-1　可比交易法估值示意——中国医药行业（2020年按细分行业分类）

细分行业领域	标的公司交易股比	买方	卖方	并购简介	交易规模	市盈率	市净率	公告日期
一、生物制药									
生物制药	兴盟生物医药（苏州）有限公司（100%）	南新制药（688189.SH）	兴盟生物科技股份有限公司等3位股东	南新制药拟通过发行股份及支付现金的方式收购兴盟生物医药（苏州）有限公司100%的股权，布局创新药业务，丰富公司产品组合	26.7亿元人民币	—	56.8x	11-09
生物制药	天境生物（17.97%，IMAB.O）	高瓴资本、新加坡政府投资公司等10位投资者	增资	临床生物制药公司天境生物通过私募股权配售的方式获得4.2亿美元融资，所得资金用于推进创新药管线研发及全球临床试验，以及拓展在中国的商业化能力	4.2亿美元	—	—	9-04
二、血液制品									
血液制品	泰邦生物（13.79%，CBPO.O）	中信资本等3位投资者	普华和顺（1358.HK）	普华和顺拟向中信资本等3位买家出售所持血液制品企业泰邦生物13.79%的股权，进一步缓解资金压力	6.4亿美元	31.2x	2.6x	10-26
血液检测	Grifols Diagnostic Solutions Inc.（45%）	上海莱士（002252.SZ）	Grifols SA	血液制品龙头上海莱士以发行17.66亿股，每股作价7.5元的方式收购西班牙血液检测龙头企业GDS，此次收购使上海莱士跨境整合产业链上游企业，进一步扩大血液检测产品的范围	132.5亿元人民币	49.1x	4.0x	3-13

续表

细分行业领域	标的公司交易股比	买方	卖方	并购简介	交易规模	市盈率	市净率	公告日期
三、医药电商供应链								
医药电商供应链	京东健康	高瓴资本	战略投资	京东旗下的京东健康获得了高瓴资本8.3亿美元的B轮融资,继续加强自身的药品供应链实力	8.3亿美元	—	—	8-17
四、检测仪器与试剂								
检测仪器及试纸试剂	迪瑞医疗(53.8%,300396)	中国华润有限公司广东恒健投资控股有限公司	晋江瑞发投资有限公司	迪瑞医疗的控股股东晋江瑞发投资有限公司拟转让公司控股股权,实控人将会变成中国华润,从而华润系将会形成医药工业、医疗商业、医疗机构的医疗全产业链布局	34.0亿元人民币	29.4x	4.2x	8-27
诊断试剂	福州迈新生物技术开发有限公司(95.55%)	九强生物(300406)、中国医药投资有限公司	德福资本等5家公司	九强生物联合中国医药投资,以现金的方式收购迈新生物95.55%的股权,其中九强生物收购65.55%的股权,此次交易是九强生物强化在体外诊断试剂领域的布局,进一步扩充病理诊断试剂和仪器产品线	27.5亿元人民币	23.6x	7.2x	6-13
诊断试剂及检测仪器	科华生物(18.63%,002022)	格力地产(600185)	方源资本	格力地产拟以协议转让的方式收购科华生物18.63%的股权,进一步布局大健康领域,完善公司"医疗+地产"的大健康领域发展模式	17.3亿元人民币	45.5x	3.9x	5-10

五、制药、中药及保健品

医药及保健品	健康元（8%，600380）	高瓴资本	增资	高瓴资本战略投资健康元，将利用自身在全球创新药领域的布局，协助健康元引入重点治疗领域的在研自研创新药产品，以及高水平研发技术平台	22.0亿元人民币	31.3x	2.6x	7-13
中医药	康恩贝（20%，600572）	浙江省中医药健康产业集团	康恩贝集团有限公司	高瓴资本战略投资的布局，协助健康元引入重点治疗领域的在研自研创新药产品，以及高水平研发技术平台。康恩贝的实际控制人康恩贝集团转让公司20%的股权，交易完成后实际控制人变更为浙江省国资委，本次交易是地方国资和民营企业的一次资源整合，旨在合作共建浙江省中医药产业健康主平台	29.0亿元人民币	28.4x	2.6x	4-03
仿制药	瀚晖制药有限公司（49%）	海正药业	海正药业（600267）	海正药业拟以发行股份、可转债及支付现金的方式收购瀚晖制药49%的股权，从而全资持有瀚晖制药，推动上市公司业务从原料药向高端制剂转型，交易完成后高瓴资本将会参股海正药业，预计持股比例超过10%	43.4亿元人民币	16.4x	3.1x	7-21

六、医疗器械

微创医疗器械	凯利泰（7.49%，300326）	淡马锡 高瓴资本	增资	淡马锡与高瓴资本战略投资脊椎微创领域创企业凯利泰，进一步完善医疗健康产业投资布局，而获得业内知名PE支持的凯利泰也可以丰富产品管线和提升研发能力	11.0亿元人民币	51.5x	5.2x	5-12

续表

细分行业领域	标的公司交易股比	买方	卖方	并购简介	交易规模	市盈率	市净率	公告日期
七、疫苗								
疫苗	华兰生物疫苗有限公司（15%）	高瓴资本、晨壹投资（北京）有限公司	科康有限公司	华兰生物（002007.SZ）旗下控股子公司华兰疫苗引入高瓴资本和晨壹基金两大战略投资者，给参与新冠肺炎疫苗研发的华兰疫苗注入新的活力，未来华兰疫苗存在着独立走向资本市场的可能	20.7亿元人民币	36.8x	10.9x	3-27
八、CDMO								
CDMO	浙江朗华制药有限公司（80%）	维亚生物（1873.HK）	宁波宁化投资管理有限公司等3位股东	维亚生物拟以25.6亿元人民币收购浙江朗华制药有限公司80%股权，进一步扩张至CDMO业务，实现产业链的垂直整合	25.6亿元人民币	—	10.1x	8-09
CDMO	凯莱英（7.48%，002821）	高瓴资本	—	凯莱英引入战略投资者高瓴资本，双方旨在创新药领域展开进一步合作，共同深耕创新药市场	23.1亿元人民币	57.9x	10.82x	2-16
2020年中国医药健康领域并购交易估值倍数平均值						36.5x	10.1x	
2020年中国医药健康领域并购交易估值倍数中位数						31.3x	4.7x	

注：表中的 x 表示倍数。
资料来源：万得资讯，《中国并购月报》望华研究）。

医疗器械，疫苗，CDMO[①] 8 个细分领域。这些细分领域的交易不仅显示了该板块的估值水平，还揭示了交易活跃程度、主要买家等重要信息。

其中，生物制药、医药电商供应链领域的并购更看重发展潜力，而非短期盈利能力，因此市盈率等交易数据难以获得。一方面，这些企业目前未必有盈利，因此无法有公开的市盈率等数据；另一方面，这些企业的估值并非只看重眼前的盈利能力，而更看重长期发展的潜力，例如，生物制药企业正在研发的处于一期、二期及三期临床试验中的产品及其市场前景，或者电商活跃用户数、平均活跃用户月收入等。

在 2020 年新冠肺炎疫情肆虐的背景下，一些相关细分领域，如检测仪器与试剂、疫苗等进入行业的风口期，因此相关领域并购案例屡有发生。例如，2020 年检测仪器与试剂企业并购投资案例有 3 宗，占超过 10 亿元医药并购交易总数的 20%，而且交易市盈率也在 24~46 倍的较高水平，显著超过制药板块 16~31 倍市盈率区间。

此外，CDMO 领域交易活跃，2020 年共发生了两宗大于 10 亿元的交易，交易市盈率高达 50 多倍，显示了投资者对 CDMO 中国市场及发展前景的看好。2021 年，A 股 CDMO 龙头药明康德二级市场市盈率曾高达 100 多倍[②]。

---

① CDMO，即 Contract Development Manufacture Organization（合同研发生产组织），是在医药领域一种新兴的订制研发生产外包模式。
② 截至 2022 年 9 月 20 日，药明康德 TTM（过去 12 个月）市盈率降至 31 倍左右，仍显著高于医药行业平均水平。

在对细分板块进行分类后，我们可以根据目标公司的细分领域，依据可比交易情况，给出相对更准确的估值。由于可比交易的信息比可比公司更难获得，因此在利用可比交易估值时，除了细分板块估值之外，也要兼顾整个医药板块的估值，并适度参考上市的可比公司估值。

8.2　如何用可比交易？

可比交易估值在实操中主要用于并购交易。我们用一个题目来加强对可比交易法的认识。

题目：一家体外诊断检测公司主要研发、生产医疗检测仪器与试剂。2020年经审计的净利润为1亿元。公司创始人为实际控制人，持股比例为40%，其他员工持股25%。另外，一家私募股权基金持股35%。目前，该私募股权基金因基金到期希望出售其所持该公司35%的股权，与卖方接触探讨的买家包括境内外上市公司、上下游产业投资者、私募股权基金投资者等。请对拟出售股权进行估值。

根据题目，这是一个市场化交易，因为内部人士（创始人或员工）并未被确定为买家，而且该基金已经接触了上市公司、上下游产业投资者及其他股权基金等潜在买家。

根据上文的表8-1，中国医药领域并购交易的市盈率中位数是31倍。其中，检测仪器与试剂领域的估值区间为24~46，中位数是29倍，平均数是33倍。此外，在检测领域的三个交易中，有两个与该交易十分相似,即方源资本将所持科华生物 18.63%的股权跨界卖给格力地产(市盈率为 45.5 倍),以及德福资本等将福州迈新生物 95.55% 的股权卖给 A 股上市公司九强生物与中国医药投资(市盈率为 23.6 倍),这两笔类似的私募股权基金退出交易的平均市盈率约为 30 倍。

还有一个好消息是拟转让股权占比是 35%,超出了一般有重大影响力股权要求的 1/3 持股比例[①],属于有重大影响力股权,尽管不是控股权,但仍然有很好的影响力。

综上,可选取两笔类似基金退出交易的中位数 30 倍作为市盈率中值,乘以 1 亿元净利润,得到企业 100% 股权估值 30 亿元,对应 35% 股权的价值即 10.5 亿元。如果上下浮动 10% 作为估值区间,则该股权可比交易法的估值区间为 9.5 亿~11.6 亿元。在实际操作中,可以此作为估值区间,在有兴趣的买家中进行询价,并根据询价结果确定最终定价。

可比交易的估值,往往是并购交易价格谈判的起点与重要参考指标,因为比照什么样的可比交易,交易对应的估值倍数往往就是什么水平。与可比公司法一样,可比交易法也是相对估值法。因此,任何一笔并购交易是否值得投资,仍需要通过 DCF 进行绝对估值法的验证。

---

① 在《中华人民共和国公司法》下,对于公司清算合并、修改章程等重大事项,需要有 2/3 具有表决权的股东通过,因此如果持有超过公司全部股权的 1/3 但未超过 50%,该股东可被视作非实际控制人,但有重大影响力的股东。

第 9 章　折现未来的现金流

估值方法林林总总，各有千秋。但最根本，也是最复杂的，仍是折现现金流法。

与可比公司法、可比交易法不同，DCF 是绝对估值法，也是判断企业或股权真实价值的唯一方法。

9.1　什么是自由现金流？

简言之，DCF 就是把企业未来的自由现金流以一定的折现率折现到当下[①]。而自由现金流，顾名思义就是企业可以自由支配的现金流。这个概念与企业财务报告中的净利润显著不同。

第一，两者对应的主体形式不同。企业自由现金流对应的是不考虑资产负债结构（或者说是假设没有付息债务）的企业。而净利

---

① 所谓当下，即英文中的 present，一般指一个临近的确定时间点。在实践中，该时间点往往是最临近的年末或季度末，以便于使用财务报表数据进行折现现金流法相关的测算。

润对应的是考虑资产负债结构，并且扣除净债务之后的股东权益。

第二，自由现金流是从现金流的角度出发，因此加回了并没有实际现金流出的折旧摊销。而对净利润而言，由于历史资本开支是后续收入的基础，并且资本开支形成的资产有使用年限，因此需折旧摊销到各年对净利润进行抵减。

在自由现金流中，尽管加回了折旧摊销，但需要把当年的资本开支减掉，因为这个流出也是实实在在的——这也是巴菲特喜欢 DCF 的原因，既然你要流出，那就必须减掉。而净利润所在的损益表[1]中，仅体现了历史资本开支形成资产对应到当年的折旧摊销金额，而当年的资本开支没有体现。当年的资本开支反映在财务表三，即现金流量表中。

第三，自由现金流考虑了财务表二——资产负债表[2]中的营运资本[3]的变化。随着企业规模的扩张，现金之外的流动资产（主要包括存货、应收账款等）与短期债务之外的流动负债（主要包括预收账款、应付账款等）会发生相应变化。流动资产增加，代表企业现金流入的减少（例如，应收账款增加，代表企业

---

[1] 为区分三张财务报表的逻辑重要顺序，我们简称损益表、资产负债表与现金流量表，分别为财务表一、财务表二与财务表三。

[2] 即财务表二。

[3] 营运资本 = 扣除现金后的流动资产总额 – 扣除短期债务后的流动负债总额。在会计概念中，营运资本一般而言是流动资产减去流动负债。但在计算 DCF 模型时，由于所谓自由现金流是针对整个企业（而非股东权益）而言的，因此需要剔除债务资本结构的影响，即在 DCF 模型中的营运资本应扣除现金及现金等价物与短期借款。

卖出产品收回现金变少）。流动负债增加，代表企业现金流出的下降，即现金流入的增加（例如，应付账款增加，代表企业与供应商议价能力的提升，从而减少了现金支付）。因此，计算未来自由现金流时要减去预测的营运资本增加。

为什么DCF计算营运资本时，要剔除现金与短债？这是因为现金是可以随时被用来还短债的，因此现金与短债相抵可被视作"净短债"，即净债务的一部分，从而成为公司融资结构的问题——是用股本融资还是债务融资的问题，与企业价值无关。而应收账款、存货与应付账款、预收账款等企业经营性流动资产、流动负债的变化，则反映了公司的经营情况，例如应收应付账款周转率、存货周转率变化等，直接影响企业产生自由现金流的能力，从而影响企业的价值。因此，华尔街投资银行计算营运资本变化时，还会用一种简单的算法，就是计算"应收账款＋存货－应付账款－预付款"的变化。

理解自由现金流与净利润的差异后，自由现金流的计算公式也就不难理解了（见表9-1）。

表9-1 自由现金流计算方法

序号	科目	来源及注释	英文名称
1	利润总额（或税前利润）	从历史损益表（财务表一）中截取历史数据，并进行预测模拟	EBT，即Earning Before Tax；或PBT，即Profit Before Tax
2	＋净利息费用	从历史损益表（财务表一）中截取历史数据，并进行预测模拟	+Interest

续表

序号	科目	来源及注释	英文名称
3	=息税前利润	计算结果	=EBIT，即 Earning Before Interest and Tax，或 Operating Income
4	-企业所得税	EBIT×所得税率（模拟全部息税前利润缴纳所得税，无利息抵减）	-Tax
5	=扣税后 EBIT	计算结果	= EBIT×（1-t）
6	+折旧摊销	从会计报表附注的"现金流量表补充资料"中可以找到历史数据，并进行预测模拟	+D&A，即 Depreciation & Amortization
7	-资本开支	从历史现金流量表（财务表三）中截取历史数据，并进行预测模拟	-Capex，即 Capital Expenditure
8	-流动资产（不含现金）的增加	从历史资产负债表（财务表二）中截取历史数据，并进行预测模拟	-Increase of Current Asset
9	+流动负债（不含短期付息债务）的增加	从历史资产负债表（财务表二）中截取历史数据，并进行预测模拟	+Increase of Current Liability
10	=自由现金流	计算结果	Free Cash Flow

资料来源：望华研究。

9.2 如何算折现率？

折现率几乎是计算 DCF 最重要的单一指标，这是由于折现率仅仅一个百分点的变化，可能导致企业价值超过 10% 的变化。在计算折现率时，加权平均资本成本是最常用的方法。WACC = 股权资本成本×股权资本比例+债务资本成本×债务资本比例×（1-所得税率），或者用符号代表，即 WACC= $R_e \times W_e + R_d \times (1-T) \times W_d$。计算过程见表9-2。

表9-2 WACC 计算方法

序号	名称	符号	计算方式	模拟计算示意
1	股权资本成本	R_e	一般用 CAPM[①] 模型	15.0%
2	股权资本比例	W_e	·一般指公司的理想股权资本占总资本（即股权加债务资本之和）的比例 ·可以按 40%~80% 进行敏感性测算 ·可以适度参考公司历史的资本结构，依据历史报表测算股权资本/（股权资本+债务资本）[②] 比例	60.0%
3	债务资本成本	R_d	可以参考企业的实际债务成本	6.0%
4	债务资本比例	W_d	可以用 $1-W_e$ 进行测算	40.0%
5	所得税率	T	采用企业的法定所得税率	25.0%
6	加权平均资本成本	WACC	计算结果：15%×60%+6%×40%×（1-25%）	10.8%

资料来源：望华研究。

[①] CAPM 即资本资产定价模型（Capital Asset Pricing Model），是由美国学者于 1964 年在资产组合理论和资本市场理论的基础上发展起来的，主要研究证券市场中资产的预期收益率与风险资产之间的关系，是现代金融市场价格理论的支柱，广泛应用于各金融领域。

[②] 在完全理性的资本市场中，股权资本与债务资本均应使用其市场价值进行权重测算，例如，股权资本应当用企业的市值进行测算。

其中，计算股权资本成本采用 CAPM 模型，即 R_e = 无风险收益率 + 贝塔系数 × 市场收益率风险溢价 = 无风险收益率 + 贝塔系数 ×（市场预期收益率 – 无风险收益率）。如果用符号表示，即 $R_e=R_f+\beta\times[E(rm)-R_f]$。具体计算过程见表 9-3。

表 9-3 CAPM 计算方法

序号	名称	符号	计算方式	模拟计算示意
1	无风险收益率	R_f	一般采用长期国债收益率	4.0%
2	贝塔系数（Beta 系数，或加杠杆贝塔系数，或股权贝塔系数）[1]	β 或 β_L 或 β_e	对上市公司，一般可从金融软件（如万得）下载历史贝塔系数。对于非上市公司，需要计算行业内公司平均去杠杆的资产贝塔系数，再进行杠杆化得出（详见后文）	1.5
3	市场预期收益率	$E(rm)$	可参考股权资本市场平均的收益率水平	11.0%
4	市场预期收益率较无风险收益率的风险溢价	$E(rm)-R_f$	可用 $E(rm)$ 与 R_f 之差计算得出。当时市场行业内的普遍经验值	7.0%
5	资本资产定价模型	CAPM	计算结果：4.0%+1.5×（11.0%–4.0%）	14.5%

资料来源：望华研究。

---

[1] 贝塔系数也称 β 系数（Beta coefficient），是一种风险指数，用来衡量个别股票或股票基金相对于整个股市或总体市场的价格波动情况。一般用单个股票资产的历史收益率对同期指数（大盘）收益率进行回归，回归系数（即线性回归公式的斜率）就是贝塔系数。换句话说，如果一个股票价格和市场价格波动性是一致的，那么这个股票的贝塔值就是 1。如果一个股票的贝塔值是 1.5，就意味着当市场上升 10% 时，该股票价格则上升 15%；而当市场下降 10% 时，该股票价格则会下降 15%。

上市公司的历史贝塔系数可以从专业金融终端直接下载得到。对非上市的目标公司进行估值时，需要根据同行业上市公司的贝塔系数［也就是股权贝塔系数（Equity Beta），又称加杠杆贝塔（Levered Beta）］分别去杠杆，再计算其所在行业的平均去杠杆资产贝塔系数（Asset beta，又称无杠杆贝塔，即 Unlevered Beta），再乘以 1 加上债务股权比，进行杠杆化，来计算目标公司股权的贝塔系数。公式为：非上市公司的公司贝塔系数＝同行业上市公司的去杠杆资产贝塔均值 × 总资本对股权比＝同行业上市公司的去杠杆资产贝塔均值 ×（股权＋债务）/ 股权＝同行业上市公司的去杠杆资产贝塔均值 ×（1+ 债务 / 股权）。

公司贝塔系数，代表该公司股价变动相对于整体市场变动的波动程度。这与公司的资本结构相关，因为一般而言，如果一家公司有大量债务，它的价格波动性会更大。而资产贝塔，无论公司的资本结构如何，都代表着该行业资产的基础业务波动性水平。因此，如果从上市公司的历史股权波动性出发，需要剔除公司资本结构对波动性（股权贝塔）的影响，即对股权贝塔去杠杆化，来计算对应的资产贝塔系数。对行业而言，整个行业资产贝塔的平均值，代表了行业或业务本身的波动性。贝塔系数计算方法如表 9-4 所示。

有一个问题是，计算贝塔系数时，使用什么债务股权比对行业资产贝塔均值加杠杆？

表9-4 贝塔系数计算方法

序号	名称	符号	计算方式	模拟计算示意
1	行业内公司的贝塔系数	β_i	从金融终端（如万得）直接下载	
2	对每个公司的贝塔系数去杠杆化，再取平均值，得到该行业的资产贝塔系数	β_a	通过 $\beta_i/(1+债务/股权$[①]$)$ 计算各公司的资产贝塔系数，再取平均值计算得出行业平均资产贝塔	0.75
3	取公司长期理想的目标债务对股权之比	D/E	一般可取为整数的数值进行敏感性测算，例如1∶1（正常情况），或0.5∶1（较保守情况），或1.5∶1（较激进情况），或0∶1（极端保守情况），或2∶1（激进情况）	1
4	计算杠杆化系数	$1+D/E$ 或 $(E+D)/E$	总资本（即股权加债务）除以股权，或者"1+债务股权比"	1+1=2
5	对行业资产贝塔进行杠杆化，得到目标公司的贝塔系数	β_L	行业资产贝塔乘以目标杠杆化系数	0.75×2=1.5

资料来源：望华研究。

在华尔街，会使用合理的目标债务股权比（Targeted D/E ratio），而非历史股权比。因为华尔街投行估值往往以并购交易为目的，交易后收购者可以根据目标公司的现金流情况，以及自身融资成本，对公司的资产负债结构进行合理化重组。

[①] 由于这里是对下载的行业内公司的历史贝塔值进行去杠杆化，因此，应使用各个公司历史最新的债务对股权之比进行计算。

在国内，往往会采用企业历史最新的债务股权比，一方面，企业在中国进行银行借款的难易程度差异很大（例如央企很容易，民企很难）；另一方面，出于管理层的偏好，国内公司的资产负债结构更难以改变。因此，往往只有对资产负债可以重组的公司，按照目标债务股权比进行杠杆化。

9.3 如何算终值？

企业价值等于预测期[①]内各年的自由现金流的折现值之和，再加上企业预测期截止时终值的折现值。而由于终值是指预测期截止时退出的企业价值，或者预测期截止之后第一期至永续的企业自由现金流的折现值之和，因此终值计算一般有两种方法：退出倍数法与永续增长率法。

对持续经营的企业而言，终值占据企业价值很大的比例，往往会超过一半[②]。因此，与折现率一样，终值计算对DCF估值的准确度十分关键。

我们先看退出倍数法。顾名思义，该方法即计算预测期满时，参考可比公司倍数，计算企业价值的方法，例如用EV/Sales、EV/EBITDA等方法计算届时的企业价值，然后再予以折现到当下。

举例：假设目前是第0年的12月31日，第1年至第5年企

[①] 一般是5年或10年。为提高准确性，望华一般用更长的预测期，即10年或以上。
[②] 尽管预测期不同会使终值占企业价值的比例有所不同。

业的自由现金流分别是 2 亿元、2 亿元、2 亿元、3 亿元、3 亿元，且第 5 年企业营业收入是 20 亿元，而可比公司的 EV/Sales 倍数是 1.5 倍。WACC 是 11%，企业净债务是 5 亿元，则根据 DCF 计算的企业价值如表 9-5 所示。

表 9-5　DCF 终值的退出倍数计算方法

单位：亿元

	第 1 年	第 2 年	第 3 年	第 4 年	第 5 年
FCF	2	2	2	3	3
折现率	1.11	1.23	1.37	1.52	1.69
FCF 现值	1.80	1.62	1.46	1.98	1.78
TV					30[①]
TV 现值	17.80				
企业价值（DCF 法）	26.45				
股权价值	21.45				

资料来源：望华研究。

需注意的是，退出测算的是企业价值，故经常使用 EV/EBITDA、EV/Sales 或 EV/EBIT。在对自由现金流进行折现的 DCF 下，退出倍数无法使用市盈率，因为一方面，退出时计算的估值是企业价值；另一方面，在 DCF 模型中，往往并没有对期末净利润的预测。

市盈率退出倍数只有在计算股权现金流（Equity Cash Flow，ECF）时才可以使用。ECF 就是对属于股东的现金流进行预测，因此要扣除利息及偿还债务的支付。ECF 的折现率是股权成本，不是 WACC。ECF 中的退出倍数法用的是市盈率，而非

---

① 参考可比公司的 EV/Sales 倍数 1.5 倍，用公司营业收入 20 亿元乘以 1.5 倍，即 20 亿元 ×1.5= 30 亿元。

EV/EBITDA 或 EV/Sales 等 EV 倍数。

DCF 终值的另一种算法是永续增长率法，公式如下：TV= $FCF_{n+1}/(WACC-g)$。

其中，FCF_{n+1} 是预测期满后的下一期自由现金流，g 是假设的自由现金流永续增长率。在使用该公式时有以下两点需要注意。

第一，FCF 不是预测期最后一年的自由现金流，即不是 FCF_n，而是预测期最后一年之后的一年，即 FCF_{n+1}。如果终值公式用 FCF_n 来表示，考虑 g 是预测期后的统一增长率，则 TV = $FCF_n \times (1+g)/(WACC-g)$。

第二，TV 估值对永续增长率很敏感，因此选择永续增长率要很慎重。毕竟，这是一个"永恒"的增长率。一般而言，以长期通胀率作为永续增长率是比较合适的，例如 1.5%~2.5%[①]。

举例，假设与表 9-5 的其他条件一样，但采取永续增长率法计算终值，且永续增长率是 1.5%，则 DCF 的计算如表 9-6 所示。

表 9-6 DCF 终值的永续增长率计算方法

单位：亿元

	第1年	第2年	第3年	第4年	第5年
FCF	2	2	2	3	3
折现率	1.11	1.23	1.37	1.52	1.69
FCF 现值	1.80	1.62	1.46	1.98	1.78
FCF_6					3.045[a]
WACC-g					9.5%
TV					32.05[b]

---

① 美联储长期通胀率目标即 2%。

续表

	第1年	第2年	第3年	第4年	第5年
TV 现值	19.02				
企业价值（DCF法）	27.67				
股权价值	22.67				

注：a 为 3×（1+1.5%）= 3.045，b 为 3.045/（11%-1.5%）= 32.05。

资料来源：望华研究。

第 10 章　估值模型

> 我只投资真正懂的行业，并且预测其未来 10 年，甚至更长时间的现金流。
>
> ——沃伦·巴菲特

自由现金流模型可以分成两个层次，即基本 DCF 模型与复杂 DCF 模型。

基本 DCF 模型，是根据企业历史 3 年、5 年甚至更长时间的损益表（财务表一）数据，以及运营利润率、历史增长率等简单比率，预测企业未来 5 年或 10 年的 EBIT 等，计算自由现金流，然后进行折现加总。

复杂 DCF 模型，不仅参考企业历史的损益与比率指标，而且包含企业管理层或者建模者[①]对行业、企业、产量、价格、增长、

---

① 建模者即建造模型者。

资本开支、折旧摊销等的预测假设[①]。这些假设是基于对宏观经济趋势、行业发展前景、企业业务模式、企业增长驱动因素、管理层能力与特点等多方面因素的判断及数据分析而形成的综合性假设。

一般而言，复杂 DCF 模型的预测假设，需听取行业专家的意见（或者建模者本身就是行业专家），或听取公司管理层的意见，甚至由管理层提供，有时也会参考权威数据库。复杂 DCF 模型更为复杂化、个性化、多样化。如果对未来的假设判断准确，则估值会更准确，从而取得意想不到的效果。

巴菲特本人是消费品、能源、银行、保险等领域的专家，并且跟踪这些行业很多年。他在业内也有足够多的朋友，可以随时打通电话了解情况。因此，他对这些行业内，即所谓"舒适圈"内公司未来现金流的预测会独到而准确，可以驾轻就熟地构建（或者指导团队构建）复杂 DCF 模型，这也是巴菲特投资的核心竞争力所在。

10.1 基本 DCF 模型

我们选一家真实的公司进行基本 DCF 模型估值分析。在开始前，要确定以下重要因素。

第一，预测期限。一般 DCF 选择 5 年或 10 年，我倾向于选择更长期限，例如至少 10 年，以提高计算精度，并减少终值在整体估值中的占比。

---

① 有时来自目标企业管理层，但需要建模者进行判断与修正。

第二，历史参考数据年限。一般选择3~5年。有些行业有周期性，则需选择跨越一个周期的较长历史数据。在下面的案例中，我选择了9年的历史参考数据。

第三，估值基准日。即计算现值的时间点，一般选择年末或季度末。本案例以2021年12月31日为基准日。

我们选择白酒行业的龙头企业之一A公司[1]作为DCF模型搭建的分析案例。

第一步，从金融数据终端（如万得、彭博）下载A公司的历史财务报告，包括利润表[2]（财务表一）、资产负债表（财务表二）和现金流量表（财务表三）。

第二步，分析损益表（见表10-1）。

第一，在损益表中，添加EBIT、EBITDA等核心盈利指标。其中，EBIT需要从利润总额加回财务费用，EBITDA需要在EBIT的基础上加回折旧摊销[3]。同时，在EBITDA与EBIT下面，插入EBITDA与EBIT利润率，以分析公司盈利能力的变化趋势。谨记把任何绝对数值转换成比率进行分析记忆，这是财务分析中一个绝佳的方法。

---

[1] 本书的相关分析均以方法演示为目的，任何分析并不代表对任何证券的任何建议，故以代号为公司命名。市场有风险，投资需谨慎。
[2] 利润表即损益表。
[3] 折旧摊销来自A公司现金流量表对应年份固定资产折旧、无形资产摊销、使用权资产折旧与长期待摊费用摊销之和。

表 10-1　A 公司 2013—2021 年损益表与比率分析

单位：万元

	2013	2014	2015	2016	2017	2018	2019	2020	2021	2017—2021 CAGR	2013—2021 CAGR
营业总收入	3 107 060	3 221 721	3 344 686	4 015 508	6 106 276	7 719 938	8 885 434	9 799 324	10 946 428	15.7%	17.0%
YOY 增长率	17.4%	3.7%	3.8%	20.1%	52.1%	26.4%	15.1%	10.3%	11.7%		
折旧摊销	55 630	75 680	84 815	93 419	112 583	117 543	124 348	131 687	158 121	8.9%	13.9%
EBITDA	2 155 958	2 251 597	2 278 259	2 485 890	3 981 018	5 199 951	6 003 349	6 727 920	7 517 472	67.5%	67.4%
EBITDA 利润率	69.4%	69.9%	68.1%	61.9%	65.2%	67.4%	67.6%	68.7%	68.7%		
营业成本	928 206	1 011 734	1 129 174	1 588 946	2 212 275	2 586 603	2 981 225	3 130 513	3 477 690	12.0%	18.0%
财务费用	-42 907	-12 317	-6 727	-3 318	-5 572	-352	746	-23 461	-93 452		
营业利润	2 179 155	2 210 297	2 215 899	2 426 563	3 894 001	5 134 299	5 904 149	6 663 508	7 475 088	17.7%	16.7%
YOY 增长率	15.7%	1.4%	0.3%	9.5%	60.5%	31.9%	15.0%	12.9%	12.2%		
营业利润率	70.1%	68.6%	66.3%	60.4%	63.8%	66.5%	66.4%	68.0%	68.3%		
加：营业外收入	3 276	656	482	855	1 220	1 162	945	1 105	6 899		
减：营业外支出	39 195	22 719	16 210	31 630	21 214	52 700	26 839	44 919	29 184		
EBIT	2 100 329	2 175 917	2 193 445	2 392 471	3 868 435	5 082 408	5 879 001	6 596 233	7 359 351	17.4%	17.0%
EBIT 利润率	67.6%	67.5%	65.6%	59.6%	63.4%	65.8%	66.2%	67.3%	67.2%	66.0%	65.6%
利润总额	2 143 236	2 188 234	2 200 172	2 395 788	3 874 007	5 082 760	5 878 255	6 619 694	7 452 803	17.8%	16.9%
YOY 增长率	14.6%	2.1%	0.5%	8.9%	61.7%	31.2%	15.7%	12.6%	12.6%		
减：所得税	546 746	561 297	554 672	602 724	973 365	1 299 799	1 481 255	1 667 361	1 880 750		

续表

	2013	2014	2015	2016	2017	2018	2019	2020	2021	2017—2021 CAGR	2013—2021 CAGR
净利润	1 596 490	1 626 937	1 645 500	1 793 064	2 900 642	3 782 962	4 397 000	4 952 333	5 572 053	17.7%	16.9%
净利润率	51.4%	50.5%	49.2%	44.7%	47.5%	49.0%	49.5%	50.5%	50.9%		
减：少数股东损益	82 826	91 957	95 191	121 228	192 706	262 599	276 353	282 604	326 039		
归母净利润	1 513 664	1 534 980	1 550 309	1 671 836	2 707 936	3 520 363	4 120 647	4 669 729	5 246 014	18.0%	16.8%
YOY 增长率	13.7%	1.4%	1.0%	7.8%	62.0%	30.0%	17.1%	13.3%	12.3%		
归母净利润率	48.7%	47.6%	46.4%	41.6%	44.3%	45.6%	46.4%	47.7%	47.9%	46.4%	46.2%

注：其中加阴影数据为均值。YOY 即 year on year，指每年比上一年增长多少。

资料来源：万得资讯，望华研究。

第二，计算收入及利润的年均增长率。在表10-1中，分别计算了2013—2021年（9年间）与2017—2021年（5年间）两个区间的复合年均增长率指标。A公司5年间的总收入、营业利润和归属母公司的净利润的复合年均增长率分别是15.7%、17.7%和18.0%，9年间的上述指标的复合年均增长率分别是17.0%、16.7%和16.8%，两组数据大致相同。

细观表10-1，在9年间的前3年，有一个巨大的行业低谷。而2020年新冠肺炎疫情暴发以来，行业也处于低增长阶段。这就是为什么要选择跨周期、多区间的历史数据进行比较。如果仅选取单向快速上升或者放缓的时间段，则会高估或低估行业增长，从而影响目标公司的估值。

第三，添加完善其他必要的收入与利润率指标，主要包括：营业利润率、净利润率与归属母公司的净利润率等利润率指标。

第三步，分析资产负债表（见表10-2）。

第一，计算公司的营运资本，即分别计算扣除现金后的流动资产与扣除短期债务后的流动负债，前者减去后者即为营运资本。营运资本的增加即自由现金流的减少。

第二，计算公司的净债务。一般而言，净债务应依据最近一期可获得的财务报告，例如，在2022年9月，则应采用上市公司公告的2022年6月30日半年报的数据。为简化，此处选择2021年12月31日资产负债表的数据。

净债务 = 公司所有的付息债务、金融负债和融资租赁 + 少数股东权益 − 公司所有的现金及现金等价物。根据表10-2中的数据，

表10-2　A公司2012—2021年资产负债表与运营资本分析

单位：万元

	2012-12-31	2013-12-31	2014-12-31	2015-12-31	2016-12-31	2017-12-31	2018-12-31	2019-12-31	2020-12-31	2021-12-31
流动资产										
货币资金	2 206 200	2 518 501	2 771 072	3 680 075	6 685 496	8 786 887	11 207 479	1 325 182	3 609 109	5 181 024
应收票据及应收账款	22 190	29 701	185 214	857 917	81 763	122 171	56 374	146 300	153 273	
应收票据	20 408	29 608	184 784	857 894	81 763	122 171	56 374	146 300	153 273	
应收账款	1 782	93	431	23						
预付款项	387 287	430 458	286 421	147 773	104 610	79 081	118 238	154 948	89 844	38 911
其他应收款（合计）	40 258	30 817	16 149	13 357	21 813	27 278	39 389	7 654	3 449	3 316
应收利息	26 461	18 860	8 060	8 535	14 090	24 146	34 389			
其他应收款	13 797	11 957	8 089	4 822	7 723	3 132	5 000	7 654	3 449	3 316
存货	966 573	1 183 681	1 498 236	1 801 330	2 062 225	2 205 748	2 350 695	2 528 492	2 886 909	3 339 437
其他流动资产					23 147	3 754	14 008	2 090	2 674	7 153
其他金融类流动资产					39 000					
流动资产合计	3 622 508	4 193 158	4 757 093	6 500 451	9 018 055	11 224 919	13 786 184	15 902 447	18 565 216	22 076 569
非流动资产										
发放贷款及垫款		9 053	3 081	1 950	6 083	3 315	3 608	4 875	295 304	342 518
债权投资										17 047
可供出售金融资产			400	2 900	2 900	2 900	2 900		2 014	

持有至到期投资	5 000	5 000	6 000						
其他非流动金融资产									
长期应收款		400							
长期股权投资	400								524
投资性房地产								983	
固定资产（合计）	680 733	852 326	1 037 576	1 141 664	1 445 318	1 524 410	1 524 856	1 622 508	1 747 217
固定资产	680 733	852 326	1 037 576	1 141 595	1 445 318	1 524 410	1 524 856	1 622 508	1 747 217
固定资产清理				68					
在建工程（合计）	39 535	45 805	342 204	489 541	274 558	201 641	195 432	244 744	232 199
在建工程	39 267	45 633	342 177	489 515	274 558	201 641	195 432	244 744	232 199
工程物资	268	173	26	26					
使用权资产									36 279
无形资产	86 262	356 331	358 262	358 246	353 174	345 862	349 918	472 803	620 836
长期待摊费用	1 018	805	541	19 860	18 812	17 786	16 841	15 828	13 934
递延所得税资产	64 366	82 537	82 160	115 534	174 554	140 180	104 929	112 323	223 721
其他非流动资产									205 976
非流动资产合计	877 313	1 352 257	1 830 224	2 129 695	2 275 399	2 236 093	2 198 484	2 774 366	3 440 250
资产总计	4 499 821	5 545 415	6 587 317	8 630 146	11 293 454	13 461 012	15 984 667	18 304 237	21 339 581	25 516 820

续表

	2012-12-31	2013-12-31	2014-12-31	2015-12-31	2016-12-31	2017-12-31	2018-12-31	2019-12-31	2020-12-31	2021-12-31
流动负债										
短期借款			6 255							
应付票据及应付账款	34 528	28 475	70 753	88 098	104 061	99 206	117 830	151 368	134 227	200 983
应付票据										
应付账款	34 528	28 475	70 753	88 098	104 061	99 206	117 830	151 368	134 227	200 983
预收款项	509 139	304 511	147 623	826 158	1 754 108	1 442 911	1 357 652	1 374 033	1 332 155	1 271 847
应付职工薪酬	26 966	26 028	98 864	97 548	162 851	190 164	203 451	244 507	298 113	367 785
应交税费	243 009	331 188	210 518	251 552	427 229	772 614	1 077 108	875 595	891 982	1 197 980
其他应付款（合计）	138 998	163 207	124 725	145 055	175 912	306 336	340 477	358 952	325 725	412 440
应付利息		2 738	1 537	2 741	3 448	2 341	4 277	1		
应付股利								44 688		
其他应付款	138 998	160 469	123 189	142 314	172 464	303 995	336 200	314 263	325 725	412 440
一年内到期的非流动负债										10 432
其他流动负债									160 980	153 598
其他金融类流动负债		277 319	395 645	596 762	1 077 882	1 046 261	1 147 301	1 104 876	1 424 186	2 176 358
流动负债合计	952 640	1 130 729	1 054 384	2 005 172	3 702 043	3 857 492	4 243 819	4 109 330	4 567 367	5 791 422
非流动负债										
租赁负债										29 647

第10章 估值模型

长期应付款（合计）	1 777	1 777	1 777	1 557	1 557				
长期应付款	1 777	1 777	1 777	1 557	1 557				
专项应付款									
递延所得税负债							7 269	146	29 647
非流动负债合计	1 777	1 777	1 777	1 557	1 557		7 269	146	
负债合计	954 417	1 132 506	1 056 161	2 006 729	3 703 600	3 859 049	4 116 599	4 567 513	5 821 069
所有者权益（或股东权益）									
实收资本（或股本）	103 818	103 818	114 200	125 620	125 620	125 620	125 620	125 620	125 620
资本公积金	137 496	137 496	137 496	137 496	137 496	137 496	137 496	137 496	137 496
其他综合收益			-62	-1 303	-1 124	-740	-720	-533	-1 302
盈余公积金	303 643	422 080	524 941	621 052	713 565	821 560	1 659 570	2 017 492	2 514 283
一般风险准备		1 330	9 859	21 836	42 076	60 086	89 835	92 758	106 153
未分配利润	2 870 008	3 597 497	4 556 606	5 487 896	6 271 781	8 001 131	9 598 194	11 589 234	13 759 440
归属于母公司所有者权益	3 414 965	4 262 222	5 343 040	6 392 598	7 289 414	9 145 152	11 283 856	13 601 035	16 132 274
少数股东权益	130 438	150 688	188 115	230 819	300 441	456 810	456 992	586 603	639 795
所有者权益合计	3 545 404	4 412 909	5 531 155	6 623 417	7 589 854	9 601 963	11 740 849	14 187 638	16 772 068
负债和所有者权益总计	4 499 821	5 545 415	6 587 317	8 630 146	11 293 454	13 461 012	15 984 667	18 304 237	21 339 581
扣除现金后流动资产	1 416 308	1 674 657	1 986 021	2 820 376	2 293 559	2 438 032	2 578 704	2 839 484	3 136 148

	125 620
	137 496
	-1 302
	2 514 283
	106 153
	16 071 686
	18 953 937
	741 814
	19 695 751
	25 516 820
	3 388 816

续表

	2012-12-31	2013-12-31	2014-12-31	2015-12-31	2016-12-31	2017-12-31	2018-12-31	2019-12-31	2020-12-31	2021-12-31
扣除短期债后流动负债	952 640	853 410	652 484	1 408 410	2 624 161	2 811 231	3 096 517	3 004 454	3 143 181	3 604 633
营运资本	463 667	821 247	1 333 537	1 411 966	-330 602	-373 199	-517 813	-164 970	-7 033	-215 817
营运资本的增加		357 580	512 290	78 429	-1 742 568	-42 597	-144 614	352 843	157 937	-208 783
总债务		277 319	401 900	596 762	1 077 882	1 046 261	1 147 301	1 104 876	1 424 186	2 216 436
净债务（含少数股东权益）	-2 075 762	-2 090 494	-2 181 057	-2 852 494	-5 346 174	-7 283 815	-9 603 186	-11 371 484	-13 365 087	-15 729 503
债务股本比（账面）		6.5%	7.5%	9.3%	14.8%	11.4%	10.2%	8.1%	8.8%	11.7%
债务资本比（账面）		6.1%	7.0%	8.5%	12.9%	10.3%	9.2%	7.5%	8.1%	10.5%

资料来源：万得资讯，望华研究。

公司最新的净债务是 –1 573 亿元。需注意的是，净债务要包含资产负债表的少数股东权益。

第三，计算公司的债务股本比与债务资本比。债务比率是计算 WACC 及贝塔系数的重要指标。根据金融理论，计算 WACC 时，应采用理想的目标资本结构作为权重。但根据实际经验，A 公司这样的白酒行业龙头，拥有很高的利润率与账面巨额的现金，很难有意愿改变资本结构。因此，可参考历史资本结构对 WACC 及贝塔系数进行计算。一般而言，债务与股本的价值也应参照市场价值，为简化，此处按照 2021 年 12 月 31 日的债务与股本账面价值进行计算，得出债务股本比（D/E）是 11.7%，债务资本比 [D/（D+E）] 是 10.5%。

第四步，分析公司现金流量表（见表 10-3），尤其是计算与 DCF 估值相关的科目。

第一，计算历史折旧摊销。如前所述，包括固定资产折旧、无形资产摊销、使用权资产折旧和长期待摊费用摊销。一般而言，在会计报表附注的"现金流量表补充资料"中，可以找到"将净利润调节为经营活动现金流量"的信息，其中包括折旧摊销的相关数据。

第二，计算历史资本开支。可以从现金流量表"投资活动产生的现金流量"中找到购建固定资产、无形资产和其他长期资产支付的现金，即历史资本开支[①]。

[①] 也可再减去处置固定资产与无形资产和其他长期资产收到的现金。但由于处置资产收到的现金往往较少，因此意义不大。

表10-3　A公司2012—2021年现金流量表与资本开支分析

单位：万元

	2012	2013	2014	2015	2016	2017	2018	2019	2020	2021
经营活动产生的现金流量										
销售商品、提供劳务收到的现金	2 891 237	3 323 387	3 338 484	3 708 307	6 101 296	6 442 148	8 426 870	9 498 014	10 702 438	11 932 054
收到其他与经营活动有关的现金（金融类）	38 767	58 537	29 973	15 365	18 914	54 216	62 156	123 408	22 142	164 354
经营活动现金流入（金融类）		289 389	180 328	277 719	607 704	240 582	445 538	323 022	626 505	1 065 691
经营活动现金流入小计	2 930 004	3 671 313	3 548 785	4 001 391	6 727 915	6 736 946	8 934 564	9 944 444	11 351 085	13 162 099
购买商品、接受劳务支付的现金	270 739	315 231	283 803	296 773	277 302	487 577	529 852	552 195	723 065	774 596
支付给职工以及为职工支付的现金	295 392	313 561	339 361	453 688	467 415	548 961	665 314	766 986	816 181	1 006 137
支付的各项税费	1 017 084	1 253 335	1 449 645	1 400 305	1 751 052	2 306 565	3 203 218	3 984 135	4 162 271	4 460 968
支付其他与经营活动有关的现金（金融类）	154 658	194 390	261 674	186 744	237 149	294 030	293 577	531 542	404 703	436 850
经营活动现金流出（金融类）		329 293	−48 950	−79 753	249 872	884 511	104 080	−431 476	57 959	120 680
经营活动现金流出小计	1 737 873	2 405 810	2 285 533	2 257 757	2 982 790	4 521 643	4 796 040	5 423 382	6 184 178	6 759 231
经营活动产生的现金流量净额	1 192 131	1 265 502	1 263 252	1 743 634	3 745 125	2 215 304	4 138 523	4 521 061	5 166 907	6 402 868
投资活动产生的现金流量										
收回投资收到的现金	1 000		500	6 005					31 491	608
取得投资收益收到的现金	413	301	310	387				4	50	86
处置固定资产、无形资产和其他长期资产收回的现金净额	8		1 023	877	9	2				246
收到其他与投资活动有关的现金	34 030	75 639	10 673	3 336	556	2 143	1 124	732	668	998
投资活动现金流入小计	35 451	75 940	12 505	10 605	565	2 145	1 124	736	32 208	1 939
购建固定资产、无形资产和其他长期资产支付的现金	421 190	540 574	443 107	206 147	101 918	112 502	160 675	314 886	208 977	340 878

第10章 估值模型

项目									
投资支付的现金	34 208	69 297	1 500	2 505	8 898	1 708	3 346	2 418	2 000	215 000
支付其他与投资活动有关的现金	455 398	609 871	25 914	6 832	110 816	114 209	164 021	317 304	1 754	2 305
投资活动现金流出小计	-419 948	-533 931	470 521	215 484	-110 250	-112 065	-162 896	-316 569	212 730	558 183
投资活动产生的现金流量净额			-458 016	-204 879					-180 523	-556 245
筹资活动产生的现金流量										
吸收投资收到的现金	39 200	600	3 480		1 600	600		83 300		
其中：子公司吸收少数股东投资收到的现金		600	3 480		1 600	600		83 300		
取得借款收到的现金										
收到其他与筹资活动有关的现金	9	2	6 738	2 200						
筹资活动现金流入小计	39 209	602	10 218	2 200		600		83 300		
				5 592						
偿还债务支付的现金	430 661	739 199	512 161	555 410	835 051	890 518	1 644 109	2 011 740	2 409 103	2 647 602
分配股利、利润或偿付利息支付的现金		63 177	58 009	51 301	53 207	37 936	262 417	185 354	270 426	224 020
其中：子公司支付给少数股东的股利、利润			2 200						3 651	8 812
支付其他与筹资活动有关的现金	430 661	739 199	514 361	561 002	835 051	890 518	1 644 109	2 011 740	2 412 754	2 656 414
筹资活动现金流出小计	-391 452	-738 597	-504 143	-558 802	-833 451	-889 918	-1 644 109	-1 928 440	-2 412 754	-2 656 414
筹资活动产生的现金流量净额	43 480	55 630	75 680	84 815	93 419	112 583	117 543	124 348	131 687	158 121
折旧摊销	421 190	540 574	443 107	206 147	101 918	112 502	160 675	314 886	208 977	340 878
资本开支										

资料来源：万得资讯，望华研究。

需要注意的是，从永续的角度看，企业的折旧摊销与资本开支应该是基本均衡的。一方面，从概念上讲，资本开支除了用于扩张之外（当然，企业不能无限扩张），就是用于维持、维护、更新企业的固定与无形资产，实现可持续经营；另一方面，在永续状态下，企业资本开支不能永远靠融资，而是要靠资产本身的折旧摊销回收。因此，在永续状态下，或者预测期的最后一年（尤其是在预测期为10年或以上的情况下），企业的资本开支应当与折旧摊销趋于一致。此外，健康企业在永续期的营运资本增加也应该趋于0，方可自我永续，即用企业预收款与应付款的增加，来抵销存货与应收款的增加。

第五步，计算WACC。如表10-4所示，从金融终端可以下载A公司的贝塔系数，其他数据基本可以从A公司的年报中获得。其中，股权市场风险溢价使用经验值，一般为6.5%~8%。如前所述，A公司最新年报中的债务资本比例为10.5%，所得税率采取公司最新的实际税率。经计算，A公司的WACC约为10.5%。

表10-4 A公司WACC与CAPM计算表

序号	科目	数值	来源
	WACC		
1	股权资本比例	89.5%	年报
2	债务资本比例	10.5%	年报
3	所得税率	25%	年报
4	债务成本	3.30%	年报
5	股本成本CAPM	11.45%	计算得出
	WACC	10.5%	

续表

CAPM			
序号	科目	数值	来源
1	无风险收益率	3.19%	30年期国债，万得
2	股权市场风险溢价	7.0%	经验值
3	A公司的贝塔系数	1.18	历史100周，万得
CAPM		11.45%	

资料来源：万得资讯，望华研究。

第六步，计算公司自由现金流（见表10-5），确定主要驱动因素假设。

第一，基于前述财务报表的分析，列示公司历史自由现金流。从表10-5的分析可见，A公司2017—2021年的收入增长速度为15.7%、EBIT利润率为66.0%，与2013—2021年的收入增长速度17.0%、EBIT利润率65.6%总体比较类似，中长期的驱动因素比率比较明显。但同时，A公司业务也呈现明显的周期性，例如，2014年和2015年明显处于行业低谷，收入增速均只有个位数，而2016—2019年各项数据出现报复性反弹。这再次说明，选择长时间且最好跨越周期的历史数据作为参考的重要性。

第二，确定未来自由现金流预测的主要驱动因素（见表10-6）。首先是营业收入增长速度。A公司2013—2021年及2017—2021年的营业收入增长速度分别为17.0%及15.7%，近年新冠肺炎疫情导致增速有所放缓。取A公司公告的2022年上半年同比增长率17.2%作为2022年全年YOY增长率，17%为近中期常

表10-5　A公司历史自由现金流分析

单位：万元

	2013	2014	2015	2016	2017	2018	2019	2020	2021	2017—2021 CAGR	2013—2021 CAGR
营业总收入	3 107 060	3 221 721	3 344 686	4 015 508	6 106 276	7 719 938	8 885 434	9 799 324	10 946 428	15.7%	17.0%
YOY增长率	17.4%	3.7%	3.8%	20.1%	52.1%	26.4%	15.1%	10.3%	11.7%		
折旧摊销	55 630	75 680	84 815	93 419	112 583	117 543	124 348	131 687	158 121	8.9%	13.9%
EBITDA	2 155 958	2 251 597	2 278 259	2 485 890	3 981 018	5 199 951	6 003 349	6 727 920	7 517 472		
EBITDA利润率	69.4%	69.9%	68.1%	61.9%	65.2%	67.4%	67.6%	68.7%	68.7%	67.5%	67.4%
营业总成本	928 206	1 011 734	1 129 174	1 588 946	2 212 275	2 586 603	2 981 225	3 130 513	3 477 690	12.0%	18.0%
财务费用	-42 907	-12 317	-6 727	-3 318	-5 572	-352	746	-23 461	-93 452		
营业利润	2 179 155	2 210 297	2 215 899	2 426 563	3 894 001	5 134 299	5 904 149	6 663 508	7 475 088	17.7%	16.7%
YOY增长率	15.7%	1.4%	0.3%	9.5%	60.5%	31.9%	15.0%	12.9%	12.2%		
营业利润率	70.1%	68.6%	66.3%	60.4%	63.8%	66.5%	66.4%	68.0%	68.3%		
加：营业外收入	3 276	656	482	855	1 220	1 162	945	1 105	6 899		
减：营业外支出	39 195	22 719	16 210	31 630	21 214	52 700	26 839	44 919	29 184		
EBIT	2 100 329	2 175 917	2 193 445	2 392 471	3 868 435	5 082 408	5 879 001	6 596 233	7 359 351	17.4%	17.0%
EBIT利润率	67.6%	67.5%	65.6%	59.6%	63.4%	65.8%	66.2%	67.3%	67.2%	66.0%	65.6%

第 10 章 估值模型　141

所得税率	25.0%	25.0%	25.0%	25.0%	25.0%	25.0%	25.0%	25.0%	25.0%		
EBIT×(1-税率)	1 575 246	1 631 938	1 645 084	1 794 353	2 901 326	3 811 806	4 409 251	4 947 175	5 519 513		
+折旧摊销	55 630	75 680	84 815	93 419	112 583	117 543	124 348	131 687	158 121	8.9%	13.9%
-资本开支	540 574	443 107	206 147	101 918	112 502	160 675	314 886	208 977	340 878	31.9%	-5.6%
-营运资本增加	357 580	512 290	78 429	-1 742 568	-42 597	-144 614	352 843	157 937	-208 783		
自由现金流	732 722	752 222	1 445 322	3 528 423	2 944 005	3 913 288	3 865 869	4 711 948	5 545 539	17.2%	28.8%
资本开支/折旧摊销	9.7x	5.9x	2.4x	1.1x	1.0x	1.4x	2.5x	1.6x	2.2x	1.7x	3.1x
营运资本增加占收入增加%	0.77x	4.47x	0.64x	-2.60x	-0.02x	-0.09x	0.30x	0.17x	-0.18x	0.04x	0.17x

注：其中加阴影数据为均值。表中的 x 表示倍数。

资料来源：万得资讯，望华研究。

表10-6 A公司自由现金流预测分析

单位：万元

	2019	2020	2021	2022E	2023E	2024E	2025E	2026E	2027E	2028E	2029E	2030E	2031E	2032E
营业总收入	8 885 434	9 799 324	10 946 428	12 829 213	16 036 517	19 243 820	23 092 584	27 711 101	32 421 988	37 933 726	44 382 460	51 927 478	60 755 149	71 083 524
YOY 增长率	15.1%	10.3%	11.7%	17.2%	25.0%	20.0%	20.0%	20.0%	17.0%	17.0%	17.0%	17.0%	17.0%	17.0%
折旧摊销	124 348	131 687	158 121	195 136	243 920	292 704	351 245	421 494	493 148	576 983	675 070	789 832	924 103	1 081 201
EBITDA	6 003 349	6 727 920	7 517 472	8 659 719	10 824 649	12 989 579	15 587 494	18 704 993	21 884 842	25 605 265	29 958 160	35 051 048	41 009 726	47 981 379
EBITDA 利润率	67.6%	68.7%	68.7%	67.5%	67.5%	67.5%	67.5%	67.5%	67.5%	67.5%	67.5%	67.5%	67.5%	67.5%
营业总成本	2 981 225	3 130 513	3 477 690											
财务费用	746	-23 461	-93 452											
营业利润	5 904 149	6 663 508	7 475 088											
YOY 增长率	15.0%	12.9%	12.2%											
营业利润率	66.4%	68.0%	68.3%											
加：营业外收入	945	1 105	6 899											
减：营业外支出	26 839	44 919	29 184											
EBIT	5 879 001	6 596 233	7 359 351	8 464 583	10 580 729	12 696 875	15 236 250	18 283 500	21 391 694	25 028 282	29 283 091	34 261 216	40 085 623	46 900 178
EBIT 利润率	66.2%	67.3%	67.2%	66.0%	66.0%	66.0%	66.0%	66.0%	66.0%	66.0%	66.0%	66.0%	66.0%	66.0%
所得税率	25.0%	25.0%	25.0%	25.0%	25.0%	25.0%	25.0%	25.0%	25.0%	25.0%	25.0%	25.0%	25.0%	25.0%
EBIT×(1-税率)	4 409 251	4 947 175	5 519 513	6 348 437	7 935 547	9 522 656	11 427 187	13 712 625	16 043 771	18 771 212	21 962 318	25 695 912	30 064 217	35 175 134
+折旧摊销	124 348	131 687	158 121	195 136	243 920	292 704	351 245	421 494	493 148	576 983	675 070	789 832	924 103	1 081 201
-资本开支	314 886	208 977	340 878	337 244	421 555	505 866	607 039	728 447	789 036	865 474	945 098	1 026 781	1 108 924	1 081 201

第10章 估值模型 143

－营运资本增加	352 843	157 937	−208 783	188 279	320 730	320 730	384 876	461 852	471 089	551 174	644 873	754 502	882 767	1 032 838
自由现金流	3 865 869	4 711 948	5 545 539	6 018 051	7 437 181	8 988 764	10 786 516	12 943 820	15 276 794	17 931 547	21 047 417	24 704 461	28 996 629	34 142 296
FCF 折现				5 446 200	6 090 933	6 662 130	7 234 893	7 856 897	8 391 866	8 914 188	9 468 923	10 058 075	10 683 775	
资本开支/折旧摊销	2.5x	1.6x	2.2x	1.7x	1.7x	1.7x	1.7x	1.6x	1.5x	1.4x	1.3x	1.2x	1.0x	
营运资本增加占收入增加 %	0.3x	0.2x	−0.2x	0.1x	0.1x	0.1x	0.1x	0.1x	0.1x	0.1x	0.1x	0.1x		
折现因子			10.5%	1.105	1.221	1.349	1.491	1.647	1.820	2.012	2.223	2.456	2.714	
永续增长率	2.5%													
终值折现	426 778 704													
终值	157 246 128													
FCF 折现合计	80 807 880													
企业价值	238 054 008													
净债务	−15 729 503													
股权价值	253 783 511													
公司总股本	125 619.78													
示意性每股价格（元）	2 020.25													

注：其中加阴影数据为主要假设。表中的 x 表示倍数。
资料来源：万得资讯，望华研究。

态情况下（即 2027—2032 年）公司营业收入增长率，考虑新冠肺炎疫情后的翘尾因素及中国消费升级趋势，假设 2023—2026 年 YOY 增长率分别是 25%、20%、20%、20%。需要说明的是，为了使根据永续增长率法计算的终值更为准确，在预测未来自由现金流时，我多预测了 1 年，作为永续期内第 1 年的自由现金流（FCF_{n+1}）。

第三，另一组重要驱动因素是 EBIT 及 EBITDA 利润率。EBIT 利润率是自由现金流计算最重要的指标之一。A 公司 2013—2021 年和 2017—2021 年的 EBIT 利润率分别是 65.6% 和 66.0%，比较稳定。假设预测期 A 公司的 EBIT 利润率维持在过去 5 年平均 66.0% 的水平，EBITDA 利润率维持在 67.5% 的水平。EBITDA 与 EBIT 相减，可推算出在此期间的折旧摊销金额。事实上，为了进行更准确的计算，可以根据各类资产的原值、新增资本开支与类别、各类资产折旧摊销年限、剩余使用年限与残值率等指标，制作单独的折旧摊销测算表，以计算出预测期内每一年的折旧摊销规模，此处为简化处理。

第四，下一个重要驱动因素是营运资本增加占收入增加比例的假设。根据 3 年历史数据，营运资本增加占营业收入增加的比例在 10% 左右。故此假设预测期内营运资本增加与营业收入增加之比为 0.1，从而可以通过营业收入增长，推算出每年营运资本的增加额。事实上，从永续的角度来看，一个健康、可持续的企业的存货与应收账款的增加，应当和预收账款与应付账款的增加大致相抵，即营运资本增加为 0，但由于此数据在此相对较小，故未在永续期调整。

第五，另一个驱动因素是资本开支与折旧摊销之比。2017—2021年该指标的平均值是1.7倍左右。但从长期看，企业的资本开支应与折旧摊销趋于一致，以实现永续可持续经营。故假设预测期内前5年资本开支对当年折旧摊销之比维持在1.7倍，之后逐年有所下滑。在永续期的第一年（2032年）降至1倍，即资本开支与折旧摊销相等。

在确定了驱动因素之后，还需要确定其他主要假设。一是WACC，参照前述计算，中值为10.5%，以0.5%为步长进行敏感性分析，即9.5%、10%、10.5%、11%和11.5%。二是终值计算方法。一般而言，我更倾向于用永续增长率法，因为退出倍数法的具体倍数及其能否实现，均取决于10年后的市场情况。在此使用永续增长率法，以长期通胀率2.5%作为永续增长率中值，以0.25%为步长，即分别为2%、2.25%、2.5%、2.75%和3%。

第七步，计算A公司DCF企业价值、股权价值及每股价值。在折现率为10.5%及永续增长率为2.5%的情况下，A公司企业价值为2.38万亿元，股权价值为2.54万亿元[1]，每股价值为2 020.25元[2]。表10-7为示意性估值敏感性分析。

---

[1] 由于A公司净债务为–1 573亿元，因此，企业价值低于股权价值。一般而言，企业的净债务为正值，即债务大于现金及其等价物。

[2] 本测算为展示企业价值计算方法的示意性推算。A公司并未指向任何特定公司。本测算并不代表、表示、暗示、说明或证明任何公司股价被高估或低估。该示意性测算不构成对任何公司买入或卖出的建议。市场有风险，投资需谨慎。

表 10-7　A 公司示意性 DCF 估值敏感性分析

	基本 DCF（元）	永续增长率				
		2.00%	2.25%	2.50%	2.75%	3.00%
折现率	9.5%	2 267.58	2 318.01	2 372.03	2 430.06	2 492.55
	10.0%	2 096.38	2 138.63	2 183.70	2 231.88	2 283.50
	10.5%	1 946.62	1 982.32	2 020.25	2 060.63	2 103.70
	11.0%	1 814.67	1 845.06	1 877.23	1 911.36	1 947.61
	11.5%	1 697.67	1 723.71	1 751.19	1 780.24	1 811.00

资料来源：望华研究。

10.2　复杂 DCF 模型

复杂 DCF 模型的根本特点在于深入挖掘公司业务发展驱动因素，而不仅仅是参考历史的发展趋势。因此，一般难以被非业内人士掌握。但如果预测的业务驱动因素、逻辑关系正确，数值假设合理、准确，则预测结果会更加贴近未来真实情况，从而获得更加精准的企业真实价值估值。我们继续以 A 公司为例，研究其竞争优势与业务模式。

A 公司是中国白酒行业里几乎独一无二的公司，其优势主要体现在以下几个方面。

第一，十分突出的历史文化底蕴，高端品牌效应及高端白酒垄断地位。A 公司始于元代，20 世纪初曾获世界级金奖，奠定了其世界三大蒸馏名酒之一的行业地位。酒窖位于特殊的水文与地理环境中，并且长年坚持精益求精，始终将品质放在第一位，例如，其主打产品 A 酒需要经过 3 年酿造与 1 年储藏，共至少4年才能出厂。这些因素共同打造了A酒在中国高端白酒市场60%的绝对领先市场地位。

第二，A酒的奢侈高档酒地位、稀缺性与酿造储藏周期决定了定期涨价的规律。其主打产品A酒在国内市场常年处于供不应求、"一酒难求"的状况。一瓶当年产的出厂价为969元的A酒，在市场上可以卖到3 000多元，而官方的原定市场价应该是1 499元。这种稀缺性决定了A酒会定期涨价，例如，自2002年以来，A酒出厂价已从218元/瓶，经过8次涨价（涨幅在2009年1月的14%至2012年1月的32%不等），达到2018年最近一次涨价后的969元/瓶，2002—2018年复合年化涨幅达9.2%。目前，由于A酒自2018年提价之后已经约4年未涨价，市场普遍预期2023年A酒会涨价。由于白酒易于保存，而且A酒"越存越香"，加上历史上的定期涨价，使A酒具备了增值或规避通货膨胀的投资产品属性。

第三，A公司的资本市场表现使其俨然成为中国的伯克希尔－哈撒韦。尽管缺乏巴菲特、芒格这样的投资大师，但A公司股价的历史表现并不逊于伯克希尔－哈撒韦，只是检验的时间尚只有伯克希尔－哈撒韦的1/3。2001年8月，A公司首次公开发行上市，发行价格为每股31.39元。2022年9月30日，A公司股价为1 872.5元/股，市值高达23 522亿元，是A股第一大市值公司。在21年的时间里，A公司股价增长了近60倍，复合年均增长率高达21.5%，超过伯克希尔－哈撒韦过去60年约20%的年均增长率。

A 公司的特点决定了在进行复杂 DCF 分析时，可从以下角度入手，预测 A 酒的销量和价格。

一是关于产量。由于 A 酒在市场上供不应求，因此 A 酒销量的限制主要由 4 年前基酒的产量与产销比[①]所决定。A 酒的生产周期是 4 年（3 年生产期与 1 年储藏期），因此，2021 年生产的 A 酒基酒数，实际上决定了 2025 年 A 酒的大致销量。当然，存货的增加或减少会对实际的销量有反向影响。

表 10-8 展示了 A 酒历史上的基酒产量，按照产销比计算的 4 年后可销售量及其与实际销量的差别。按照 2012—2017 年基酒产量后推 4 年乘以产销比计算得到的 2016—2021 年预测销量合计约为 18.7 万吨，与实际销量 19.1 万吨十分接近。因此，在复杂 DCF 预测中，我们将依据 2018—2021 年基酒产量来预测 2022—2025 年的 A 酒销量，此后按照年均 5% 进行增长至 2032 年[②]。

二是关于价格。由于 A 酒目前的出厂价与市场价相差空间很大（约 200%），且每隔一段时间 A 酒就会涨价，预计 A 酒未来仍会每隔一段时间根据市场情况适当涨价。由于 A 酒的奢侈品定位及其有很强的定价能力，合理涨价基本不会影响 A 酒的销量，即销量仍基本由 4 年前的基酒产量决定。在表 10-9 中，我们参考了 2002—2018 年 A 酒的年均涨幅，并参考 2016—2021 年 A 酒每吨销售价格的年均增长率，均为约 10%，来预测 A 酒年均价格增长幅度。

[①] 或称出酒率，历史上约为 80%，近年来技改后进一步提升，详见表 10-8。
[②] 2016—2021 年年均销量增长率约为 9.6%。

第 10 章 估值模型 149

表 10-8 A 酒基酒产量与销量的关系

实际年份	2021	2020	2019	2018	2017	2016	2015	2014	2013	2012	2011	注释
A 酒实际销量（吨）	36 261	34 313	34 562	32 464	30 206	22 918						
A 酒基酒产量（吨）	56 472	50 235	49 923	49 672	42 829	39 313	32 179	38 745	38 425	33 600		
产销比（预计 4 年后销量/当年基酒产量）	85%	85%	85%	85%	85%	84%	84%	82%	82%	82%		

预计年份	2025E	2024E	2023E	2022E	2021E	2020E	2019E	2018E	2017E	2016E	2016—2021合计	注释
预计 4 年后销量：按产销比预测（吨）	48 001	42 700	42 434	42 221	36 404	33 023	27 030	31 771	31 509	27 552	187 289	预计数
A 酒实际销量（吨）	待定	待定	待定	待定	36 261	34 313	34 562	32 464	30 206	22 918	190 723	实际数
实际销量－预计销量（吨）	待定	待定	待定	待定	-143	1 290	7 532	693	-1 303	-4 634	3 435	差额

资料来源：万得资讯，望华研究。

表10-9 根据基酒产量与价格上涨的 A 公司收入预测

单位：万元

	2019	2020	2021	2022E	2023E	2024E	2025E	2026E	2027E	2028E	2029E	2030E	2031E	2032E
营业总收入	8 885 434	9 799 324	10 946 428	14 186 336	15 871 786	17 781 659	22 258 261	26 028 112	30 441 168	35 608 107	41 658 838	48 745 883	57 048 362	66 776 684
A 酒	7 580 230	8 483 094	9 346 451	11 970 938	13 234 463	14 649 166	18 114 568	20 922 327	24 165 287	27 910 907	32 237 097	37 233 847	43 005 094	49 670 883
系列酒	954 226	999 106	1 259 478	1 731 561	2 048 386	2 419 343	3 184 230	3 905 735	4 781 039	5 841 807	7 126 092	8 679 611	10 557 275	12 825 019
其他业务	350 977	317 124	340 499	483 838	588 937	713 150	959 463	1 200 050	1 494 842	1 855 394	2 295 649	2 832 425	3 485 993	4 280 781
A 酒销量（吨）	34 562	34 313	36 261	42 221	42 434	42 700	48 001	50 401	52 921	55 567	58 346	61 263	64 326	67 542
A 酒销量 YOY	6.5%	-0.7%	5.7%	16.4%	0.5%	0.6%	12.4%	5.0%	5.0%	5.0%	5.0%	5.0%	5.0%	5.0%
A 酒价格（万元/吨）	219	247	258	284	312	343	377	415	457	502	553	608	669	735
A 酒价格 YOY	8.7%	12.7%	4.3%	10%	10%	10%	10%	10%	10%	10%	10%	10%	10%	10%
营业收入占比合计	100.0%	100.0%	100.0%	100.0%	100.0%	100.0%	100.0%	100.0%	100.0%	100.0%	100.0%	100.0%	100.0%	100.0%
A 酒	85.3%	86.6%	85.4%	84.4%	83.4%	82.4%	81.4%	80.4%	79.4%	78.4%	77.4%	76.4%	75.4%	74.4%
系列酒	10.7%	10.2%	11.5%	12.2%	12.9%	13.6%	14.3%	15.0%	15.7%	16.4%	17.1%	17.8%	18.5%	19.2%
其他业务	4.0%	3.2%	3.1%	3.4%	3.7%	4.0%	4.3%	4.6%	4.9%	5.2%	5.5%	5.8%	6.1%	6.4%

注：其中加阴影数据为主要假设，包括 A 酒销量及增长，价格增长与业务构成变化。

资料来源：万得资讯，望华研究。

三是关于业务结构。我们维持了系列酒收入占比小幅提升的趋势，详见表 10-9。除了上述对营业收入有直接重大影响的三个方面，我们暂时假设 EBIT 利润率、折旧摊销、资本开支等其他核心假设与基本 DCF 的假设相同，详见表 10-10。

在表 10-10 中，基于示意性复杂 DCF 模型中的假设，在折现率是 10.5% 及永续增长率是 2.5% 的情况下，A 公司每股价格的估值是 1 916 元，略低于简单 DCF。估值敏感性分析如表 10-11 所示。在永续增长率为 3% 及折现率为 9.5% 的情况下，A 公司的每股价值为 2 360 元。

实际上，在复杂 DCF 的情况下，不只是销量、价格、业务结构可以变化，其他假设都可以变化，例如产品毛利率与 EBIT 利润率是否随着业务构成的变化有所变化，销量持续上升是否意味着资本开支需要进一步增加，资本开支变化对未来折旧摊销变化影响如何，价格是否真的能够实现年均 10% 的增长等，每一项都可以无穷尽地展开。

以价格 10% 的增长是否可持续为例。事实上，A 公司的价格持续增长更多是发生在近几年，即 2016—2020 年 A 酒单价年均增长率是 11.5%，而 2013—2020 年 A 酒单价年均增长率仅为 5.9%。

因此，DCF 模型只能做得更好，而不能做到最好。但无论如何，以客观、谨慎的态度来进行假设，以严谨、精益求精的态度进行每一步逻辑连接，并最终以常识的观点对结果进行验证，都是十分重要的。而一个更加完美，或者说更接近现实的 DCF 估值结果，永远可以为我们的投资提供更好的决策依据。

表 10-10　A 公司示意性复杂 DCF 估值

单位：万元

	2019	2020	2021	2022E	2023E	2024E	2025E	2026E	2027E	2028E	2029E	2030E	2031E	2032E
营业总收入	8 885 434	9 799 324	10 946 428	14 186 336	15 871 786	17 781 659	22 258 261	26 028 112	30 441 168	35 608 107	41 658 838	48 745 883	57 048 362	66 776 684
营业收入 YOY	15.1%	10.3%	11.7%	29.6%	11.9%	12.0%	25.2%	16.9%	17.0%	17.0%	17.0%	17.0%	17.0%	17.1%
折旧摊销	124 348	131 687	158 121	215 778	241 414	270 464	338 554	395 895	463 019	541 609	633 643	741 439	867 722	1 015 692
EBITDA	6 003 349	6 727 920	7 517 472	9 575 777	10 713 456	12 002 620	15 024 326	17 568 976	20 547 789	24 035 472	28 119 716	32 903 471	38 507 644	45 074 261
EBITDA 利润率	67.6%	68.7%	68.7%	67.5%	67.5%	67.5%	67.5%	67.5%	67.5%	67.5%	67.5%	67.5%	67.5%	67.5%
营业总成本	2 981 225	3 130 513	3 477 690											
财务费用	746	-23 461	-93 452											
营业利润	5 904 149	6 663 508	7 475 088											
YOY 增长率	15.0%	12.9%	12.2%											
营业利润率	66.4%	68.0%	68.3%											
加：营业外收入	945	1 105	6 899											
减：营业外支出	26 839	44 919	29 184											
EBIT	5 879 001	6 596 233	7 359 351	9 359 999	10 472 041	11 732 156	14 685 772	17 173 081	20 084 770	23 493 863	27 486 073	32 162 033	37 639 923	44 058 569
EBIT 利润率	66.2%	67.3%	67.2%	66.0%	66.0%	66.0%	66.0%	66.0%	66.0%	66.0%	66.0%	66.0%	66.0%	66.0%
所得税率	25.0%	25.0%	25.0%	25.0%	25.0%	25.0%	25.0%	25.0%	25.0%	25.0%	25.0%	25.0%	25.0%	25.0%
EBIT×(1-税率)	4 409 251	4 947 175	5 519 513	7 019 999	7 854 031	8 799 117	11 014 329	12 879 811	15 063 577	17 620 397	20 614 555	24 121 524	28 229 942	33 043 927
+ 折旧摊销	124 348	131 687	158 121	215 778	241 414	270 464	338 554	395 895	463 019	541 609	633 643	741 439	867 722	1 015 692
- 资本开支	314 886	208 977	340 878	372 919	417 225	467 430	585 107	684 206	740 830	812 414	887 100	963 870	1 041 266	1 015 692

第 10 章　估值模型

项目														
-营运资本增加	352 843	157 937	-208 783	323 991	168 545	190 987	447 660	376 985	441 306	516 694	605 073	708 705	830 248	972 832
自由现金流	3 865 869	4 711 948	5 545 539	6 538 868	7 509 676	8 411 164	10 320 116	12 214 515	14 344 461	16 832 899	19 756 024	23 190 388	27 226 150	32 071 095
FCF 折现				5 917 527	6 150 305	6 234 035	6 922 062	7 414 209	7 879 716	8 368 025	8 887 944	9 441 642	10 031 444	
资本开支/折旧摊销	2.5x	1.6x	2.2x	1.7x	1.7x	1.7x	1.7x	1.6x	1.5x	1.4x	1.3x	1.2x	1.0x	
营运资本增加占收入增加%	0.3x	0.2x	-0.2x	0.1x	0.1x	0.1x	0.1x	0.1x	0.1x	0.1x	0.1x	0.1x	0.1x	
折现因子	2.5%		10.5%	1.105	1.221	1.349	1.491	1.647	1.820	2.012	2.223	2.456	2.714	

永续增长率	2.5%
终值折现	400 888 684
终值	147 706 979
FCF 折现合计	77 246 909
企业价值	224 953 888
净债务	-15 729 503
股权价值	240 683 391
公司总股本	125 619.78
示意性每股价格（元）	1 915.97

注：表中的 x 表示倍数。

资料来源：万得资讯、望华研究。

表 10-11　A 公司示意性复杂 DCF 估值敏感性分析

	基本 DCF（元）	永续增长率				
		2.00%	2.25%	2.50%	2.75%	3.00%
折现率	9.5%	2 148.44	2 195.81	2 246.56	2 301.06	2 359.76
	10.0%	1 987.55	2 027.24	2 069.58	2 114.83	2 163.32
	10.5%	1 846.80	1 880.34	1 915.97	1 953.90	1 994.36
	11.0%	1 722.78	1 751.33	1 781.55	1 813.61	1 847.66
	11.5%	1 612.81	1 637.27	1 663.08	1 690.37	1 719.27

资料来源：万得资讯，望华研究。

按照价值投资原理，如果 DCF 估值是靠谱的，在这个靠谱的估值基础上再打 50% 的折扣，按照比这个 5 折价格更低的价格买进股票，我们亏损的概率会很小。在上述 A 公司的例子中，如果 DCF 估值是每股 1 916 元（对应永续增长率 2.5% 及折现率 10.5%），那么在每股 958 元或之下买入 A 公司的股票才是符合价值投资的基本原则的。

第三篇

预测市场趋势（Market）

很多人连自己明天的心情是好是坏都不知道，
何以能预测明天股市的好坏呢？

——查理·芒格

第 11 章 投资时间

　　世界上不存在每一次都能精准预测短期股市涨跌的人，因此，我的重点是分析影响资本市场走势的中长期因素。分析显示，资本市场中长期增长率与所在国家的中长期经济增长速度趋于一致，甚至会有所超出。

　　对影响资本市场的短期因素，本篇也进行了探讨，但并非试图判断市场走向，原因很简单：资本市场是一个"疯子"。而"市场先生"的疯狂程度与投资时间长度成反比：投资时间区间越长，"疯子"市场疯狂的程度就越低，出现正常时刻的概率就越大，价值投资产生超额回报的概率就越大。反之，投资时间区间越短，"疯子"市场出现正常时刻的概率就越小，价值投资产生超额回报的概率也就越低。

　　为了把本文反复引用的"中长期"与"短期"区分开来，首先要对投资时间区间做清晰定义。

　　在债券市场，一般把 10~30 年期的债券称作长期债券，把 5~10 年期的债券称作中长期债券，把 3~5 年期的债券称作中期债券，把1~3年期的债券称作中短期债券，1年之内的则是短期债券，例如，短期融资券指的就是1年之内到期的银行间市场债务融资（见表11-1）。

价值投资是以大幅度折扣价格购买价廉物美股票，长期持有，并期待价值回归的中长期投资方法。因此，投资的时间区间越长，价值投资获得超额回报的概率就越大。以巴菲特、芒格为代表的西方价值投资大师的实践证明，价值投资的时间足够长，产生的回报才会足够高。我本人的实践经验也证明了这一点。

表11-1 时间区间定义及价值投资成功的概率

序号	名称	时间区间	价值投资产生超额回报的概率
1	长期	10年以上	很高
2	中长期	5~10年	高~很高
3	中期	3~5年	较高
4	中短期	1~3年	中等~较高
5	短期	1年内	不确定

资料来源：望华研究。

在研究市场趋势时，我会着眼于长期、中长期、中期趋势，但同时会对中短期的市场影响因素进行分析。这种"由远及近""远近结合"的思维方法，在中国实践中被证明是大方向正确、有远见，但又顾及现实、接地气的。

俗话说："男怕入错行，女怕嫁错郎。"前半句可以理解为，一个年轻人，如果职业规划出了问题，选错了方向，例如，选择了一个长期没有希望的专业或行业，那么无论你多能干，一辈子只是维持温饱，混口饭吃，难以干出一番事业。就像年轻人找对象，如果你找的是三观不正、人生目标不正确，甚至有恶习、违法乱纪的人，即使他或她暂时有不错的物质条件，中长期也会出问题。

投资也是一样的。如果你长期的方向选错了，趋势判断错了，即使短期获利，它也像一个定时炸弹，要及时、尽快出逃。如果长期的方向是对的，例如国家、行业、管理层、时机、价格等都选对了，即使短期有波动，长期也一定会实现价值回归。

当然，如果能兼顾长期与短期的因素就更理想了。事实上，价值投资中的 5 折买入原则，就是兼顾了短期因素。因为，相对于真实价值 5 折的价格买入股票，如此便宜，短期内持续下跌的概率就会变小。注意，这里说的是概率相对变小，而不是不可能。

于是，长期的方向选对了，趋势判断对了，而短期内又尽量用"最便宜的价格"买入，投资获得超额收益的概率自然就增加了。这就是为什么需要"由远及近"地思考一切投资问题。

第 12 章　抓住中长期趋势

"从中长期看，股市是经济的晴雨表。"说这句话时，一定不能忘记时间区间。

12.1　中长期经济增长与资本经济收益率

影响中长期资本市场走势的最重要因素，就是上市公司所在国家的中长期 GDP 增长率。总体而言，所在国家的长期（未来 10 年以上）以及中长期（未来 3~10 年）的经济增长，决定了所在国家上市公司及这些上市公司主导的资本市场在未来中长期的成长速度。

这里有必要对"所在国家"做一个定义。上市公司属于所在国家有三个层次：一是法律形式上属于所在国家；二是实质上，即业务、运营、人员等属于所在国家；三是控股股东属于所在国家。

法律形式上属于某个国家或地区，就是指上市公司的注册地，例如，有些中资或中国个人实际控制的企业，即使股东、业务都在中国（所谓"两头在内"），但在谋求海外上市时，出于规避交易税费等原因会选择开曼群岛、英属维尔京群岛等作为注册地，就是我们经常讲的"红筹股"[①]或者"小红筹"[②]。企业注册地既不是其市场，也不是其设施、人员所在地，只是一个法律"空壳"形式。截至目前，中国 A 股的上市公司几乎都是在中华人民共和国登记注册的公司。[③]

我们最看重的是实质上的所在国家，这需要满足以下三点：第一，上市公司的主要市场与客户在该国；第二，上市公司的主要生产、研发与服务设施位于该国；第三，上市公司所受的主要行业及税收等监管来自该国。其中，第一点决定了公司所在市场大小与成长速度，直接影响公司收入的规模与增长速度，与该国的 GDP 及增长率直接相关。第二点决定了公司的生产成本、生产服务水平与研发能力。前两点最重要，直接影响上市公司的损益表，而第三点亦会直接影响公司的增长前景与经营成本。中国 A 股的绝大多数上市公司既是注册在中国的公司，也基本都是实质业务与运营在国内的公司。少数公司会有较多业务在境外。

在股东属于所在国家方面，股东需要区分控股股东、普通公

[①] "红筹股"指公司注册在中国境外，但控股股东或实际控制人是中国公司（往往有国有成分）的企业。
[②] "小红筹"指公司注册在中国境外，但控股股东或实际控制人是来自中国大陆的个人或民营企业。
[③] 2022 年 4 月在 A 股上市的中国海油，成为极少数注册地在中国香港特别行政区的 A 股上市公司。

众投资者或小股东。控股股东是公司实际控制人，实际控制着上市公司。而公众投资者在公司股权比例上属于少数，处于跟从的地位。控股股东决定着公司的发展战略、业务方向与行为模式。而公众投资者往往只能用"脚"投票，卖出屡屡令人失望的公司股票。目前A股上市公司的控股股东基本都是境内的[①]。在公众股东方面，由于沪港通[②]、深港通[③]的引入，加上之前的QFII（合格境外机构投资者），外资流通股东也已成为A股市场一股重要的力量。

绝大多数在上海证券交易所及深圳证券交易所上市的A股公司，都属于形式、实质与股东"三者合一"的中国上市公司。因此，A股市场的趋势与中国经济息息相关，而A股上市公司，也是本书研究的主要范畴。

香港联合交易所上市的H股公司，形式、实质与控股股东均在内地，但公众股东多来自境外。美股上市"小红筹"与香港上市"红筹股"，则是实质业务在中国内地，控股股东来自内地或与内地相关，但注册地在境外，主要公众股东来自境外。这些境外中国上市公司，都面临所谓"孤儿股票"的问题，即交易该股票的投资者绝大多数非"母国"投资者，并不了解中国与企业

---

① 除了极个别的公司，例如富士康。
② 沪港通是指上海证券交易所和香港联合交易所允许两地投资者通过当地证券公司或经纪商买卖规定范围内的对方交易所上市的股票，于2014年11月17日开始。
③ 深港通是指深圳证券交易所和香港联合交易所允许两地投资者通过当地证券公司或经纪商买卖规定范围内的对方交易所上市的股票，于2016年12月5日开始。

的情况，甚至也缺乏长期持有、了解的兴趣。这也是 2021 年以来，"中概股"巨幅下跌的根本原因之一。这些境外的中国上市公司，不是本书研究的重点。

下述分析表明，一个国家有代表性股票指数（例如，中国 A 股的上证综指、沪深 300 指数、创业板指数等）的长期增长性，与指数代表的上市公司所在国家名义 GDP 中长期增长性基本一致，或者略高一些。该理论我称为"资本经济收益率理论"或"CERR[①] 理论"。这里所说的"所在国家"是形式、实质与股东"三者合一"的所在国家。举例而言，如果一个国家在未来 10 年或更长时期的名义 GDP 年均增长率约为 8%，则其有代表性的股票指数在未来 10 年或更长期间内，实现年均复利约 8% 或更高的增长是大概率事件。

换句话说，在这样的国家里，如果你用 100 万元投资了该国有代表性的股票指数，并持续持有 20 年（其间不再卖出或买入），则该笔投资的市值在 20 年内，增长至 466.1 万元[②] 甚至 560.4 万元[③] 是大概率事件。

事实上，资本市场的中长期走势与同期所在国家的名义 GDP 走势有着很高的相关性。我们所选定的分析指标——资本经济收益率，即中长期资本市场主要指数的累计复合年均增长率与同期名义 GDP 的累计复合年均增长率之比，是分析两者相关

[①] CERR 即资本经济收益率（Capital-Economic Return Ratio）。
[②] 100 万元乘以（1+8%）的 20 次方。
[③] 100 万元乘以（1+9%）的 20 次方。

性的直观且有效的重要指标。

由于资本市场的价格是现价，不会根据通货膨胀进行自动调整，因此资本市场的增长率，要与同期 GDP 的名义增长率而不是实际增长率进行比较。换个角度讲，这意味着资本市场是有"抵御"通胀的功能的。

前文提到，世界上无论是黄金，还是世界货币，例如美元，长期来看，其投资回报均不如世界主要资本市场的代表性股票指数。股票指数往往代表着所在国家中优秀的上市公司。它们不仅是该国各行各业的领导者，而且增长率也往往超过该国各个行业的增长率。投资这些优秀上市公司的"份额"（即股票），不仅可以跟随物价上涨而上涨，即"抵御"通胀，而且大概率可以保持至少与名义 GDP 增长率一致的增长速度。

这些进入主要指数的上市公司是各行各业的代表，而名义 GDP 其实就是各行各业经济产出之和。而且，当经济危机来临时，由于这些公司是各行各业的"佼佼者"，因此失败的概率更小，长期"脱颖而出"的概率也就更大。

通过分析，我发现，各国的 CERR 系数总体围绕 1 波动，并且往往略高于 1。以美国为例，我们看一下表 12-1 中 1941—2021 年这 80 年间，美国主要股指与名义 GDP 增长率的关系。

美国的道琼斯工业指数（1941—2021 年）年均增长率为 7.5%，除以同期美国名义 GDP 年均增长率 6.7%，得到美国 CERR 系数（1941—2021 年）为 1.1。

表 12-1 1941—2021 年美国 GDP、CPI 及道琼斯工业指数年均变化

序号	指标	1941—2021 年（%）
1	美国 GDP 年均增长率（实际）	3.2
2	美国 GDP 年均增长率（名义）	**6.7**
3	美国年均 CPI	3.7
4	道琼斯工业指数年均增长率	**7.5**
5	道琼斯工业指数超出名义 GDP 增长百分点	0.8

资料来源：万得资讯，望华研究。

再看中国，我们回顾表 1-6，将其中的上证综指累计年化收益率数据加入表 12-2，与名义 GDP 累计年均收益率进行比较。中国证券市场设立于 1990 年，在剔除 1990—1995 年上证综指的超高增长之后，1996—2021 年的 25 年间，中国名义 GDP 累计年均增长率为 17.0%，上证综指累计年化收益率为 19.5%，其间中国 CERR 系数为 1.15。

进入 21 世纪以来，2001—2021 年的 20 年间，中国名义 GDP 累计年均增长率为 16.0%，上证综指累计年化收益率为 16.2%，其间中国 CERR 系数为 1.01，再次证明了 CERR 系数围绕 1 或略大于 1 波动的结论。

表 12-2 中国资本经济收益率（CERR 系数）分析

年份	名义 GDP（亿元）	年增长率	名义 GDP 累计年均增长率	上证综指累计年化收益率	资本经济收益率
1990	18 872.87				
1991	22 005.63	16.6%	16.6%	129.4%	不适用
1992	27 194.53	23.6%	20.0%	147.3%	不适用
1993	35 673.23	31.2%	23.6%	87.0%	不适用

续表

年份	名义 GDP（亿元）	年增长率	名义 GDP 累计年均增长率	上证综指累计年化收益率	资本经济收益率
1994	48 637.45	36.3%	26.7%	50.1%	不适用
1995	61 339.89	26.1%	26.6%	34.2%	不适用
1996	71 813.63	17.1%	24.9%	38.9%	1.56
1997	79 715.04	11.0%	22.9%	37.6%	1.65
1998	85 195.51	6.9%	20.7%	31.6%	1.52
1999	90 564.38	6.3%	19.0%	30.1%	1.58
2000	100 280.14	10.7%	18.2%	32.2%	1.77
2001	110 863.12	10.6%	17.5%	26.2%	1.50
2002	121 717.42	9.8%	16.8%	21.8%	1.30
2003	137 422.03	12.9%	16.5%	20.9%	1.27
2004	161 840.16	17.8%	16.6%	17.8%	1.07
2005	187 318.90	15.7%	16.5%	15.9%	0.96
2006	219 438.47	17.1%	16.6%	20.9%	1.26
2007	270 092.32	23.1%	16.9%	24.5%	1.45
2008	319 244.61	18.2%	17.0%	15.9%	0.93
2009	348 517.74	9.2%	16.6%	18.6%	1.12
2010	412 119.26	18.2%	16.7%	16.7%	1.00
2011	487 940.18	18.4%	16.8%	14.5%	0.87
2012	538 579.95	10.4%	16.5%	14.0%	0.85
2013	592 963.23	10.1%	16.2%	13.0%	0.80
2014	643 563.10	8.5%	15.8%	14.4%	0.91
2015	688 858.22	7.0%	15.5%	14.2%	0.92
2016	746 395.06	8.4%	15.2%	13.1%	0.86
2017	832 035.95	11.5%	15.1%	12.8%	0.85
2018	919 281.13	10.5%	14.9%	11.2%	0.75

续表

年份	名义 GDP（亿元）	年增长率	名义 GDP 累计年均增长率	上证综指累计年化收益率	资本经济收益率
2019	986 515.20	7.3%	14.6%	11.6%	0.79
2020	1 013 567.00	2.7%	14.2%	11.6%	0.82
2021	1 143 669.70	12.8%	14.2%	11.4%	0.81
2001—2021 年平均		12.4%	16.0%	16.2%	**1.01**
1996—2021 年平均		12.0%	17.0%	19.5%	**1.15**
1991—2021 年平均		14.4%	17.9%	30.9%	1.73[①]

资料来源：万得资讯，望华研究。

从概念上讲，CERR 系数围绕 1 波动，甚至略超过 1，也是十分合理的。上市公司，无非是实体经济中那些规模较大、质地较优企业的集合。因此，这些上市公司中长期收入及盈利的增长率，应当与所在市场经济总体增长率大致相同。作为"佼佼者"，其增长率甚至会超过总体经济增速，即 CERR 系数略大于 1。

当然，还有一系列问题，例如资本市场的指数是否代表了上市公司的股价，上市公司是否代表了实体经济或者其中的"佼佼者"等。

我们选择上证综指作为中国资本市场的指数代表，就是由于上证综指是我国设立最早的资本市场指数，时间可追溯性较好，这对于研究我国资本市场的长期趋势弥足珍贵。但同时，该指数也有一定的问题，其样本包括了在上海证券交易所上市

---

① 1990—1995 年，中国 A 股处于"疯狂"超高速增长阶段，因此，1991—2021 年中国 CERR 系数高达 1.73。

的全部股票，包括一些业绩并不理想的公司，甚至除了 A 股之外还包括 B 股，反映了上海证券交易所所有上市股票价格的变动情况。

反观美国，目前最具代表性的标准普尔 500 指数与道琼斯工业指数都不是全市场指数，而只是选择了有代表性的上市公司。标准普尔 500 指数是记录美国具有代表性的 500 家上市公司的股票指数，其所覆盖公司都是在美国主要证券交易所，如纽约证券交易所、纳斯达克交易的上市公司，遍布各行各业。而道琼斯工业指数则只包括美国 30 家最大、最知名的上市公司，是美国历史最悠久的资本市场指数之一。虽然出于历史原因，其名称中包括"工业"字样，但实际 30 家构成企业中，大部分都已不再与重工业有关，各行业都有。

因此，尽管上证综指包含了上海证券交易所上市的所有股票，但它有一个问题，就是包含了不少非"佼佼者"，甚至一些"垃圾股"。这也是为什么表 12-2 中，上证综指的 CERR 系数是趋于下滑的，从大约 1.5 下降到 0.8。换句话说，就是上证综指代表的上市公司成长率，从中国名义 GDP 增长率的 1.5 倍，逐步下降到只有 0.8 倍。如此推断，上市"佼佼者"的增长率，还达不到中国经济的平均增长水平。在此背景下，2020 年 7 月上证综指进行了改革，"吐故纳新"，措施包括剔除 ST、*ST[①] 等"垃圾股"，纳入科创板等优秀成长板块等。

---

① ST 股票、*ST 股票是被交易所"特殊处理"，进行退市风险警示的股票。

进入21世纪，中国也有一些更具代表性的非"全覆盖"股票指数推出，例如沪深300指数[①]、上证50指数[②]，以及代表各自板块的创业板指数、科创板指数等。其中，沪深300指数可能与标准普尔500指数最具可比性，它是跨越上海、深圳两地，代表中国资本市场优秀、大盘、高流动性股票的指数，所涵盖上市公司的数量也与标准普尔500指数具有可比性。

总之，在中长期内，一国资本市场的增长趋势，或者代表性股票指数的累计年均增长率，与该国名义GDP的累计年均增长率是趋于一致的，而且前者往往略高于后者。

当然，这是长期或中长期的总体趋势。如果仅依靠某一年的名义GDP增长率来推断当年的资本市场趋势，则可能得出错误的结论。例如，上一年由于预期今年经济高速增长，而导致上一年股指上涨过多，那么，即使今年名义GDP增长前景不错，股市也有回调的可能。

[①] 沪深300指数，是由沪深证券交易所于2005年4月8日联合发布，反映沪深交易所300只代表性股票股价走势的股票指数。该指数以规模和流动性作为选样的两个根本标准，并赋予流动性更大的权重，在对上市公司进行指标排序后进行选择。另外，新股上市不会很快纳入，剔除暂停上市股票、ST股票以及经营状况异常或财务报告严重亏损的股票，剔除股价波动较大、市场表现明显受到操纵的股票等。

[②] 上证50指数，是上海证券交易所规模大、流动性好的最具代表性的50只股票组成样本股指数，可以综合反映该交易所最具市场影响力的优质大盘上市公司的整体表现。其起始基准日为2003年12月31日。

12.2　分析中长期市场的其他因素

除了中长期经济增长率之外，还有诸多其他因素会影响长期资本市场走势，我把这些因素通常称作"远见"，就像一个人是否有"远见"（Vision）一样。

"远见"因素有很多，包括政治、国际关系、汇率、投资者构成、人口变迁、民族问题、军事等。我始终认为，如果要对中长期经济增长率的走势有准确把握，必须广泛理解其他宏观因素，必须做到"触类旁通"，只做单纯的经济学家，是很难真正理解与驾驭资本市场这个"疯子"的。

第一，是政治的远见。为什么政治对资本市场重要？因为，政治决定经济。通俗地讲，国家的政治领导者类比于企业的管理层。如果你要投资一个企业，当然要看好企业的管理层。如果你要投资一个国家的未来，当然要看好国家政治的领导者。

衡量政治因素对资本市场的影响，要从三个方面入手。

一是政治的稳定性。一个动荡的政权，意味着政策的不连续性、频繁更换管理者、社会局势的不稳定性甚至是战乱，而这些都是资本市场的灾难。

二是政治领导者的道德与水平。政治的领导者与企业的管理层有很多相通之处。例如，政治领导者是否会欺骗民众，如同企业管理层是否会欺骗投资者；领导者是否有能力治理好国家，如同管理层是否有能力发展好企业；等等。

三是政治决策者如何看待资本市场。这一点也很重要。如果决策者意识到资本市场是实体经济与直接融资发展的必然方向，也是老百姓财富保值增值的重要手段，那么决策者会高度重视并认真发展好资本市场。如果决策者还意识到资本市场中有"内幕交易""炒买炒卖"这样的"歪风邪气"，那么决策者会出台相关法规，从严治市，争取股市的风清气正。

第二，是国际关系。中国已经是世界第二大经济体。如果按照购买力平价[①]，中国已经是世界第一大经济体。按照中美之间的GDP年增长速度差异，再过10年左右，中国的GDP将是世界第一。对于小国而言，只需要关注自己最重要的"客户国家"[②]及政治军事附庸国[③]就够了。但对于世界排名靠前、处于风口浪尖的大国而言，国际关系是决定一国能否平稳发展，崛起屹立于世界强国之林的重要因素。

在近10年间，美国已经逐步将中国视作最主要的战略竞争对手。因此中美关系，以及中国如何应对中美关系，就成了考察中国资本市场国际关系维度的重要抓手。除中美关系之外，还有中欧关系、中俄关系、"一带一路"沿线国家关系、中国东盟关

[①] 购买力平价（Purchasing Power Parity，PPP）是根据各国不同的物价水平而计算出来的货币之间的平价等值系数。购买力平价与实际汇率可能有很大的差距。购买力平价中有一个巨无霸指数，即由于各国产品千差万别，故选择产品及品质都基本一致的麦当劳巨无霸汉堡包（Big Mac）作为标准品进行PPP汇率计算，例如在中国一个巨无霸要12元人民币，美国要3美元，则1美元＝12/3＝4元人民币。

[②] "客户国家"指该国最主要的贸易出口国。

[③] 政治军事附庸国指该国在国际政治、资源禀赋（例如石油、粮食等）与军事等方面依靠附庸的大国或国家集团。

系、中日关系等。如果不了解国际关系，就难以理解多极化、全球化与反全球化云谲波诡的世界舞台。

第三，是汇率问题。我研究汇率的出发点是，展望2022—2040年人民币汇率将怎样变化，以及这些变化将如何影响投资收益。

在汇率理论中，有一个著名的概念即购买力平价，世界银行每年在计算世界各国的GDP并比较时，会同时颁布按照实际汇率以及购买力平价利率计算的两套GDP。例如，早在2014年，按照当时人民币对美元的购买力平价即1美元等于3.76元人民币来计算，中国GDP已经是世界第一。

与世界银行一样，我也是购买力平价的"粉丝"，认为基于货币实际购买力的购买力平价汇率，代表了货币的真实价值，而市场汇率只是货币在短期供需影响下的交易价格。这一点和股票投资很类似：股价只是当下的价格，而未来的现金流折现才是股票的真实价值。我认为，从长期看，汇率会趋近于购买力平价汇率，但这个过程可能持续十几年、几十年，甚至更长。

因此，我认为，未来20年间，人民币兑换美元将逐步走向等值于购买力平价，即人民币会从2022年9月30日的1美元兑换7.1元人民币，逐步上升至1美元兑换4~5元人民币。

从图12-1可以看到，1995—2021年的26年间，美元兑人民币的市场汇率与购买力平价汇率之间的差距逐步缩小。从1995年1美元分别兑换人民币8.32元和2.74元，缩小至2021年的1美元分别兑换人民币6.38元和4.19元。尽管2022年在新冠肺炎疫情与美元加息的影响下，美元对人民币市场汇率一度突破 1 美元兑 7 元人民币的心理关口，但在未来 5~20 年内，市场汇率与购买力平价汇率之间的差距会进一步收窄。

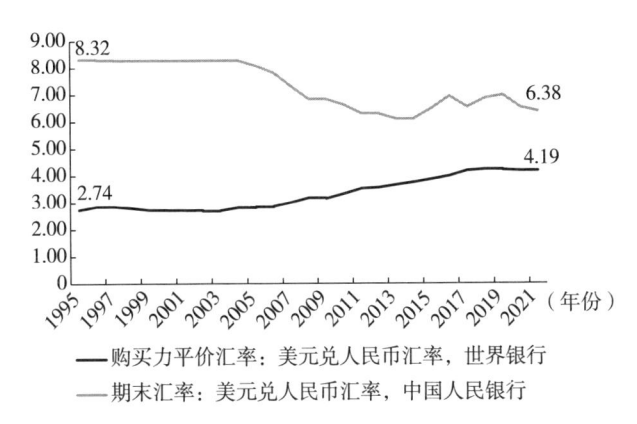

图 12-1　人民币对美元实际汇率及购买力平价汇率[①]（1995—2021 年）
资料来源：万得资讯，望华研究。

汇率对投资收益的影响主要在两个方面。一是投资中国资产还是海外资产。由于中国资产的市场在中国，收入与净利润均以人民币形式获得，如果考虑到目前 1 美元等于 7.1 元人民币的市场汇率将在中长期内升至 1 美元等于 4~5 元人民币的购买力平价水平，那么以美元计价的中国资产将随着人民币的升值而上升。二是现金以人民币保有还是以美元保有。如果 2022—2040 年人民币相对美元有升值的趋势，那么在中长期内保有更多的人民币应是更加明智的选择。

---

① 根据世界银行披露的按照实际汇率与购买力平价汇率测算的美元现价值的中国 GDP 与中国 GDP（人民币，现价值）折算得出。

巴菲特在股东大会上说："我没有中文的语言能力，因此，在投资中国资产时，我没有比较优势。"可见股神对中国市场并没有小觑，反倒遗憾自己中文不行。如果在过去60年里，给以巴菲特为代表的价值投资者带来巨额回报的国家是美国，那么在未来的30年里，我认为将是中国。

第四，是投资者构成与人性差异。东西方文化有很大差异，而两国投资者更是千差万别。中国有句老话是"读万卷书，行万里路"。巴菲特则说："当你进入一个牌局半小时，你仍然不知道谁是菜鸟，那么你就是。"① 因此，在投资前必须对各类投资者有清晰的分类与认识。我大致将A股投资者分成以下几类，排序不分先后。

第一类是A股的散户。长期以来，散户一直是A股的主流。但近10年来已有很大改变。越来越多的年轻股民选择把钱交给专业的人士管理，成为"基民"。但散户在A股投资者中依然占很大比例。由于散户普遍缺乏严格、苛刻的专业培训，且不存在机构式的风险控制，因此，他们的表现更加随机，波动性更强，投机性更强，情绪化更强。他们往往是跟风者，起到关键的推波助澜的作用。他们也是俗称的"韭菜"。

第二类是传统的A股大户。A股大户是掌握较多资金的企业、机构或个人，不少以私募证券基金或"牛散"的形式存在。这些A股大户受A股传统理念的影响颇深，近些年也有不少进

---

① 这句话的原文是"If you've been playing poker for half an hour and you still don't know who the patsy is, you're the patsy"。

行"价值"投资转型，例如几年前投资白酒股一度获得巨大成功的部分A股大户。至于A股市场上传统的所谓"庄家"，无论从名称还是实质操作手法上看，都有炒作甚至操纵股价的嫌疑，在"依法治市"的大背景下，预计其空间会进一步受到压缩。

第三类是有西方和外资背景的所谓"聪明钱"。沪港通与深港通已经分别于2014年及2016年正式开启，标志着香港联合交易所与上海证券交易所及深圳证券交易所实现互联互通。截至目前，所谓"北上资金"已成为A股市场风向标之一，与之前外资在境内的直接投资渠道QFII[①]合称为所谓"聪明钱"。它们在2019年及2020年的A股市场行情中扮演了吹响号角的角色，2022年也跟随美国及国际资本市场的波动给A股带来了相当大的扰动。北上资金是由西方基金经理掌管与控制的基金，这些基金经理中大多数毕业于西方与中国优秀的商学院或名校，对西方经典的投资理论熟稔。这导致他们与A股的传统散户、"庄家"的行为方式有很大差异，例如，他们更注重基本面，会买价值被低估的股票，而不只是追涨杀跌；他们回避看不懂的东西，无论管理层把牛吹得多大；他们法律意识很强，从内部风控到投资目标的筛选等。

第四类是本土"聪明的年轻人"。近些年，随着国内基金规模的快速扩张，国内基金经理也快速崛起。他们中的不少人在西方受过正统的金融培训，其他多数也毕业于国内的优秀院校。但

---

① QFII的A股投资额度与外汇使用额度需要中国证监会与国家外汇管理局审批，因此其规模及其在A股市场的影响力受到较大限制。

他们依然年轻，他们的成长期是过去 10 年左右。因此，我把中国快速崛起的优秀年轻基金经理称为"聪明的年轻人"。与"聪明钱"和西方"老兵"一样，"聪明的年轻人"也更注重企业基本面与行业的分析研究，更注重职业道德。同时他们更加了解中国。只是他们依然年轻，需要经历数个经济周期的起伏与更长时间的实践，方可更好地驾驭投资这门理论与实践相结合的学问。

总之，A 股市场已经步入由本土和西方背景的"聪明钱"与国内散户和传统大户共同组成，"理智＋投机"双重旋律并存的市场格局。在这样的市场中，更需要"中西合璧"，既要充分理解真正的西方经典价值投资理论，也要深刻理解中国的宏观政策与现实市场情况。

第五，是人口变迁。经济产出是劳动生产率与劳动力人口的乘积。其中，技术创新、生产条件、技能水平等决定了劳动生产率。而人口变迁则决定了劳动力人口及其未来增长速度。此外，一个国家的居民消费能力等于人均可支配收入乘以人口数量。因此，一国经济的总产出与增长速度，以及居民消费市场的规模与增长速度，均与该国的人口总数、人口结构和各年龄段人口的变化（合称"人口变迁"）息息相关。

人口变迁的分析可以揭示出深层次供给与需求的变化。例如，图 12-2 显示，1949—2019 年，我国总人口数从 5.4 亿增长到 14 亿，但同时我国的城镇化率从 10.6% 提升到 60.6%，提升了 50 个百分点，实现了中国历史上首次从以农村人口为主的农业大国，转型为以城市人口为主的工业化国家，这对居民消费市场规模、工业市场规模、消费者行为特征、物流运输、基础设施、农业现代化等方面的影响极其深远。

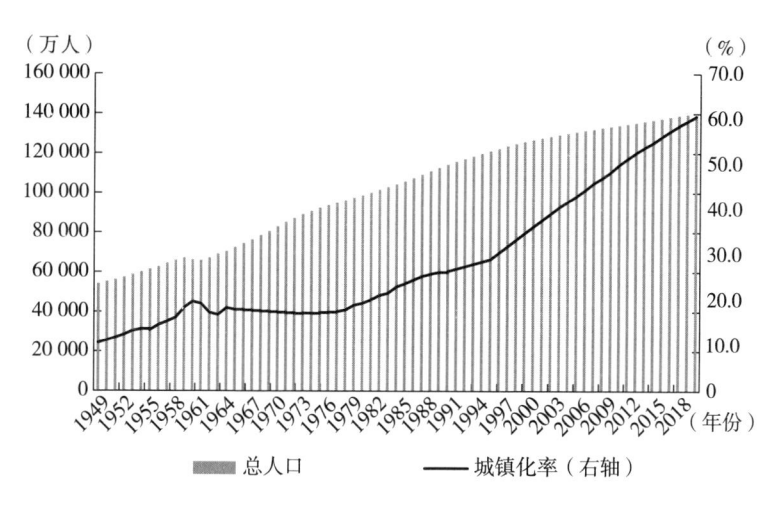

图 12-2 中国总人口及城镇化率变迁

资料来源：国家统计局，万得资讯，望华研究。

又如，图 12-3 显示，我国的少年儿童（0~14 岁）、劳动力人口（15~64 岁）和老年人（65 岁及以上）占总人口的比例，从 1953 年的 36.3%、59.3% 和 4.4%，转变为 2020 年的 16.8%、70.6% 和 12.6%。其中，少年儿童占比缩减了近一半，而老年人占比则增加了近 2 倍，标志着我国少子化、老龄化的问题严重，这对经济发展速度、资本市场不同板块热点的影响显著。

除此之外，民族问题、军事冲突、科技进步等对宏观经济与资本市场的发展趋势也有重要影响。我并非这些方面的专家，但这并不妨碍我选择自己认为最靠谱的各行各业专家，师其之长，

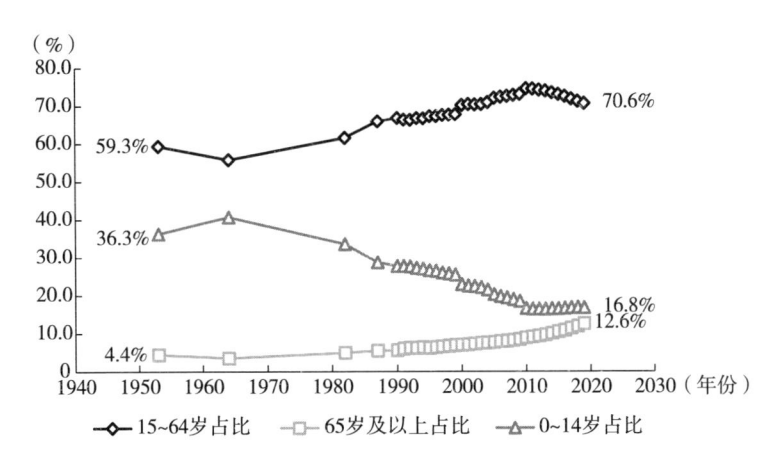

图 12-3 中国人口年龄占比变迁

资料来源：国家统计局，万得资讯，望华研究。

持续跟踪，学习他们的观点，并将这些观点融入自身对市场趋势的判断。毫无疑问，无谓地忽视这些因素，或者无知地自视为一个细分领域的专家，用自己的观点替代业内专家的观点，都是错误的。

第 13 章　分析短期市场

人无远虑，必有近忧。

——孔子，《论语·卫灵公》

日常生活中，中国百姓从媒体或经济学家那里所获得的大部分信息与分析，都是关于短期市场的。我认为，"远虑"[①]的重要性超出"近忧"[②]，更不必说如果"远虑"得清楚，不少"近忧"甚至不会发生。

尽管如此，我依然会从货币政策、财政政策、行业监管、突发性事件等短期影响因素入手，分析短期市场走向。

---

① 此处作者意指中长期市场的影响因素。
② 此处作者意指短期市场的影响因素。

13.1 货币政策

货币政策的核心，是向实体经济提供货币的量（规模）与价格水平（利率）。由于货币的主要职能是交易结算，因此，在一年内货币的周转次数乘以当年货币供应量的均值，应等于当年经济的总产出。一般而言，货币周转次数变化不大。因此，货币供应量的增长速度，应与实体经济的名义增长速度（未剔除通货膨胀因素）趋于一致。

如果用常见的 M_2[①] 代表货币供应量，则 M_2 增长率应大致等于名义 GDP 增长速度，即等于"GDP 实际增长速度 + 通货膨胀率"。换句话说，如果 M_2 增长率符合该等式，则货币供给量是比较正常的。否则，M_2 增长过高，会导致后期的过度通货膨胀，物价上涨过快；或者，M_2 增长过低，显著低于名义 GDP 增长，则会导致通货紧缩，甚至不利于实体经济的健康发展。

图 13-1 显示了 1993—2020 年中国 M_2 货币供给增长率与中国名义 GDP 增长率的关系。总体而言，如图 13-1 中每年两个并行柱大致同高同低，中国 M_2 供给与名义 GDP 增速是大致匹配的。当然也有反常的年份，例如 1998—1999 年（亚洲金融危机爆发后）、2009 年（全球金融危机爆发后）和 2020 年（新冠

---

① 一般货币可分为 M_1、M_2 和 M_3。其中，M_1 = 现金 + 活期存款 + 支票存款，M_2 = M_1 + 小额定期存款 + 储蓄存款 + 货币市场共同基金，M_3 = M_2 + 其他金融资产。从大概念上讲，M_1 基本是现金类，M_2 是现金加上类似现金及准现金，M_3 包括其他金融资产，其中有的金融资产变现有不确定性或需打折扣。

肺炎疫情暴发后）。这些反常年份都是由于实体经济出现危机，中央政府为了抵御危机，刺激经济增长，而显著提升货币供给。图 13-1 中的折线为 M_2 供给增速与名义 GDP 增速之比，剔除危机年份后平均为 1.21。表 13-1 则给出了更详尽的名义 GDP 增长率、M_2 增长率及比例数据。

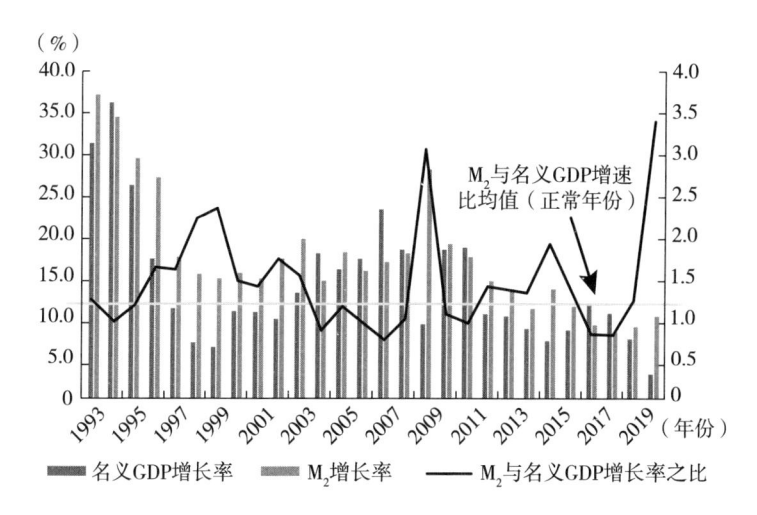

图 13-1 中国名义 GDP 增长率与 M_2 增长率的关系（1993—2020 年）
资料来源：万得资讯，望华研究。

表 13-1 中国名义 GDP 增长率、M_2 增长率及两者之比

年份	名义 GDP 增长率	M_2 增长率	M_2 与名义 GDP 增长率之比
1993	31.2%	37.3%	1.2
1994	36.3%	34.5%	1.0
1995	26.1%	29.5%	1.1
1996	17.1%	27.2%	1.6
1997	11.0%	17.3%	1.6
1998	6.9%	15.3%	2.2
1999	6.3%	14.7%	2.3

续表

年份	名义GDP增长率	M_2增长率	M_2与名义GDP增长率之比
2000	10.7%	15.4%	1.4
2001	10.6%	14.4%	1.4
2002	9.8%	16.9%	1.7
2003	12.9%	19.6%	1.5
2004	17.8%	14.5%	0.8
2005	15.7%	18.0%	1.1
2006	17.1%	15.7%	0.9
2007	23.1%	16.7%	0.7
2008	18.2%	17.8%	1.0
2009	9.2%	28.4%	3.1
2010	18.2%	18.9%	1.0
2011	18.4%	17.3%	0.9
2012	10.4%	14.4%	1.4
2013	10.1%	13.6%	1.3
2014	8.5%	11.0%	1.3
2015	7.0%	13.3%	1.9
2016	8.4%	11.3%	1.4
2017	11.5%	9.0%	0.8
2018	10.5%	8.1%	0.8
2019	7.3%	8.7%	1.2
2020	3.0%	10.1%	3.4
均值	14.0%	17.5%	1.43
均值（剔除危机年份）	15.3%	17.5%	1.21

资料来源：万得资讯，望华研究。

为了与美国的货币供给和名义GDP增速进行比较，我们对1993—2020年美国同时期的数据进行比较，得出了几乎一致的结论。如图13-2所示，在正常年份，名义GDP增长率与M_2货币供给增长率基本上同高同低，但在反常年份（例如1998年、2008—2009年、2020年），美联储会大幅度提升 M_2 供给以刺激经济，避免危机加剧。在剔除危机年份之后，美国 M_2 货币供应增长率与名义 GDP 增长率之比为 1.28（见表13-2），略高于中国的1.21。但如果再剔除美国发生互联网泡沫危机[①]的2001年的数据，则该比例为1.2，与中国基本一致。

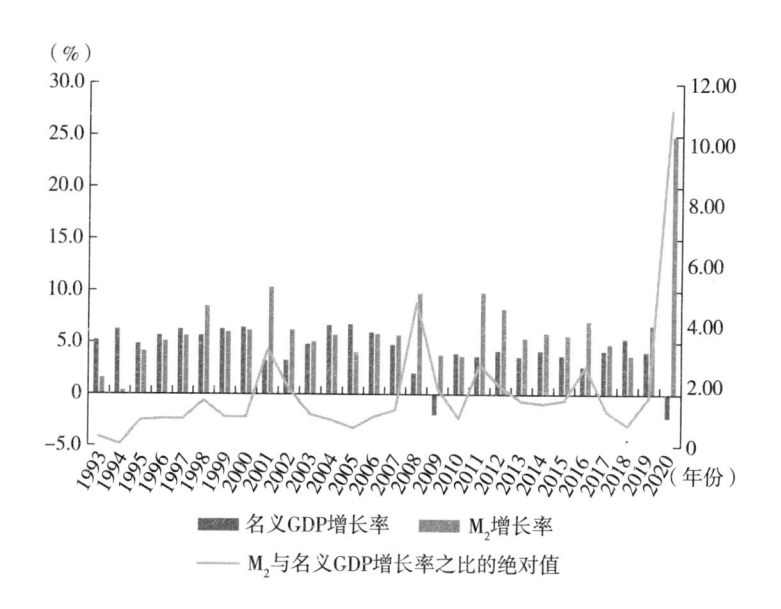

图13-2 美国名义 GDP 增长率与 M_2 增长率的关系（1993—2020年）
资料来源：万得资讯，望华研究。

---

① 2001年美国发生的互联网泡沫危机对中国影响较小，2001年、2002年中国 GDP 名义增速分别为 10.6%、9.8%，而 M_2 货币供给增速变化不明显。

表 13-2 美国名义 GDP 增长率、M$_2$ 增长率及两者之比

年份	名义 GDP 增长率	M$_2$ 增长率	M$_2$ 与名义 GDP 增长率之比的绝对值
1993	5.2%	1.6%	0.30
1994	6.2%	0.4%	0.06
1995	4.8%	4.1%	0.86
1996	5.7%	5.1%	0.90
1997	6.2%	5.6%	0.90
1998	5.7%	8.5%	1.50
1999	6.3%	6.0%	0.96
2000	6.4%	6.2%	0.96
2001	3.2%	10.3%	3.20
2002	3.3%	6.2%	1.89
2003	4.8%	5.1%	1.05
2004	6.6%	5.7%	0.86
2005	6.7%	4.1%	0.60
2006	6.0%	5.8%	0.98
2007	4.8%	5.7%	1.19
2008	2.0%	9.7%	4.76
2009	−2.0%	3.8%	1.91
2010	3.9%	3.7%	0.93
2011	3.7%	9.9%	2.69
2012	4.2%	8.2%	1.96
2013	3.6%	5.4%	1.49
2014	4.2%	5.9%	1.41
2015	3.7%	5.7%	1.52
2016	2.7%	7.1%	2.63
2017	4.2%	4.8%	1.16
2018	5.4%	3.7%	0.69
2019	4.1%	6.7%	1.62
2020	−2.2%	24.9%	11.13
1993—2020 年均值	4.3%	6.4%	1.79
1993—2020 年均值（剔除危机年份）	4.8%	5.5%	1.28

资料来源：万得资讯，望华研究。

因此，如果在短期内超发货币，必然会引起资金冗余，从而进入股市、房市并最终导致通货膨胀。上述分析告诉我们，如果某年 M_2 的货币供给过快，例如，M_2 增速超过名义 GDP 增速的 2 倍，则资产价格上涨可期，通货膨胀将会发生。例如，2020 年美国经济受新冠肺炎疫情影响，连续两个季度 GDP 负增长，进入危机模式。但美国 2020 年 M_2 货币供给量增长率高达 24.9%，因此，美国股市、房市反倒屡创新高，甚至带动全球大宗商品价格上涨，导致 2021 年第四季度，美国通胀率创 40 年新高，迫使 2022 年美联储不断加息。

除了货币供给量之外，货币政策的另一个重点是利率政策。近年来，我国在积极进行 LPR（贷款市场报价利率）[①] 市场化改革，也取得了一定的成绩。但我国目前还没有形成像美联储货币政策的核心风向标——联邦基金目标利率——那样的目标利率指引。实际操作中，我国也更注重货币供给发行量管理，而不是利率升降。

2019 年 8 月，中国人民银行发布改革完善贷款市场报价利率形成机制公告，在 6 个方面对 LPR 进行改革。经过 3 年多的

[①] 贷款市场报价利率是由具有代表性的报价行，根据本行对最优质客户的贷款利率，以公开市场操作利率（主要指中期借贷便利利率）加点形成的方式报价，由中国人民银行授权全国银行间同业拆借中心计算并公布的基础性贷款参考利率，各金融机构应主要参考 LPR 进行贷款定价，现行 LPR 包括 1 年期和 5 年期以上两个品种。2020 年 8 月 12 日，5 家国有大行同时发布公告对批量转换范围内的个人住房贷款，按照相关规则统一调整为 LPR 定价方式。2021 年 8 月 20 日，贷款市场报价利率 1 年期为 3.85%，5 年期以上为 4.65%。

改革，尽管1年期LPR从4.35%下降至2022年9月的3.65%，下降了0.7个百分点，但我国的利率市场化制度远未形成。例如，我国依然有优秀的民营企业贷不到款，或者即使贷到款，利率也要比中央企业高得多。而对中央企业而言，即使是低效资产，依然很容易以低利率贷到款，体现出典型的"金融压抑"现象。

此外，我国的存款利率市场化调节机制一直没有建立。自2015年10月中国人民银行将1年期居民存款利率下降至1.50%之后，即使在2020年新冠肺炎疫情暴发时的经济最低点，也没有调整。2022年4月，上海疫情形势严峻，A股市场承压下跌。5月，中国人民银行发布的《2022年第一季度中国货币政策执行报告》提到，"发挥存款利率市场化调整机制重要作用"。实际上，各大行1年期存款利率下调仅有10个基点[①]左右，而美联储在危机发生后则是动辄50个基点、75个基点（累计可高达300个基点、400个基点）的利率升降。这反映了我国利率市场化改革不彻底，即使LPR下降对社会融资刺激已经不再敏感，在疫情危机、大学生就业困难的关键时刻，"降息"的力度还是不够大。

美国货币政策的核心则是联邦基金利率[②]。联邦公开市场委

---

① 基点（Basis Point，BP），指一个百分点的百分之一，即万分之一。
② 联邦基金利率是指美国同业拆借市场的利率，其最主要的是隔夜拆借利率。其变动能敏感地反映银行之间资金的供需状况。美联储通过瞄准并调节同业拆借利率直接影响商业银行的资金成本，并且将同业拆借市场的资金情况传递给工商企业，进而影响消费、投资和国民经济。

员会一年举行8次会议，大约每7周一次。会议讨论并议定美国联邦基金的目标利率，会后公开发表委员会对美国经济与就业、通货膨胀、金融系统风险[①]及目标利率的看法。在确定目标利率后，美联储会利用公开市场操作，影响货币供应量，确保联邦基金实际利率与目标利率一致。

2020年3月15日，时值美国新冠肺炎疫情全面暴发的中早期，美联储突然宣布下调联邦基金利率100个基点，从1%~1.25%，直接下降至0%~0.25%。随后，美国新冠肺炎疫情大面积暴发。美国股市在2020年3月历史性的3次熔断之后，居然快速恢复，之后又屡创新高。如果仅从维持美国自身资本市场的基本秩序与融资功能的角度看，美国大幅度降息、实行接近零利率的货币政策，在应对新冠肺炎疫情危机的过程中是十分有效的，尽管这导致全球性美元供给过剩、大宗商品价格上涨与全球通货膨胀。

总之，研究我国货币政策对股市的影响，更多是研究央行如何通过多渠道、多手段影响货币供给，从而影响资金面的供求与利率变化，关注的重点是货币供给。而研究美国的货币政策，则要以美联储的目标利率为核心，延展至研究美联储的公开市场操作、市场预期管理及美联储资产负债表运作等。

---

① 美国货币政策的两个传统目标是促进充分就业与维持合理的通货膨胀水平。在2008年金融危机之后，防范金融系统性风险成为其新的重要目标。这三个方面也是美国货币政策制定的基本出发点。

13.2 财政政策

如果说货币政策的重点是央行货币供给的量与价,即"印多少钱"与"利率是多少",财政政策的重点则是财政开支使用与来源问题,即"如何花钱"以及税收政策、债务融资等问题。

我国是社会主义国家,"集中力量办大事"是我国制度的特色与优势,这主要体现在财政政策上。如前所述,我国货币供给受制于通胀,而且尚未形成美联储联邦基金利率那样的目标利率中枢,存贷款利率传导不畅,因此,货币政策显得捉襟见肘,而财政政策才是大头。

回顾改革开放以来我国的经济发展史,财政政策在促经济、保民生等方面的作用主要体现在以下几个方面。

首先是"大基建"项目。如同城市化、工业化进程一样,过去40多年,中国经历了人类历史上从未有过的大规模基础设施建设浪潮。从高速公路、高铁、机场、码头、城市轨道交通、跨海大桥与隧道、高原铁路,到5G(第五代移动通信技术)基站网络、特高压电网、西气东输等,幅员辽阔、地貌复杂的中国大地,从未像今天这样如此互联互通,而在这背后是一个个数十亿元、上百亿元甚至上千亿元的基础设施建设项目。

除了中央企业及其他各类企业的投资之外,基础设施建设的重要来源之一是中央政府与地方政府的公共财政支出。如图

13-3 所示,各级政府的公共财政支出中,基础设施建设[①]占公共财政支出的比例从 2007 年的 19%,上升至 2021 年的 29%,基础设施建设年度总开支从 2007 年的 9 561 亿元,上升至 2021 年的 72 118 亿元,而同期公共财政支出分别为 49 781 亿元与 245 673 亿元。

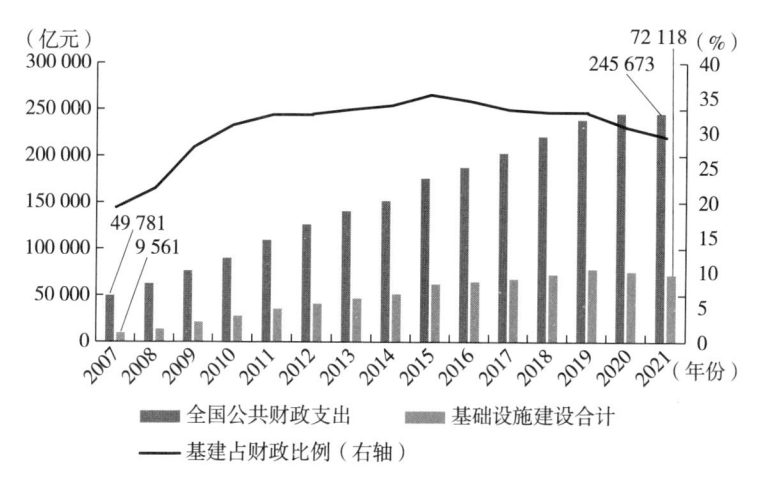

图 13-3　中国公共财政支出金额及基建占比(2007—2021 年)

资料来源:万得资讯,望华研究。

其次是各项民生与国家战略性开支,包括教育与科学技术、社会保障与就业、国防与公共安全以及医疗卫生。如图 13-4 所示,2007—2021 年,除了基建占比从 19% 上升到 29%,教育与科学技术的占比基本维持在 18% 左右,社保与就业的占比从 11% 上升至 14%,国防与公共安全的占比从 14% 下降至 11%,

---

① 本书将财政部统计中的节能环保、城乡社区事务、农林水事务、交通运输开支、资源勘探电力信息等事务与住房保障合计为基础设施建设。

医疗卫生的占比则从 4% 大幅度上升至 8%。其中医疗卫生领域占比翻倍，反映了我国人口老龄化对医疗卫生的需求以及近两年防疫开支的增加。

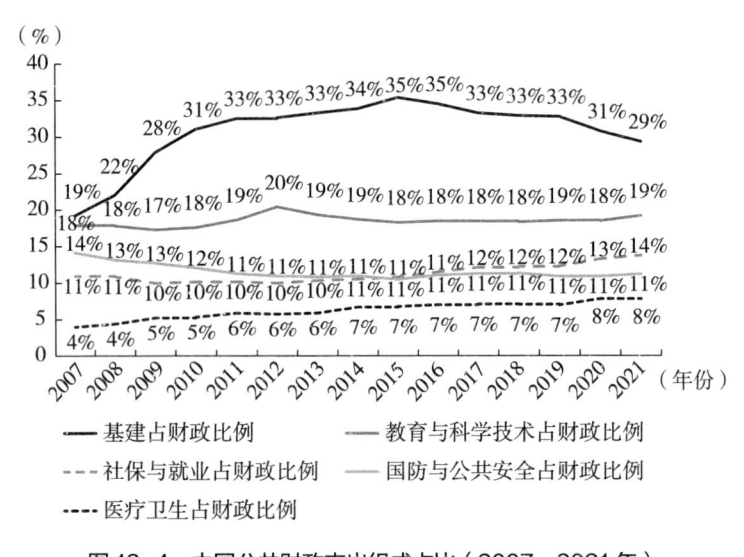

图 13-4　中国公共财政支出组成占比（2007—2021 年）

资料来源：万得资讯，望华研究。

再次是税收政策。税收是财政支出的来源，也是企业利润与居民收入的调节器。如图 13-5 所示，以 2021 年 1—8 月的中国税收收入构成为例，我国主要的税收来源有两个梯队。第一梯队①包括国内增值税（占比为 35.0%）与企业所得税（占比为 26.9%），两项合计占所有税收收入的 61.9%。第二梯队包括国内消费税（占比为 8.5%）、个人所得税（占比为 7.2%）、契税（占

---

① 进口环节增值税与消费税大致与出口退税相抵，故在此未单独讨论。

比为 4.2%）与土地增值税（占比为 4.0%），合计是 23.9%。上述六项合计约占我国税收总收入的 85.8%。

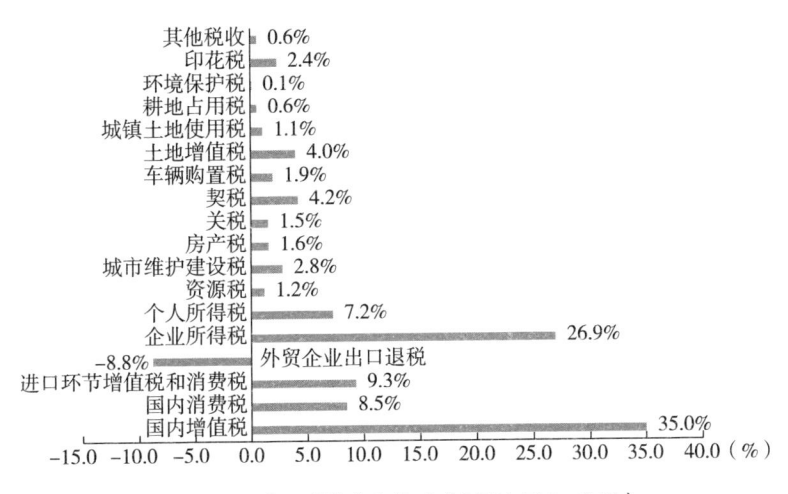

税种	占比
其他税收	0.6%
印花税	2.4%
环境保护税	0.1%
耕地占用税	0.6%
城镇土地使用税	1.1%
土地增值税	4.0%
车辆购置税	1.9%
契税	4.2%
关税	1.5%
房产税	1.6%
城市维护建设税	2.8%
资源税	1.2%
个人所得税	7.2%
企业所得税	26.9%
外贸企业出口退税	-8.8%
进口环节增值税和消费税	9.3%
国内消费税	8.5%
国内增值税	35.0%

图 13-5 中国税收收入构成（2021 年 1—8 月）

资料来源：万得资讯，望华研究。

从趋势上看，自 2016 年 5 月营改增①全面实施以来，我国税收收入构成总体是比较稳定的。2017—2019 年，增值税占总体税收收入的 39% 左右，2020—2021 年，因新冠肺炎疫情增值税减免等优惠政策的影响，增值税占比下降至 37% 和 35%（见图 13-6）。而企业所得税占比稳中有升，从 2017 年的 22% 一路上涨至 2021 年的 27%，增加 5 个百分点，表明随着增值税的推广与发票管理的规范，企业的真实盈利能力进一步显现。而在

---

① 即营业税改增值税，将之前缴纳营业税的税项改成缴纳增值税。增值税只对产品或者服务的增值部分纳税，减少了重复纳税的环节。我国的营改增于 2016 年 5 月推广至所有行业领域。

2019年1月国家提升个人所得税计收门槛[①]之后，个人所得税占比从9%下降至7%左右。

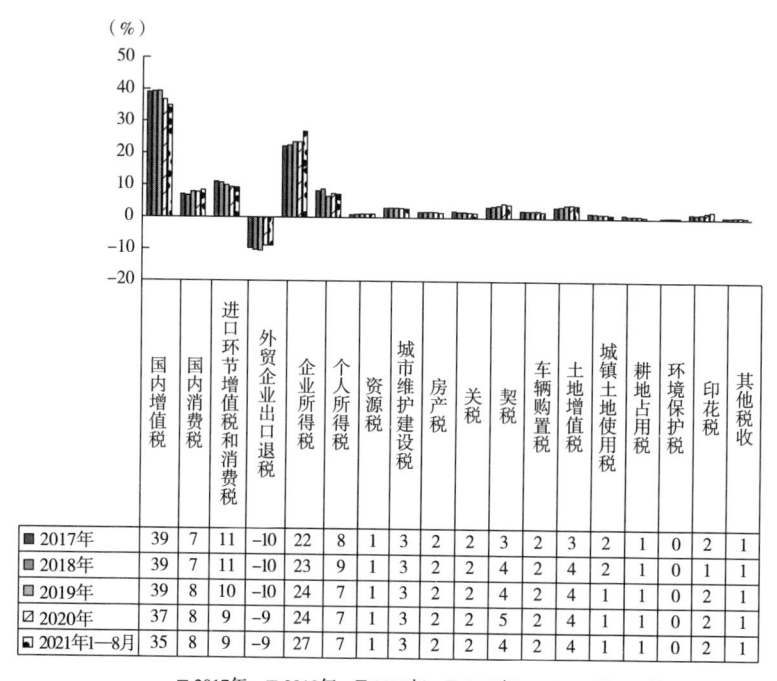

	国内增值税	国内消费税	进口环节增值税和消费税	外贸企业出口退税	企业所得税	个人所得税	资源税	城市维护建设税	房产税	关税	契税	车辆购置税	土地增值税	城镇土地使用税	耕地占用税	环境保护税	印花税	其他税收
2017年	39	7	11	-10	22	8	1	3	2	2	3	2	3	2	1	0	2	1
2018年	39	7	11	-10	23	9	1	3	2	2	4	2	4	2	1	0	1	1
2019年	39	8	10	-10	24	7	1	3	2	2	4	2	4	1	1	0	1	1
2020年	37	8	9	-9	24	7	1	2	2	2	5	2	4	1	1	0	2	1
2021年1—8月	35	8	9	-9	27	7	1	2	2	2	4	2	4	1	1	0	2	1

图 13-6　中国税收收入构成趋势（2017—2021 年）

资料来源：万得资讯，望华研究。

税收还是企业利润与居民收入的调节器，可以鼓励创业创新，推动国家政策支持的企业与个人行为。例如，企业创业期形成的积累亏损，可以自动抵销企业盈利后的应纳税所得；为了鼓励企业研发投入，我国对高新技术企业研发费用按一定比例"加

---

① 即个人所得税每月免征额由 3 500 元提高到 5 000 元，自 2019 年 1 月 1 日起开始实施。

计"进行税前扣除；企业向国家认可的慈善基金会捐赠并获得合法凭据，可以抵减部分应纳税所得；在我国香港特别行政区，个人所得税可根据需要抚养子女的人数进行个税税前抵扣，相信随着"三孩"政策的推出，内地也会有类似的所得税减免。

我国资本市场也与税收政策紧密相关，例如印花税的相关政策。2008年9月19日，我国证券交易印花税单边征税①消息放出后，A股大盘罕见涨停。2021年1—8月，证券交易印花税占我国所有印花税的2/3左右，占税收总收入的1.5%左右。此外，我国目前对股票投资所得尚未征收所得税，主要原因是历史上散户股票投资亏损严重，且难以计量。随着我国资本市场逐步走上正轨，基金等机构投资者逐步成为市场主力，形成可持续发展模式，存在未来比照西方发达资本市场征收股票资本利得税②的可能。

需要补充说明的是，在法规明确的前提下，企业及个人税负对任何企业和投资者现金流出的影响都是确定的，会直接影响投资收益。因此，作为聪明的投资人，必须予以掌握，并在测算企业未来现金流及个人投资回报时进行考虑。

最后是财政赤字与政府债务。税收是政府最主要的收入来源。除了税收之外，政府还有其他收入，例如土地出让收入、行

---

① 2008年4月24日起，财政部将证券交易印花税税率由3‰调整为1‰。2008年9月19日起，财政部又将证券交易印花税由双边征收改为只在卖方进行单边征收。
② 例如，美国对于持股一年以下股票投资的资本利得税是20%，持股一年以上为15%，但可以用股票投资亏损金额抵扣资本利得。

政事业收费、罚没收入、国有资本经营收入等。当政府税收及其他收入不足以弥补政府支出时，就会出现财政赤字，政府就会发行政府债务进行融资。

如图 13-7 所示，2020 年新冠肺炎疫情导致我国赤字占名义 GDP 比例（简称赤字率）达 6.2%，达到自 1962 年以来的最高点，但较同期美国赤字率 15% 而言仍较低。此前，我国赤字率一直在 5% 之下。而美国在 1983 年、2008 年、2009—2012 年等应对金融危机期间，赤字率均高于 5%，即图 13-7 中，虚线拐点低于 –5% 的年份。

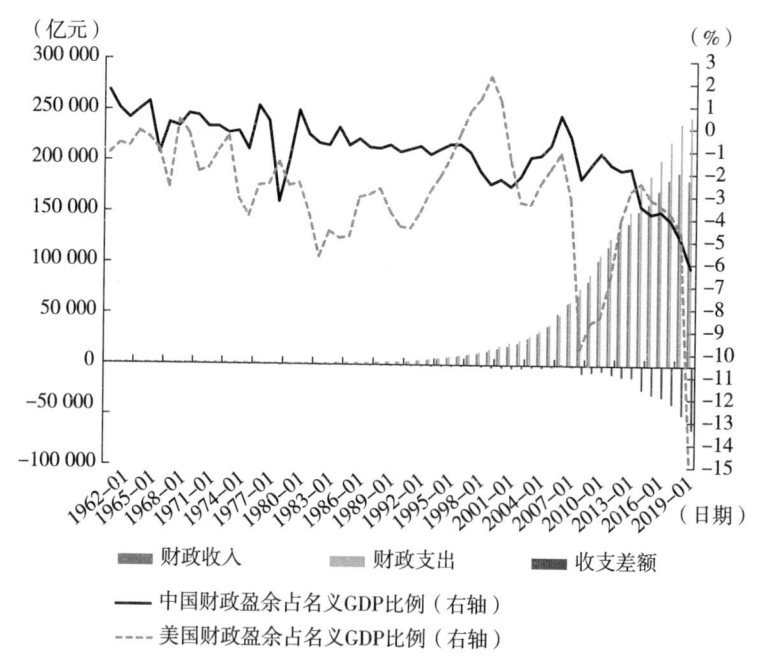

图 13-7　中国财政收支及中美财政赤字比较（1962—2020 年）

资料来源：万得资讯，望华研究。

政府债务包括中央政府债务和地方政府债务。我国近年来备受关注的是地方政府债务。2018—2020年，中央财政的债务余额占我国当年名义GDP的比例分别是16%、17%、21%，而地方债务余额占我国GDP的比例分别是20%、22%、25%，中央和地方合计总债务占GDP的比例分别是36%、39%、46%，其中2020年因抗击新冠肺炎疫情使财政支出加大，且GDP增长放缓导致我国中央及地方总债务占GDP的比例创下历史新高（见图13-8）。

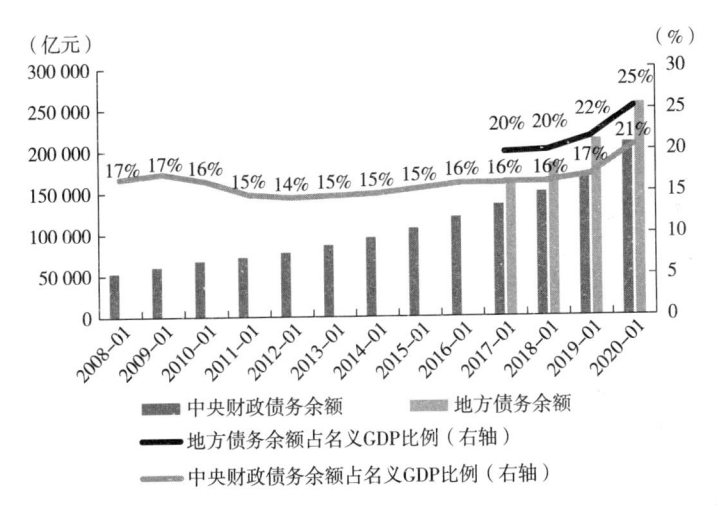

图13-8 中国中央政府债务、地方政府债务余额及占名义GDP比例（2008—2020年）

资料来源：万得资讯，望华研究。

为了搞清楚我国债务余额占GDP比重到底高不高，让我们看看美国的情况。与美国的联邦政府债券[①]和地方市政债

---

① 美国的联邦政府债券包括：美国联邦国债和储蓄债，美国联邦债券SDR（特别提款权），美国联邦机构债，养老金计划持有的美国联邦非流通债券。

券①相比，中国的政府债务可谓"小巫见大巫"。如图13-9所示，2018—2020年，美国联邦债券余额占美国当年名义GDP的比例分别为84%、89%、113%，而地方债券余额占美国GDP的比例分别为16%、14%、15%，合计的美国政府总债务占名义GDP比为100%、103%、128%，分别是中国的2.8倍、2.6倍、2.8倍。

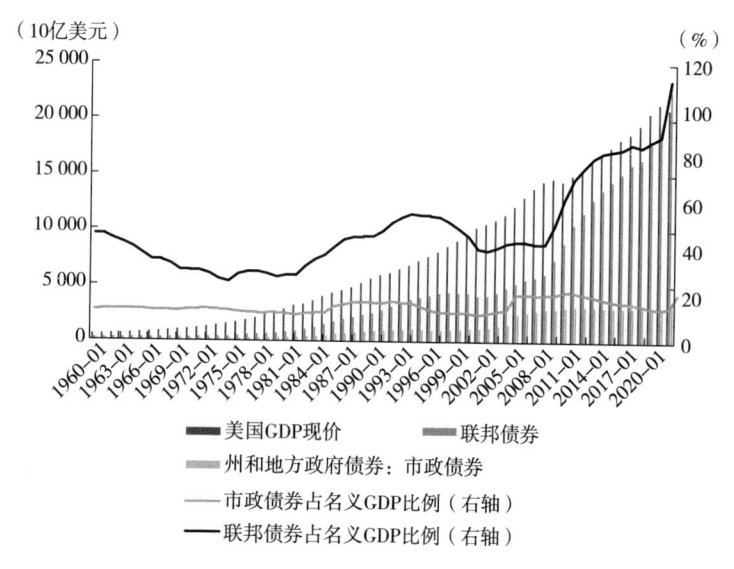

图13-9 美国联邦、地方债务余额及占名义GDP的比例（1960—2020年）

资料来源：万得资讯，望华研究。

关于财政赤字与政府债务，有两个核心问题。

第一，为什么要有财政赤字？政府量入为出，按照自己收到的税收来开支不好吗？对这个问题的回答，与对"为什么企业要

---

① 美国州和地方政府债券包括：市政债券、短期债券、其他债券。

借钱""企业收多少钱花多少钱不好吗"的回答一样。

企业为了发展，在确保没有债务违约风险（还得起钱）且没有增加过多成本（债信成本合理）的前提下，适当地通过银行和债券市场，使用居民的冗余资金作为贷款或债务融资是合情合理的，也是对整个社会有益的，否则社会就不需要金融行业了。

财政赤字导致政府向公众发债或向银行借钱，其根本目的是促进社会经济发展，尤其在经济低谷时，可以促进经济复苏与居民就业。如同企业发展需要适度借钱一样，政府赤字无可厚非，更何况政府的股东就是居民，而赤字又是为了居民充分就业与经济复苏，同时政府的信用等级更高，违约风险与融资成本就更低。

第二，政府赤字应该多大？政府债务余额应该多高？如同企业应该借多少钱，要看其债务资本比、收入增长速度一样，政府每年的赤字与累计发债的余额，需要与国家的总产出——GDP以及资产负债结构相挂钩。从企业资产负债结构的常识看，债务与总资产的比例，不宜超过60%。假设GDP对国家总资产的收入/资产周转率是1，则债务与GDP之比也不应该超过60%。假设GDP每年增长5%~6%，乘以60%的债务对GDP空间，得到3%~3.6%，就是每年通过GDP增长可以支撑的债务空间了。假如危机年份的财政赤字率达到5%，那么未来几年内，找回1.4%~2%（5%的赤字率减去3%~3.6%的GDP增长带动的债务空间），就可以回到可持续的60%的债务与GDP比重水平了。

因此，从上述分析看，目前中国政府债务与GDP之比低于60%是合适的，而在危机年份赤字率为5%左右，也是可行的，随着 GDP 的持续增长，在两三年内是可以重新回到均衡水平的。而美国 2020 年赤字率为 15%，政府债务与 GDP 之比高达 128% 明显是过度了。对于 128% 的债务与 GDP 之比而言，唯一可能的解释是美国的收入对总资产周转率很低，例如只有 0.5 倍，即美国每年 20 多万亿美元[1]的 GDP 需要 40 多万亿美元的总资产来产生[2]，那么美国 128% 的债务与 GDP 比重，对应的资产负债率是 64%[3]，才是趋于合理的资产负债率。

自 1971 年以"金汇兑制与美元挂钩"为基础的布雷顿森林体系[4]解体之后，美元获得了既是世界主要储备货币，又无须与黄金挂钩的"双重福利"。因此，美联储可以不断地"印刷"美元，即增加 M_2 供给，增加财政赤字率（例如 2009—2012 年赤字率连续高达 9.8%、8.6%、8.4% 和 6.6%），发行美国国债与地方政府债务，并扩大自身的总资产规模。但是，这掩盖不了一个

---

[1] 例如，美国 2019 年、2020 年的名义 GDP 分别为 21.4 万亿美元、20.9 万亿美元。
[2] 需要注意的是，前面对中国的收入资产周转率假设是 1，即效率比美国高了一倍。
[3] 计算过程如下：收入/总资产=0.5，即隐含美国 GDP/美国总资产=0.5（所谓公式 A）。2020 年美国政府总债务/美国 GDP=128%（所谓公式 B）。公式 A 与公式 B 相乘，得到美国政府总债务/美国总资产=64%，这样的资产负债率才是合理的。
[4] 布雷顿森林体系是 1944 年 7 月西方主要国家在联合国国际货币金融会议上确立的，以金汇兑本位制为基础，以美元为中心的国际货币兑换体系。由于会议在美国布雷顿森林举行，故称之为"布雷顿森林体系"。该体系的建立，促进了战后资本主义世界经济的恢复和发展。因美国经济危机频繁爆发，该体系于 1971 年 8 月被尼克松政府宣告结束。布雷顿森林体系的基本内容包括美元与黄金挂钩（各国确认 1944 年 1 月美国规定的 35 美元一盎司黄金官价）、国际货币基金会员国货币与美元保持固定汇率等。

事实，即其总资产产出 GDP 的效率越来越低。

目前中国名义 GDP 已经接近美国，中国科技、创新、军事与国际关系影响力等各方面都在快速提升。试想一下，如果人民币成为世界货币，作为一个庞大的"收入资产周转率"是美国两倍的经济体，其 M_2 供给、财政赤字、政府发债的空间有多大，其货币、资本市场的吸引力与回报空间有多大？这也是我花时间研究宏观问题，并将宏观经济与中美跨国比较问题按照企业财务报表思维进行整理，实现国家 GDP"企业报表化"的意外收获。

13.3 其他

本节将讨论的其他短期市场影响因素，是指除了货币政策、财政政策之外的其他短期影响因素。因此，涵盖的范围很广，主要包括以下几类。

第一类是国家与国际层面的，即突然宣布的国家政策或突然发生的国际、国内事件，例如"三孩"放开政策、中美元首通话等。这些政策或事件往往是突然发生的，对于长期追踪政府政策与国际关系的人，可以理解事件发生的逻辑和理由，降低政策或事件的"突然性"，并尽快分析对资本市场、行业板块甚至个股的影响。

第二类是行业与区域层面的，即突然宣布的行业、区域性政策，或突然发生的行业、区域性事件，例如"双碳"目标、"双减"教育改革、海南自由贸易港、区域性自然灾害等，其特点是涉及某些具体的行业或局限于一定区域。

第三类是上市公司层面的，即意料之外的上市公司重大消息或业绩偏离预期情况，例如，医药类上市公司推出重磅新产品，上市公司季报业绩显著超出或显著低于市场预期。

第四类是突发且引发全面、系统性、重大负面影响的"黑天鹅"[①]事件，例如新冠肺炎疫情、"9·11"事件、俄乌冲突等。

首先，是国家层面的政策、事件或国际关系重大事件。事实上，国家政策的推出，必有其一脉相承的理由。例如，如前所述，我国的老龄化、少子化趋势十分明显，这导致了一系列问题，包括但不限于经济社会的长期可持续发展问题、国家安全问题、社保负担过重以及社会性养老问题等。在这种情况下，国家在2015年实施全面放开"二孩"政策，但收效甚微。因此，放开"三孩"势在必行，只是时间问题。放眼未来，即使国家和各地陆续出台鼓励生育的政策，但仍存在短期内我国人口出生率下降趋势无法逆转的可能，那么在2030年左右或之前放开"四孩"甚至"多孩"的概率也是极大的。这里要再次强调的是，"人无远虑，必有近忧"。事实上，国家政策尽管有其推出的突然性，但亦有发生、发展的必然性。

国际关系事件也是这样。例如，中美关系问题。2018年3月，美国特朗普政府悍然挑起对华贸易摩擦，之后又屡次加码。

---

① "黑天鹅"事件是指极其罕见、难以预料且不寻常的事件，通常会引起市场连锁负面反应甚至颠覆，例如"9·11"事件、全球金融危机、东南亚海啸、新冠肺炎疫情暴发等。

2018年7月，我发表了一篇题为《为什么"贸易战"终将"无疾而终"？》[①]的文章。文章的基本观点是，挑起对华贸易摩擦对美国没有好处，甚至会导致美国的持续通货膨胀。依据中美的经济实力对比，美国赢不了中国，所以也就是闹闹脾气，将无疾而终。实践证明，美国挑起贸易摩擦把大部分关税转移到了美国消费者头上，而中国的贸易反倒节节高升。如图13-10所示，自2018年美国挑起贸易摩擦到2021年9月，除了每年二三月春节假期季节性因素及2020年新冠肺炎疫情早期影响，我国对外贸易节节高升。2021年9月，我国出口、进口额均创新高，分别达3 057亿美元、2 390亿美元，贸易顺差则高达668亿美元，这3个数据分别比发生贸易摩擦前的2018年1月增长了53%、32%与264%。

其次，是行业与区域层面的事件、政策。就行业而言，包括行业内突然出台的政策、行业上游原材料价格变化（例如油价）、行业内的重要变化（例如医院采购的"两票制"，芯片短缺导致汽车减产）等。就区域而言，包括关于区域的最新政策（例如雄安新区、上海自贸区）、区域面临的局部自然灾害（例如新冠肺炎疫情早期武汉的封控）等。

---

① 详见财新网2018年7月18日刊发的文章。

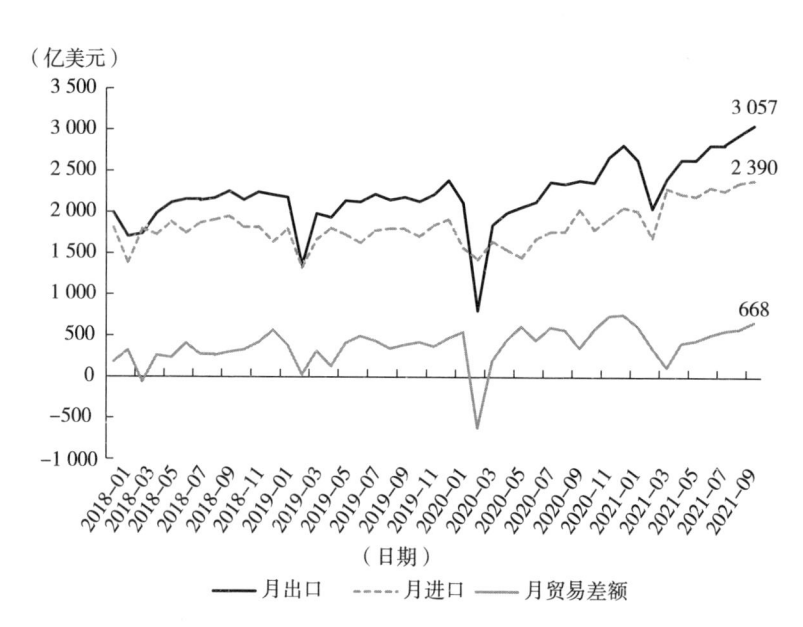

图13-10 中国进出口贸易金额与差额（2018年1月—2021年9月）

资料来源：万得资讯，望华研究。

　　行业政策与区域政策往往是国家政策的延伸。例如，中国的国家能源安全战略，以及建成人类命运共同体的外交战略，决定了中国最终推出"双碳"目标，从这个角度讲，并不令人吃惊。中国是一个油气资源相对贫乏的国家，而且与中东等世界主要产油地距离遥远，如果能用清洁能源逐步替代化石能源，这无疑有利于国家长治久安与经济可持续发展。如图13-11所示，1991—2020年，我国原油年进口量从597万吨增长到5.42亿吨，年均增长率高达16.8%，远高出同期我国实际GDP的年均增长率。因此，着力进行太阳能、风能等不依赖于进口的新能源建设，既对国家能源安全至关重要，又有利于应对全球变暖与极端天气，属于利己又利人的政策，推出是迟早的事，只是等待我国新能源技术与成本控制达到一定水平后方加速推出。

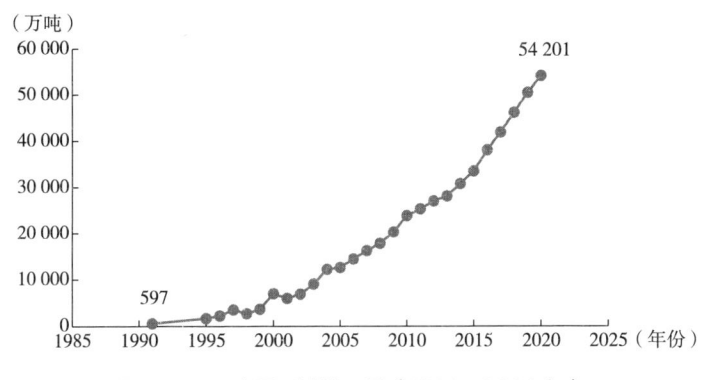

图 13-11　中国原油进口量（1991—2020 年）

资料来源：万得资讯，望华研究。

就区域政策而言，也不难从国家政策中看出端倪。例如，海南自由贸易港的建设。一方面，南海是我国海岸线国际形势最复杂的区域，在此背景下，大力发展海南经济，使其成为与东南亚大国体量相当或超过东南亚大国体量的经济体，具有十分重要的外交与地缘政治意义。另一方面，海南岛为独立岛屿，将其发展为自由贸易港性质的市场经济发展试验田具有得天独厚的地理优势。

又如雄安新区建设。国际上的确有将政治、外交中心与经济都市适当分开的先例，例如美国的华盛顿特区。这样便于保持政治、外交事务的相对独立性，减少对居民日常生活的影响。此外，除了全国政治、科技、文化、外交中心之外，北京已发展成为中国北方最重要的经济中心，成为中国北方经济发展的龙头。因此，建设雄安新区，适当疏解北京的部分职能，有助于扩大"北京经济圈"对中国北方经济的整体带动作用，缓解北京的政治、经济、科技、外交与居民的生活空间压力，具有深远的战略意义。

再次，是上市公司层面预期之外的重大业绩偏离或重大消息。事实上，整个股票市场的价格都在围绕"预期"两个字运动。在短期内，人们之所以买进，是由于预期股票价格要涨，而之所以预期价格要涨，是由于预期业绩会涨或者有其他好消息。因此，当下股票价格反映了市场各方买卖力量的综合预期。而当上市公司出现超出预期的好消息，或业绩超过预期之时，股价就会上涨，因为之前的股票价格没有反映这些超出预期的消息或业绩；反之，则下跌。可见"预期之外"的重大业绩偏离或消息的重要性。

就业绩偏离而言，这源于股票的估值方法，尤其是市盈率倍数估值法[①]。投资者习惯于用认可的相对固定的市盈率倍数区间，乘以公司的每股盈利，得到公司股价。因此，当公司年报、半年报或季度报告正式出炉，实际每股盈利高于预期的每股盈利时，股价就会上涨；反之，则下跌。尤其是，如果超出预期的幅度很大，例如超出30%，则会支持股价大幅度上升，如果市盈率倍数区间不变，则会上涨30%。而行业内某一龙头上市公司业绩的重大偏离，例如显著超出预期，会使投资者重新评价该行业的上市公司，从而有可能引发该行业的股票价格上涨。

公司的财务业绩表现，以公司净利润或每股盈利为代表，

---

① 详见本书第二篇。

只是一个结果。事实上，一个公司的业绩是从收入——英文称"top line"（第一行）①开始的，扣除主营业务成本，获得毛利，再扣除管理成本、销售费用、利息费用等其他费用，扣除所得税后得到净利润——英文称"bottom line"（最后一行）②。因此，凡是影响公司未来"第一行"至"最后一行"财务数据的任何一个重大消息，都可能对公司股价造成重大影响。例如，一个初创的医药公司，有一项新的具有广泛适应症的重磅药物通过了三期临床，即将获得正式销售许可，这将对公司收入产生巨大影响，因此股价可能大涨。又如，某电力公司的发电原材料煤炭价格意外大涨，但电价却因受到政府政策或之前签署的合同限制而在短期内无法调整，则其股价会下跌，因为人们预期其利润会下跌。如此类推，凡是会对未来财务数据产生重大、实质影响的意外消息，都属于影响上市公司股价的重要因素。如果该公司是行业内的重要公司，则会影响行业内的其他公司，从而对股票市场构成更大影响。

最后，是所谓"黑天鹅"事件。前述的第一类至第三类事件，即从国家、国际层面，到行业、区域层面，直至上市公司层面，其发生的事件总有一定的规律或者"蛛丝马迹"可循。这里所说的规律，是指基本的政治、经济、国际关系或行业、公司业务的逻辑与推理。所说的"蛛丝马迹"，则是大国外交中一些微妙措辞的变化，上市公司报表及附注的细微变化，甚至上市公司

---

① 由于收入是公司财务报表中核心的损益表（又称利润表）的第一行，故得此名。
② 净利润是损益表的最后一行，故得此名。

高管曝光的频率等。但"黑天鹅"事件，却是几乎无法预测的，或者即使有所预感，但其影响之深、破坏之巨却是远远无法预知的。

我们以新冠肺炎疫情、"9·11"事件为例，探讨"黑天鹅"事件对资本市场灾难性的打击，以及其带来的投资机会。

如图 13-12 所示，在美国新冠肺炎疫情全面暴发的早期，截至 2020 年 2 月 19 日，标准普尔 500 指数从高点 3 386.15 点，快速下降至 3 月 23 日的 2 237.4 点，下降幅度达 33.9%，超过 1/3。随后，该指数一路上涨，到 2021 年 10 月 21 日，上涨到 4 549.78 点，比 2020 年 3 月 23 日低点上涨了一倍多，达 103.4%，即使与疫情股灾前的 2020 年 2 月 19 日相比，也上涨了 34.4%。

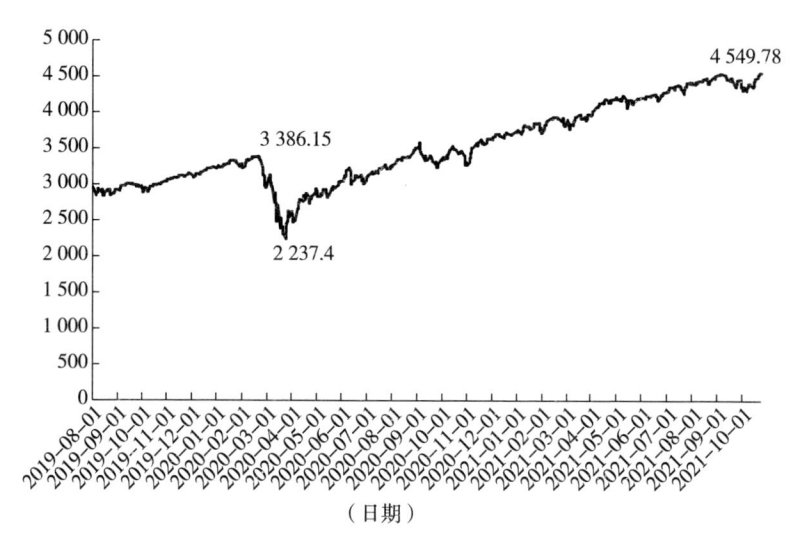

图 13-12　新冠肺炎疫情发生后美国标准普尔 500 指数的变化[①]

资料来源：万得资讯，望华研究。

---

① 为前复权指数。

这说明了两点。一是新冠肺炎疫情作为近年来最大的"黑天鹅"事件，对标准普尔500指数造成了巨大打击，短短一个多月，就跌去了1/3，其间创造了历史性的3次"熔断"。二是"黑天鹅"事件反倒成为历史性赚钱的好机会。借用巴菲特的话："别人贪婪时我恐惧，别人恐惧时我贪婪。"随后一年半的时间，标准普尔500指数反倒上涨了一倍以上，证明了这一点。

"9·11"事件对标准普尔500指数的波动性影响相对更小（见图13-13）。2001年9月10日，标准普尔500指数收盘于1 092.54点。第二天，"9·11"事件爆发，纽约证券交易所关闭。直至9月17日重新开始交易，标准普尔500指数大跌4.92%，之后连续下跌至9月21日，收盘于965.8点，较9月10日累计

图13-13 "9·11"事件前后美国标准普尔500指数的变化

资料来源：万得资讯，望华研究。

下跌11.6%。随后开始反弹，到2001年12月5日，恢复到1 170.35点，较9月21日低点上涨21.2%。但由于美国经济的不景气，指数随后又开始震荡下跌。总体而言，"9·11"事件也呈现了"黑天鹅"事件导致股市短时间内快速下跌，甚至交易所关闭，但在下跌到阶段性谷底后又开始反弹的情景。

因此，"9·11"事件也证明了，"黑天鹅"事件如果对于经济的基本面没有构成全方位的根本性打击，反倒有可能成为价值投资者寻找50%折扣机会的窗口期。

第四篇

寻找善良的管理层（Management）

> 导致公司亏钱，我可以理解。但如果让公司声誉蒙受一点点损失，我将残酷无情。
>
> ——沃伦·巴菲特，"所罗门公司丑闻"听证会
> （1991年）

第 14 章 洞悉人的本性

我们从强调量化的章节，如复利计算、DCF 和财政货币政策，进入非量化、定性的章节。这是一个令人愉悦的过程。在投资中，定性与定量同样重要，有时甚至更重要。如同战场上的炮兵，无论距离算得多精准，如果目标错了，按下按钮就是通向毁灭之门。

在量化的基础上进行定性分析，方可形成高屋建瓴的思想精髓。而在所有投资的定性分析中，人的品德是最重要的。用巴菲特的话，"你是否信任管理层"是投资的前提。伯克希尔－哈撒韦绝不会投资管理层有道德问题的企业。

上学时，经常会评"三好学生"，即德、智、体全面发展的学生。我认为，这和优秀公司管理层所需的特质颇为类似。

14.1 什么是好的管理层？

我结合中国的特殊情况，将中国公司的好管理层，归纳为

"五有"管理层，即有道德、有目标、有知识、有能力、有体系的管理团队。

第一，要有道德（integrity）。这是最重要的一条。按照巴菲特的观点，就是要看人的道德操守怎么样。道德操守的第一条是诚实，其次是道德水准。用大白话讲，就是看这个人是否撒谎，以及是不是坏人。事实上，如果一个上市公司的财务报表是"造假"而来，或者是有"猫腻"的，即使公司的财务数据再好，也是不值得投资的。

有道德是比遵纪守法更高的要求。巴菲特不相信不诚实的人，也不相信缺乏道德、价值观不端正的人。当然，他对违法或是影响公司声誉的人，更是无情以对。

在巴菲特漫长的职业生涯中，1991年是令他刻骨铭心的一年。那一年，他投资的华尔街投行所罗门公司，因操纵国债丑闻[①]而面临生死时刻。事件发生后，巴菲特被选为董事会临时主席，并代表公司参加了美国国会听证会。那次危机对他而言意义非凡，以至于每年的伯克希尔-哈撒韦股东大会上，都会播放他当年在国会听证会上的视频片段。在视频中，他对议员与观看电视直播的观众说："导致公司亏钱，我可以理解。但如果让公

---

① 巴菲特1987年购买所罗门公司票面利率9%的可转换优先股。1991年8月，所罗门公司因违规操纵国债投标获取暴利而被美国证监会调查，甚至一度被美国财政部取消参与国债竞标的资格，陷入破产边缘。巴菲特被迫在风暴中接任所罗门的董事会主席，以降低负面影响，并将公司推回正轨。最终，巴菲特投资的本金与利息并未受到损失，但他表示"为了9%的回报，而付出如此大的精力，实在得不偿失"。

司声誉蒙受一点点损失，我将残酷无情。"①巴菲特就是如此看重企业声誉与员工道德操守。每次播放完这段视频后，容纳5万多人的体育馆，都会爆发出潮水般的掌声。

第二，要有目标。这是指有正确的、与广大中小股东利益一致的、实现公司价值长期可持续提升的目标。有人问，难道管理层还会有错误目标吗？

可以说，有错误目标的管理层绝不在少数。有的上市公司的管理层，只注重私利，无论是物质的还是非物质的，例如，仅仅关注自己的奖金、待遇、权力、地位、享乐，或者"面子"、自以为是的"尊严"等，而不在乎企业价值提升、企业盈利和自由现金流的可持续增长。

那又有人问了，难道上市公司对管理层没有KPI（关键绩效指标）②要求吗？或者KPI设置错了吗？是的，不少上市公司，并没有合理、明确、可持续的管理层KPI；或者，即使有，也是导向错误的，并不以公司价值的持续提升及股东价值的最大化为导向。

例如，有的企业只关注收入，不关注净利润；有的只关注账面利润，不关注现金流；有的只关注短期利益，不关注长期利益；有的只关注大股东的利益，忽视了小股东的利益；有的只关

---

① 巴菲特英文原话是"Lose money for the firm and I will be understanding, lose a shred of reputation for the firm and I will be ruthless"。
② 关键绩效指标（Key Performance Indicator），是指目标式量化管理指标，用于衡量工作绩效表现，是决定奖惩的重要依据。

注发展速度，不关注债务风险；有的死守"老业务"，缺乏好奇心与创新精神，错失发展机遇；有的追逐资本市场热点，不关注提升企业核心竞争力；有的只关注经济利益，却忘记了社会责任与义务；有的只关注形象，却忘记拿了股东的钱，为股东创造可持续的高回报是企业的根本使命；等等。

总之，上市公司管理层拥有正确、与小股东一致、实现企业长期可持续价值提升的目标，比多数人想象的要难得多。

第三，要有知识。有人会反驳说："有知识有什么用？不少企业家，没读什么书就出来闯世界，也挣了大钱。"这一点我难以苟同，主要包括以下原因。

一是时代变了。20世纪80—90年代是我国改革开放早中期，也是机制体制改革的红利期。以餐饮业为例，那时候开个饭店，把菜品做好、服务做好，很容易顾客盈门，赚得盆满钵满。而现在是信息化、法治化社会，市场信息透明，价格充分竞争，以往通过利益输送、打"擦边球"实现发展的路径，也越来越走不通。因此，专业与管理知识变得越来越重要。

二是知识可以证明一个人基本的学习能力。中国有比较完备的公立教育体系，中国的高考固然有其问题，但在如此广阔多元的大地上，也给平民子弟留了一条通过读书考试公平竞争的路径。经过多年的学习，一个人如果能考上"985""211"大学，即使无法证明其能力高低，但至少说明其具有一定的学习能力，而这往往是担任上市公司高管所必需的。

三是专业知识是进入很多行业的门槛。例如，在西方，金融行业就是严格的"持牌"行业,即需要通过复杂的考试,并有一定年限的实践经验,才能获得"牌照",具备相关行业资质。又如,在人工智能、信息技术、生物医药、化工新材料、清洁能源等当今世界高速发展的新兴行业领域,都有很高的行业门槛。如果没有相关领域的长期学习经验,很难进入优秀的公司,更不要说担任管理层了。

第四,要有能力。优秀的管理层有能力可以反映在很多方面,包括出色的学习与沟通能力、突出的行业知识、优秀的领导力与执行力、量化与逻辑分析能力、卓越的战略远见、优秀的文字能力等。这些能力往往与管理层的教育经历有关。在此不逐一展开,重点强调以下几点。

一是出色的学习能力。现代科学技术快速发展,移动互联网使信息即时传播成为可能,而上市公司的信息会瞬时反映到资本市场的股价上,因此不断学习新的知识、确保与时俱进,是管理层领导企业长盛不衰的重要保证。如同攀岩一样,任何一个时间所具备的知识,只是当下的垫脚石或抓手,为了攀向更高点,必须从下一个知识节点寻找向上的支点。

二是突出的行业知识。"外行领导内行"往往仅适用于那些拥有各种垄断资源与人才储备,只需要把握好大方向的国有企业。在行业格局快速演进的今天,如果企业创始人或核心管理层对行业不了解,就大举进军不熟悉的行业,是投机,并且十分危险,近年来这样的失败案例比比皆是。当然,企业可以转型,但必须有行业积累,并及时补充行业专家型的管理层成员。

三是卓越的战略远见与量化分析能力的组合。卓越的战略远见，可以使公司选择正确的战略方向，避免重大的战略失误。而量化分析能力，使企业的重大决策均有"数"可依，满足公司的投资回报要求，以实现股东利益最大化。

第五，要有体系。巴菲特对伯克希尔－哈撒韦所投资的企业的 CEO，除了要求诚实可信之外，还有一条要求[1]，就是上任伊始，必须提交关于自己接班人的书面建议。这说明无论企业多伟大，管理层多优秀，也要有应急计划，要有管理层"备份"。如果企业离开一个人就不转了，那这样的企业还不是投资者眼中的好企业。好企业要有充足的后备管理层体系。

没有形成管理层体系的民营企业，难以做大做强，也不值得投资。这些企业包括几类。第一类是纯粹的"夫妻店"[2]。从法律上讲，双方责、权、利完全对等，但对企业的实际贡献却大相径庭。因此，当企业发展到一定阶段时，需要有一方主导，另一方退出，并引入优秀的管理体系，否则将难以持续初期的发展速度。第二类是纯粹的家族企业。企业的运行基础是血缘，无能者可能长期在位，阻碍企业的发展，无形中还"驱逐"了有能力的

---

[1] 巴菲特在每两年给伯克希尔－哈撒韦子公司负责人发出的信函中，清晰地提出了对子公司 CEO 的强制要求，包括：捍卫伯克希尔－哈撒韦的声誉；及早汇报坏消息；商议退休后的利益变动和较大的资本支出（包括收购，这是其所鼓励的）；着眼于公司未来 50 年的经营前景；碰到任何收购机会，都要请教伯克希尔－哈撒韦总部的意见；要求提交书面的接班人建议。

[2] "夫妻店"指夫妻共同实际控制并运营的企业，不包括夫妻中的一方为主，另一方只是表面挂职，并不实际参与经营管理的情况。

"外人"。第三类是企业老板能力有限，由于历史机遇或特殊关系才将企业做大，但做大后，仍事无巨细地进行管理，或走马灯一样地更换职业经理人，在不断试错中错失发展机遇。

总之，独木不成林，好公司要有好的管理层体系，包括有能力的接班人、可替换的管理层、财务审计调查制度、风险控制制度、权力制衡机制等。此外，公司的核心业务线也要有体系，例如，生物制药企业的研发人员要有梯队，不能仅靠一两个专家。电影制作公司的影视创作、制作线要有梯队，不能只靠一两个知名导演或电影明星等。

14.2　动机与人性

管理层也是人。如果要洞悉一个人，首先要搞清楚他图的是什么。谈到人的动机，是绕不开马斯洛的动机理论（又称需求层次理论，见图 14-1）的。

1943 年，美国著名心理学家亚伯拉罕·马斯洛提出了人的五层需求理论。后来，他将该理论扩张为八层需求。其中前四层被称为缺陷性需求[①]，又称为生存需求，意指如果缺乏，人的性命会受到威胁，包括生理需求（吃、睡等生理性需求）、安全需求（稳定、安全并受到保护）、归属感与爱的需求（可称为社交需求）、尊重需求（包括自尊和受到别人的尊重）。

---

① 英文为 Deficiency Needs。

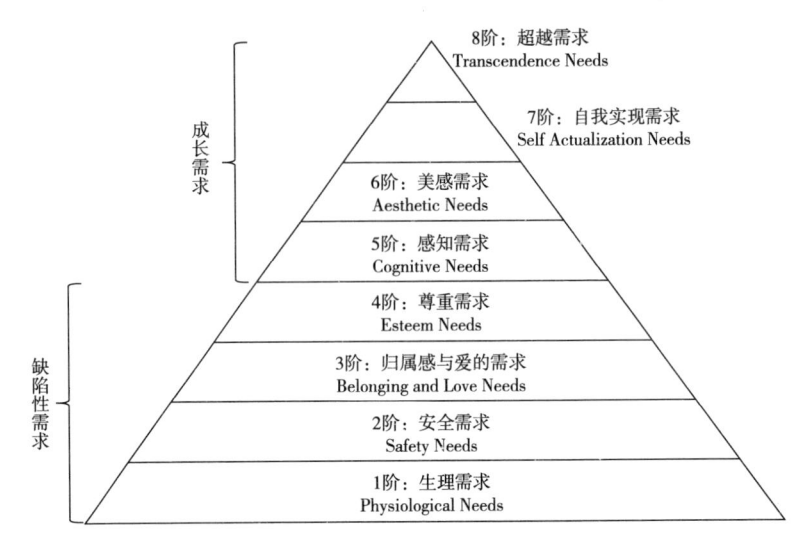

```
                          8阶：超越需求
                          Transcendence Needs
                        7阶：自我实现需求
    成                   Self Actualization Needs
    长                 6阶：美感需求
    需                 Aesthetic Needs
    求               5阶：感知需求
                     Cognitive Needs
                   4阶：尊重需求
                   Esteem Needs
    缺            3阶：归属感与爱的需求
    陷            Belonging and Love Needs
    性
    需          2阶：安全需求
    求          Safety Needs
              1阶：生理需求
              Physiological Needs
```

图 14-1　马斯洛需求层次理论示意

　　后四层被称为成长需求[①]，包括感知需求（知识、理解、好奇心、探索）、美感需求（欣赏和寻找美与平衡）、自我实现需求（追求实现、完善自己的能力或潜力）、超越需求（超越个人，超越自我）。

　　马斯洛认为前四层是低级别需求，是维持生命必需的基本需求。而后四层是高级别需求，如果得到满足，则人会更健康、长寿、愉快与精力旺盛。

　　如果用马斯洛的理论来筛选优秀的管理层，那就是前四层生存需求尚未被满足的人，不适宜担任企业的"一把手"或高级管理层。而优秀的管理层，应是为了后四层成长需求而工作的人。

---

① 英文为 Growth Needs。

换句话说，如果某个企业的管理层是为了低级别生存需求——生理、安全、归属感与爱、尊重需求——而工作的，就很难拥有领导顶级企业的优秀管理层所需要的特质，包括勇于创新与不断学习（感知需求）、追求极致与完美（美感需求）、实现自我价值（自我实现需求），以及无私无畏、不断超越自己（超越需求）。这些特质都与高级别需求密切相关。

其实，"五有"管理层理论与马斯洛的需求层次理论是一脉相承的。

第一，是"有道德"。一个没有满足低级别需求的管理层，需要依靠管理制度、法律约束与道德修养来实现"有道德"。但对于一个低级别需求已全部满足，只有增长需求的管理层而言，他则是没有动机或需求走上内部交易、操纵股价、财务造假等不法之路的。

第二，是"有目标"。管理层的"目标"是由需求决定的。如果管理层的生存需求没有满足，当企业与个人利益发生冲突时，他很可能选择先满足自己。而当管理层的生存需求已经完全满足，升级到高级别需求，例如实现自我、超越自我时，那么打造可持续发展的伟大企业，很容易成为企业 CEO 的目标，从而与股东利益完全一致。

第三，是"有知识"。有知识与第五层感知需求密切相关。只有当管理层的低级别需求满足之后，才会上升到感知需求层面。在这一点上，"五有"与马斯洛的需求层次理论完全一致。

第四，是"有能力"。能力有先天的成分，例如智商、形象，但更多是后天的成分，例如量化分析能力、领导力、辩证思维能力、文字表达能力等。一个初级需求已经满足，不断学习、实现自我、超越自我的人，拥有高层次能力的可能性更大。

第五，是"有体系"。无论是接班人计划，还是有梯队层次的管理体系，都反映了"一把手"的无私与超越，是典型的高级别需求。CEO上任即着手自己的"接班人"计划，既是伯克希尔–哈撒韦对应急计划的要求，也是巴菲特对管理层人性的测试。一个尽快明确"接班人"计划的CEO，往往是对股东负责，超越低级别需求的管理层。而一个迟迟没有替代者的管理层，往往是在为自己的利益患得患失。

总之，"五有"管理层，是马斯洛定义的初级需求得到满足，追求成长需求的优秀管理层的表现。如果企业管理者的初级需求未被满足，则很难实现"五有"。

芒格把"降低自身需求""延迟自身满足"，作为实现幸福人生的法则之一。在马斯洛的需求层次理论中，人的生存需求其实是可以被管理并降低的。如果一个管理者能够降低并超越自己的生存需求，追求更多的成长需求，以超越自我、创造伟大的企业为己任，那么这样的管理层是理想的。当然，通过管理层期权、股权激励等方式让管理层与股东的利益一致，也是现代企业管理中行之有效的方法。但是，如何洞悉人性，对管理层的需求——图的是什么——有深刻的理解，是优秀投资者永远的必修课。

第 15 章　中国管理层的特色

中国是一个伟大、多元而独特的国家。

之所以说伟大，是由于中国有五千年灿烂的文明历史。而按照购买力平价，中国已是当今世界经济产出最大的国家。之所以说独特，是由于中国与西方各国有很大差异，中国人与西方人也有很大差异。就 A 股上市公司管理层而言，他们具有许多西方管理层所没有的"特色"。这些特色在分析中国企业管理层，判断他们是否符合"五有"标准时，必须纳入考虑范围。

第一，不同地方的人的风格差异。由于中国幅员辽阔，历史悠久，构成多元，中国人之间也有很大的差异，包括风土人情、为人处世、生活习惯，甚至口音、口味方面的差异。我将这些差异统称为风格差异，无所谓好坏。例如，南方人与北方人的语系有很大差异，而即使在同一个省内，不同县之间的口音都可能有明显差异。就企业经营而言，不同地方的人也有不同的经营风格。

第二，所有制不同。中国的市场经济，是有中国特色的社会主义市场经济，不同于西方的资本主义市场经济。中国企业的所有制也是以公有制为主体，多种所有制并存。所有制不同导致企业管理层在价值取向、业绩考核、人才结构、市场化程度及融资能力等方面有很大差异，但又不能简单地归纳为哪一种所有制的管理层好、哪一种所有制的管理层不好。例如，贵州茅台是国有企业，1983—2011年历任茅台厂长、总工程师、董事长的季克良是难得的"五有"人才。在他的带领下，贵州茅台在A股创造了堪比伯克希尔-哈撒韦的业绩。巴菲特也曾多次公开表示，他很遗憾没有投资茅台的股票。

第三，知识与教育差异。由于时代、地域、经历、机遇不同，不同管理层的知识积累与教育背景可能有较大差异。这些差异不是用所获学位的高低或所读大学的排名就能简单理解的。举例而言，一个20世纪50年代出生的人，在1977年恢复高考后能考进普通大学，他的能力与水平就很高了。此外，就知识结构而言，中国传统高等教育普遍"重理工，轻文科"，导致中国企业管理层普遍缺乏财务、管理、法律方面的专业人才，这些问题在企业发展的后期会尤其凸显出来。

第四，时代差异。中国用40多年的时间，完成了西方发达国家200多年才完成的工业化与消除绝对贫困的过程。因此，在中国的企业界，出现了西方发达国家没有出现过的"数代同堂"现象，即成长环境、思想理念、财富水平、知识结构、价值取向有重大差异的几代人，同时活跃在经济生活的方方面面。而"微米革"模型强调，衡量一个企业的管理层，必须把他们放到所处的时代去看，去理解其经历，衡量其能力，比较其优缺点。

第五，国际化差异。对国内企业而言，资本市场与金融投资是西方的舶来品。因此，清一色的本土化团队与"本土+国际"组合的团队相比，对资本市场、金融投资的理解会不同。就企业创始人或"一把手"而言，工作经历、教育背景中是否有国际化元素，对其视野与行为方式也会有显著影响。

本章的重点是从地域、所有制、知识教育、时代和国际化的不同维度，挖掘中国企业管理层的特色，以寻找真正优秀的"五有"上市公司管理层。

15.1 中国人的"走南闯北"

古人云"读万卷书，行万里路"。如同大多数国人一样，我对地域差异的真实感受，来自所读的5所大学与生活过的7个城市。

我出生在山东青岛，在天津、上海、江苏、纽约、香港与北京长期学习、生活与工作。我待过的大学包括天津大学、复旦大学、南京大学–约翰斯·霍普金斯大学中美文化研究中心、哥伦比亚大学与中共中央党校。

有人说："你经验不行，没在农村待过。"不准确，我的同学里有很多是真正的农民，包括无话不谈的宿舍兄弟。有人说："你没当过兵，没有当兵经验。"其实，1989年上大学时，作为第一批军训学员，我在野战部队待了近两个月。还有人说："你长期在外资企业，不懂国情。"这可不对，我服务中央企业20多年，从石油石化、建筑机械、电信环保、钢铁矿业到银行和保险，各行各业跑了个遍，各大部委也几乎跑了个遍。至于3年中央党校学习，都可不必提了。又有人说："你太土，不懂外面的世界。"那可更错了，我可是正宗"藤校"毕业，是价值投资发源地——哥伦比亚大学商学院①的全日制MBA（工商管理硕士），因成绩优异获Beta Gamma Sigma奖②，BCG（波士顿咨询公司）是我工作的第一家公司，甚至赴美深造的钱都是公司出的，之后又在高盛总部从基层做起。又有人说："你是北方人，不了解我们南方人。"那可不对啊，我太太是地道的上海人，复旦毕业后我的户籍也留在了上海。还有人说："你不了解民企。"这个怎么说呢？望华本身就是市场化民营企业！

因此，8年纯英文学习与工作，十几年中资投行的工作经历，近10年的创业与投资经验，合计20多年服务国有、民营与外资企业的经验，加上各地的生活、成长经验，构成了我的复合背景，以及对有不同经历的人的深刻认识。

有人说："我也知道中国人千差万别，但这和投资有什么关系？"

一个人的经历，决定了他的行为特点与思维方式，甚至还决定了他的圈子。如果这个人是企业的创始人，那么毫无疑问，他的行为特征、思维方式与圈子会影响甚至会决定企业的走向与走势。

---

① 哥伦比亚大学商学院是巴菲特的母校，也是世界价值投资的发源地，是价值投资学派创始人格雷厄姆、多德教授"证券分析"课程的地方。格雷厄姆也毕业于哥伦比亚大学。

② Beta Gamma Sigma是美国和世界著名高校商学院里通行的一个学术奖项，也是全球商学院MBA学生所能获得的最高学术荣誉。

需要澄清的是，承认有不同经历的人会有不同特点，绝不是歧视。反之，如果抹杀不同的人之间的差异，反倒是对地域与文化差异的不尊重。

我将不同地方的人作为企业创始人、管理层对企业影响的角度归纳为以下几个方面：一是企业战略的"大胆"程度，二是企业发展的风险与法律意识，三是信息披露的乘数视角[①]，四是财务可信度。

一般而言，相对于南方人，北方人创立的企业发展的步子会迈得更大胆，闯劲儿更足，但风险意识不足，法律意识也不如南方人强。就企业信息披露而言，有些管理层公告的内容要缩小来听，即信息披露乘数要小于1；而有些管理层披露的内容要放大来听，即信息披露乘数要大于1。就财务制度而言，有的地方的企业财务流程更"粗犷"，技术细节不够严谨，而有的地方的企业财务制度更严谨。当然，信息披露与财务制度的严谨性与管理层所受专业培训的相关性更高。

中国投资界有句话，叫"投资不过山海关"。显然，这句话有失公允，我在东北也见过不少优秀的管理者与企业。其实，这句话是讲"官本位"思维与地方营商环境问题。在我的家乡山东，学而优则仕的风气盛行，不由得令人担忧企业缺乏后继人才。山东人还有个特点，那就是讲义气，这造就了山东人在各地良好的口碑。当然，义气可以理解为重信誉、童叟无欺，也可以理解为粗线条、风

[①] 当乘数大于1，指企业信息披露更加严谨，因此要适度放大来听。当乘数小于1，指企业信息披露不够严谨，宣传的意味较浓，需要适度缩小来听。

险意识不够。东北与山东是中国北方经济的缩影，其他北方区域，从河北、天津一线到山西、陕西、内蒙古、河南等都有一定类似特点。值得一提的是，近些年河南经济发展得不错，有追赶山东的趋势。

中国北方唯一的"另类"是北京。北京作为首都集聚了太多各地精英，所谓北京人，很多也是早年来京的外地精英子女。而且，北京靠近中央政府，北京人也就见多识广，对政策把握得更准，法律意识、规则意识也更强。当然，北京的企业家其实基本都是外地人。从这个角度讲，企业家的第二故乡也是影响行为特征的重要因素。

中国南方的定义更加广阔，从江苏、浙江、上海、安徽、江西，到两广（广东和广西）、云贵川渝（云南、贵州、四川、重庆）、两湖（湖北、湖南）以及福建等都算南方地区。由于历史上中国南方更为富庶，经受的战乱也比北方少，因此南方的商业文化积淀更加深厚。

例如，江苏、浙江与广东已经成为中国市场经济发展的标杆，聚集了大批优秀的民营企业与上市公司。上海则以外向型经济著称，吸引了大批来自国际、国内的人才与优秀企业家。川渝自古物产丰富，发展潜力巨大。两湖地域特点鲜明，企业颇具特色。安徽、福建等地发展势头也很好，产业链集群效应明显，走出了自身高质量发展的新路。

地域文化与人文特征的差异，难以用图表表示。但中国各省区市经济的发展水平与速度的差异，是各地差异的一个缩影。从图 15-1 可以看出，北京、上海的人均 GDP 仍是广东、山东的两

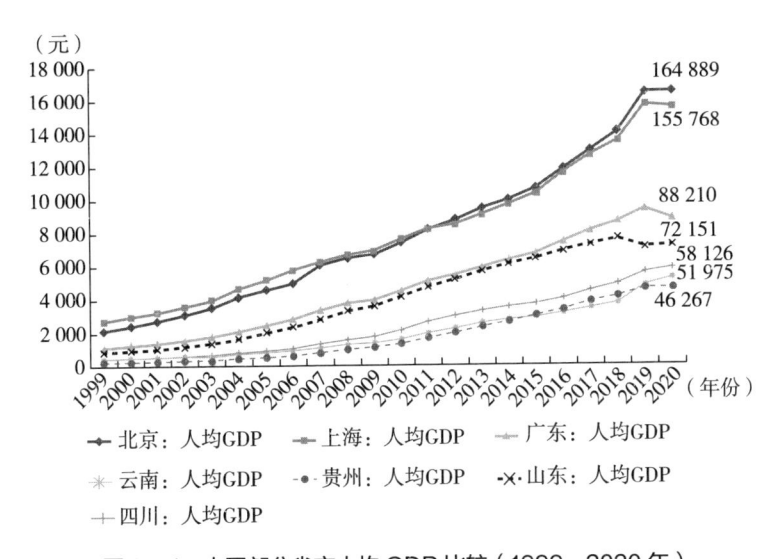

图 15-1　中国部分省市人均 GDP 比较（1999—2020 年）

资料来源：万得资讯，望华研究。

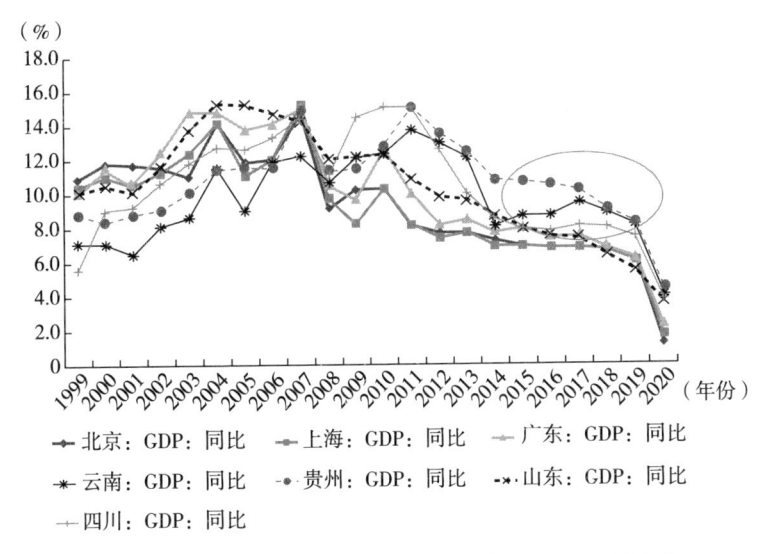

图 15-2　中国部分省市 GDP 增速比较（1999—2020 年）

资料来源：万得资讯，望华研究。

倍，是云南、贵州、四川的近 3 倍。而图 15-2 显示，云南、贵州、四川的发展速度，已经明显高于经济发达省份了。

总而言之，中国之大，"无奇不有"。对中国地域多样性的理解，永远是中国投资者相对于西方投资者理解中国企业的优势之一。

15.2　社会主义市场经济

中国是公有制为主体，多种所有制形式并存的社会主义市场经济国家。对 A 股上市公司而言，按照实际控制人或控股股东所有制的不同，可以分为国有控股、民营控股[①]与无实际控制人三种情况。如果把国有控股的上市公司分为央企、地方两类，则总共有四种情况，即中央企业控股、地方国资控股、民营控股与无实际控制人。

"控股"或者"实际控制"在财务或法律上都是有清晰定义的。在本书中，"控股"或者"实际控制"指上级持股单位可以合并被持股的子公司的财务报表。上级股东合并下级企业报表只要符合以下三种情况之一即可。

情况 1：绝对控股，即上级股东对子公司的持股大于或等于 51%[②]。

情况 2：上级股东委派或指定子公司董事会的绝对多数席

---

① 外资控股的 A 股上市公司很少，在此不予讨论。
② 严格地讲，大于或等于 50.1% 也可以，但以 51% 作为分水岭是习惯性说法。

位，即一半以上，并且每一个董事会席位权力相当，不存在拥有少数董事会席位的一方有一票否决权的情况。在此情况下，上级股东通过所控制的董事会绝对多数席位，可以实际控制企业重大的决策。

情况3：上级股东可以绝对控制子公司的生产经营，包括但不限于收入来源、原材料供应、核心技术、主要客户、生产设施等，从而实现对子公司的实际控制。

在实践中，由于前两条标准更为明晰，因此主要是前两种情况起作用，第三种很少使用。如果一个企业不存在任何一方股东[①]满足上述三种情况之一，则该企业是无单一实际控制人企业。

为什么花这么多时间讲股东对上市公司的实际控制问题？主要是由于中国人喜欢模糊地带，而实际上，是否实际控制企业有着清晰的定义，不存在模糊地带。

有人说，一个人控制这个企业的公章，就是控制这个企业。很明显，这是错的。如果别人绝对控股，或者绝对控制董事会，即使你保管公章，也只是一个打工者，你对公章的保管权随时可以被剥夺。与小偷偷到一把钥匙就说房子是他的一样，中国经理人"监守自盗"的情况以往比较常见，和历史上国有股东长期缺位经营有关。但现在国资监管已经越来越严，国有股东缺位的情况也越来越少。

---

① 包括一方股东及其关联方。

下面对四类所有制公司的管理层进行分析。

第一类是中央企业控股的上市公司。一般而言，中央企业是指国务院国资委直属的企业，这是狭义的央企定义。有时人们也会把财政部或中央汇金①下属的大型国有银行、保险公司等金融机构与国务院直属的企业集团如中信集团等，合在一起统称为央企，这是广义的央企。狭义的国资委直属央企目前不超过100家，其中有一半以上属于国计民生重要骨干企业，其领导干部的政治待遇与行政级别比其他央企要高，例如人们熟悉的中国石化、中国石油、国家电网、中国建筑等。

无论是广义央企，还是狭义央企的管理层，其本质都还是国家干部。近些年，央企与地方干部挂职交换更为频繁，进一步显化了这种干部属性。"在其位，谋其政"，作为国家干部的中央企业控股上市公司管理层，其首要任务还是完成党和国家交办的服务国家战略、保障民生福祉、维护社会稳定的使命。此外，是实现企业发展的任务。考核指标包括营业收入、利润总额（税前及扣除少数股东权益之前的利润），以及经济增加值等指标及其增速。一般而言，股票价格并不是央企控股管理层考核的重要方面。而且，目前实施管理层持股或员工激励的央企控股上市公司毕竟还是少数，或者激励比较有限。

因此，央企控股上市公司管理层的晋升、考核、激励体系，

---

① 中央汇金指中央汇金投资有限责任公司，是中国投资有限责任公司的全资子公司。中央汇金是诸多大型国有银行，包括工商银行、农业银行、中国银行、建设银行等的大股东。

决定了其更在乎企业在国家整体发展战略中的地位、贡献与意义，而相对较少关注企业的股价、市值、盈利与现金流表现。一般意义的上市公司更关注企业税后扣除少数股东权益之后的净利润的增长，以及企业长期自由现金流的增长。这导致两个方面的结果，一方面是比较有利的，即央企控股上市公司一般不会出什么大问题，比如管理层缺乏虚增净利润、做假账的动机，企业发展方向符合国家战略，企业债务融资有央企信用，企业投资风险控制相对较好等；另一方面是不利于市值提升的，例如，企业规模大或税前利润大，但真正的归母净利润与归母每股盈利或者自由现金流却少，企业可能过度借贷，企业不甚关注股价表现，企业管理层调动比较频繁等。

第二类是地方国资控股的上市公司。这里面两个典型的例子是贵州茅台与五粮液，贵州茅台是由贵州省国资委控股的上市公司，五粮液是由四川省宜宾市国资委控股的上市公司。

从本质上讲，地方国资控股企业也是国有企业，同样要以服务国家战略、保障民生福祉、维护社会稳定为首要目标，其管理层，尤其是"一把手"，也往往是从地方政府部门或国资委下属的其他企业调动而来的，或者是企业自身提拔的。这些与央企下属上市公司相似的情况不再赘述。

但是，地方国有控股的上市公司与央企控股的上市公司也有以下不同。

一方面是地方国企更为灵活。地方毕竟是地方，其离基层更近，因此，确保企业经营稳定、发展良好的任务显得更加重要。

地方国企往往既是地方财政的台柱子，又是地方很多中小企业的客户与上下游企业，还带动了大批地方百姓就业。如果地方国企搞不好，地方财政与居民就业，甚至整个地方经济都会出大问题。因此，为了确保地方国企搞好，也包括为了支持当地的民营企业发展，地方政府会尽很大的努力，在措施手段上也会更加灵活。

另一方面是地方国企的管理层更以做好企业为自己的终身目标，待的时间也更长。我所拜访的促进贵州茅台发展的灵魂人物——贵州茅台前董事长季克良就是鲜活的例子。1964 年，25 岁的季克良从无锡轻工业学院（如今的江南大学）毕业被分配到茅台酒厂之后，在茅台工作了一辈子，直至 2015 年他 76 岁时才从贵州茅台正式退休。这种情况在中央企业中是无法想象的，特别优秀的企业管理层要么早已晋升提拔到其他岗位，要么调到其他单位轮岗"救火"，不可能像他超过 63 岁还在担任企业"一把手"。我在工作中认识的另一个地方国有企业"一把手"——徐工机械的董事长王民也是同样的例子，从 20 世纪 80 年代进入徐工至 2022 年仍在任。2020 年，徐工进行了混合所有制改革，王民率领 400 多人的核心团队进行了管理层持股，他本人出资数千万元，团队共计出资 8.68 亿元。这样的力度如果放在中央企业控股的上市公司中是难以实现的。

第三类是民企控股的上市公司。我大致把民企管理层分成两类。一类是控股股东直接进行管理，另一类是控股股东委派代表或职业经理人来管理。

中国民营控股上市公司目前由控股股东或创始人直接进行管

理的情况还是居多。人们所熟悉的互联网企业以及技术壁垒比较高的企业，多数还是由创始人进行实际控制或直接管理的，如腾讯的马化腾、药明康德的李革、比亚迪的王传福等。尽管这些企业也会聘请职业经理人，例如腾讯聘请刘炽平，但由于互联网或高科技企业的控股股东、创始人本身仍年富力强，往往也受过比较好的教育，而且行业、技术门槛比较高，因此仍以自己进行重大决策为主。

总体而言，我对这种"高智商"的创始人直接管理企业，或者以己为主，辅以职业经理人的做法相对看好。在这种情况下，控股股东与上市公司的目标、利益完全一致，控股股东有知识、有能力管理企业，如果这个创始人又有道德，加上完整的团队体系，那就再理想不过了。

如果民营上市公司的控股股东在上市公司不担任任何职务，完全依靠聘任的职业经理人或者代表对上市公司进行管理，则要具体情况具体分析。

第一种说法是创始人太有钱了，不想干了。这种说法明显站不住脚，世界级首富巴菲特还冲在一线，更不用说国内成功企业的创始人，如马化腾、宗庆后、刘强东等也都很有钱，他们依然愿意直接管理企业。

第二种说法是创始人太老了。从巴菲特（92岁）和双汇发展董事长万隆（82岁）的情况看，也不属实。固然，如果创始人在步入古稀之年时，有优秀的接班人对企业进行顺畅的交接，那是更理想的。

第三种说法更贴近现实，就是创始人没有能力管理企业了。20世纪90年代的下海浪潮，使很多民营企业家抓住了历史机遇。他们依靠良好的政策环境与人脉关系实现了企业的快速发展。但是，随着时代的发展，尤其是廉政背景下企业创始人的人脉优势不再，不得不聘请有知识、有能力的职业经理人进行管理，甚至有的企业创始人锒铛入狱。对这种A股上市公司，要逐一甄别。因为这种情况总有一种隐患，就是实际控制人与职业经理人目标与利益的潜在冲突。如果这个问题能妥善解决，则不失为一个有效的管理结构。

第四种说法则是一种A股常见，但有悖于国际资本市场常识的情况，就是大股东又创业了，另搞一摊。国际资本市场，鼓励的是企业家踏踏实实地做好一家公司，把所有的精力都放在这里，所以在西方，再大的企业如伯克希尔－哈撒韦、微软、壳牌等，也就是一家上市公司，其逻辑很简单，大股东有"二心"，企业怎么可能做好？A股很奇怪，大股东另搞一摊的情况屡见不鲜，然后美其名曰，待时机成熟时，注入上市公司。对于这种大股东一方面作为上市公司的实控人，另一方面在上市公司之外另辟新平台的做法，无论大股东是否兼任上市公司管理层，我个人都觉得是不务正业，不利于上市公司。

第四类是对于无实际控制人的A股上市公司而言，即任何一方股东均无法达到绝对控股，或合并报表的标准，这种公司要么有一方股东虽不是实际控制人，但有重大影响力，要么是管理层实际控制，比较经典的例子是万科地产、珠海格力。

这类公司的成功，在很大程度上取决于是否有优秀的管理层，以及管理层是否获得与公司股东利益一致的充分利益。如果管理层符合"五有"标准，包含其目标利益与公司完全绑定，即"有目标"，则这样的企业很容易成为"黑马"企业。这类企业的主要风险在于：要么管理层不是"五有"人才，例如没有道德，整天想着"偷窃"上市公司利益，自己另起一摊；要么就是非实际控制的股东搞事情，看着企业发展得好就眼红，以为自己也能搞好，试图插手管理。

总之，在 A 股市场，实际控制人与管理层之间的各自定位、重合度与相互关系是一门学问，也与西方资本市场有很大差异，需要在实践中细细品味。

15.3 学而优则"事"

这里的"事"，是指创业创新，成就一番事业的"事"。

有人宣扬，"知识对创业无用""高分对企业管理无用"，如果拓展到 A 股上市公司，就是"读书对管理 A 股上市公司无用"。毫无疑问，我的看法与此截然相反，在前面已有论述。有人问，西方的企业家为什么都不读书呢？例如，比尔·盖茨不就是从哈佛退学创立微软成功的吗？回答也很简单，要么你也考上哈佛大学，然后退学去创业。更不用说，按照美国多数大学的制度，休学之后，在约定时间内，是可以随时复学的。而且，美国申请大学的高中成绩、SAT（美国高中毕业生学术能力水平考试）分数竞争也是极其激烈的。例如，美联储主席伯南克的 SAT 是考了接近满分，才进入了有哈、普、耶①一线"藤校"之称的普林斯顿大学。

那么，如何从知识维度衡量管理层，是否学历越高，水平就越高呢？很明显，答案也是否定的。我一般从以下知识维度衡量管理层。

第一，管理层是否满足基本的教育或所谓"智商"门槛？这一点要横向、纵向比较地看。例如，在北京、上海考进名牌大学的考生的含金量，不如山东、江苏、湖北等高考大省的高。又如，现在进入名校的可能不如 20 世纪进入重点大学的学生的含金量高，现在进入重点大学的可能不如 40 年前进入普通大学甚至大专的学生的竞争程度高。而西方一般大学的毕业生，即使其所在大学在世界大学排名（如 U.S. News 或 QS）中的位次比中国大学高，但由于入学竞争激烈程度弱很多，所以其学生整体素质比国内可比世界排名中的大学的学生可能要落后。

第二，管理层所学专业与上市公司的主业是否相关？如果 A 股公司的专业性很强，而创始人是真正的"科班"出身，例如，药明康德的李革本科毕业于北京大学化学系，是哥伦比亚大学的有机化学博士，比亚迪的王传福本科毕业于中南大学冶金物理化学专业，是北京有色金属研究总院的硕士，如此相关的专业教育背景，加上数十年行业内技术领域的摸爬滚打，使这些企业家建立起很强的技术壁垒与业内"圈子"网络。而这种管理层技术壁

---

① 哈、普、耶即哈佛大学、普林斯顿大学、耶鲁大学，所谓美国常春藤大学中的一线学校，又称"大藤"。

垒与他人无关，即无须完全倚仗其企业的技术人员，从而有效控制了企业的人员结构风险，因为国内创业后技术人员反目的情况屡见不鲜。

第三，管理层或创始人的知识"广度"如何？企业，尤其是上市公司要发展得好，就管理层的知识结构而言，不仅要"专"，还要"广"。毫无疑问，一定的财务知识、管理知识与法律培训，对于企业创始人是很重要的；或者，即使创始人不具备这些知识，但管理班子中有专业的财务、管理或法律专家，对企业高效管理也是十分重要的。在这方面，腾讯的确可圈可点，马化腾招聘的刘炽平，不仅毕业于美国西北大学凯洛格商学院，从业于高盛，还有麦肯锡的战略咨询背景，对腾讯的跨越式发展给予了有效助力。除了团队中要有这样的"专才"之外，还要"内化"这些人才，即真正地长期留住这些人才，使其成为企业有机的组成部分。这也反衬出企业创始人读书的重要性。一个没有受过必要教育的管理层，难以很好地驾驭并长期留住优秀人才，或者难以真正辨识毕业于名校的可用之才，因为并非毕业于名校的就都是人才。

15.4　时代的烙印

自1978年改革开放以来，中国已经走过了40多个年头。中国的人均GDP发生了翻天覆地的变化。图15-3记录了1952年以来我国的历年人均GDP与人均GDP增长率变化情况。很明显，如果以年代划分，50后与60后、70后、80后、90后及00后所处的人均 GDP 水平及波动幅度有天壤之别。

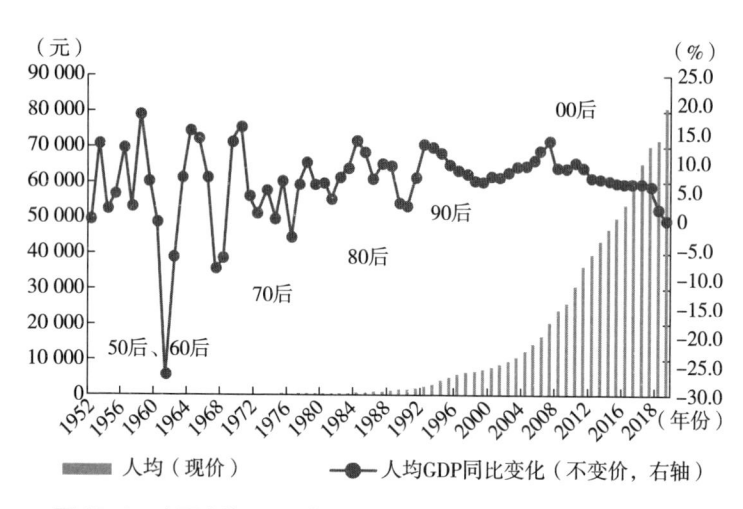

图 15-3　中国人均 GDP 与人均 GDP 增长率（1952—2021 年）

资料来源：万得资讯，望华研究。

不难想象，不同年代的人之间，即使仅有 10 年的差距，其收入富足程度（人均 GDP），当年与上年的变化（波动幅度），甚至人生际遇，均面临着巨大的差异。这是中国独有的现象，因为世界上从未有如此庞大的国家，在 70 多年里发生如此巨大的变化。而如果综观 A 股上市公司管理层，他们的年龄从 30 多岁到 60 多岁不等，换言之，A 股管理层是由人生际遇有"代沟"的 60 后、70 后与 80 后等共同组成的。

有人曾做过一个"自助餐"实验，借此分析不同年代的人在自助餐厅的不同表现，分析他们的经历，研究其行为特征。

50 后与 60 后，往往取餐的次数很少，但一次取很多食物，摆一桌子，而且种类繁多，从甜点、中西餐到咖啡、果汁。令人吃惊的是，他们往往可以吃完。这反映了他们的经历：他们多是在大家庭长大，一般有多个兄弟姐妹，习惯了吃大桌菜。他们有的经历过上山下乡与自然灾害，因此会珍惜粮食。

70后，往往会多次取食物，吃的也多。他们和前一类人的细微差别是，不会摆满满一大桌子，而是更有选择性。在20世纪70年代末出生的人，多是独生子女，没有经历过什么饥饿或自然灾害。他们赶上了高考与改革开放，拥有用学习及实干证明自己的机会。

80后与90后，他们取餐的选择性更强，吃饭的社交属性也更强。他们几乎清一色的都是独生子女，受到家人的宠爱，并充满个性。在社会上，他们面临与其他独生子女的竞争，他们也面临房价、子女教育成本的压力。他们多数受过良好的教育，有的有海外学习经历，行为方式也比较自由。

目前，中国主要上市公司的管理层中，以60后、70后、80后为主，也有50后、90后。国有公司、传统行业中60后偏多。新兴经济领域70后、80后居多。

如表15-1所示，在主板为主的沪深300指数前20大权重股中，60后高管是主体，占比接近50%；其次是70后，占38%；80后低于10%。在创业板指数前10大权重股中，70后占比最高，为37%；其次是60后，占比为34%；而80后占比高达20%。在科创50指数前10大权重股中，70后占比更高，高达42%；而60后、80后占比较为接近，分别是29%和23%。

表 15-1　沪深 300 指数、创业板指数、科创 50 指数主要公司[①] 高管年龄分布

	(1) 沪深 300 前 20		(2) 创业板前 10		(3) 科创 50 前 10		(1)(2)(3) 合计	
	管理层人数	占比	管理层人数	占比	管理层人数	占比	管理层人数	占比
40 后					1	3%	1	1%
50 后	4	6%	3	9%	1	3%	8	6%
60 后	34	49%	12	34%	9	29%	55	41%
70 后	26	38%	13	37%	13	42%	52	39%
80 后	5	7%	7	20%	7	23%	19	14%
小计	69	100%	35	100%	31	100%	135	100%

资料来源：万得资讯，望华研究。

因此，A 股上市公司的创业属性、科创属性越明显，企业管理层中 70 后、80 后的占比就越高。随着时间的推移，不难想象 A 股管理层将快速进入 70 后主导、80 后紧跟的格局。从不同年代人群画像分析看，70 后的生活际遇、教育水平、成长机会等均明显优于 50 后、60 后。可以预见，中国 A 股上市公司在 21 世纪 20 年代将迎来质地更优的新两代——70 后与 80 后管理层。

---

① 分别为 2021 年底沪深 300 指数前 20 大权重贡献公司，创业板指数前 10 大权重贡献公司，科创 50 指数前 10 大权重贡献公司。为避免重复计算，如有重合，则后续剔除，排序顺延。各公司选取董事长、总经理、财务总监、董秘进行计算，如兼职，则只算一次。

15.5　本土化与国际化

语言学家、汉语拼音之父周有光先生曾经说过，要从世界来看中国，不要从中国看世界。自 1602 年世界上最早的证券交易所——荷兰阿姆斯特丹证券交易所成立以来，西方资本市场已经发展了 400 多年，而中国的沪深交易所于 1990 年才成立，迄今刚过而立之年。资本市场毕竟是舶来品，如果缺乏国际化维度，上市公司的管理层会缺乏重要的国际视角。

国际化程度也是考察企业管理层专业性、多元化的重要指标。无论上市公司治理结构、财务内控制度，还是监管机构的上市规则，其架构与主要内容，均是在西方同类体系与法规基础上建立起来的。因此，公司的财务负责人、董秘等专业人员有真正扎实的西方教育与工作经历，对提升上市公司管理层的专业性颇有裨益。相反，如果公司管理层是清一色的本土派，在如今已全面融入国际市场的中国，反倒折射出管理层的自我封闭。例如，在西方金融教育中，商业道德（Business Ethics）是开场白，也是最重要的一课。相反，在中国的金融教育中，却是"短平快"地直奔技术层面，更多是以"赚钱"为目的，没有反复强调金融商业道德的至高重要性，以及内幕交易、股票操纵等的罪恶性。

分析显示，目前在 A 股主要上市公司中，拥有国际化教育经历或工作背景（以下简称国际化）的管理层已经占据了重要地位。如表 15-2 所示，沪深 300 指数前 20 大、创业板指数前 10 大与科创 50 指数前 10 大的上市公司管理层中，国际化人数分别占 25%、20% 与 58%。其中科创 50 指数前 10 大公司的国际化管理层人数占比已超过一半。

我在考虑企业管理层的国际经验时，不仅包括在海外的学习与工作经历，也包括在国内纯外资企业或外资专业机构的工作经验，例如在四大会计师事务所的全职工作经验。所谓国际经历、国际经验，既是学习知识、增长见识，也是掌握管理理念与工作方法的有益经历。例如，我在 BCG 上海工作时，曾就是否应该请被访谈企业人员吃饭的问题，专门请教过一个来自荷兰的经理，他很明确地告诉我，不应该请他们吃饭，否则有通过宴请获得不合适信息的嫌疑。这种年轻时第一份工作的真实经历，让我终生难忘。

表 15-2　沪深 300 指数、创业板指数、科创 50 指数主要公司[①]高管国际化程度

（1）沪深 300 前 20		（2）创业板前 10		（3）科创 50 前 10		（1）（2）（3）合计	
国际化人数	占比	国际化人数	占比	国际化人数	占比	国际化人数	占比
17	25%	7	20%	18	58%	42	31%

资料来源：万得资讯，望华研究。

当然，也有不少人的所谓国际化教育、工作经历很"水"，名声大于能力，甚至有假学历之嫌，这对真正了解海外市场的投资者而言，并不难区分。相反，如果在考察企业时发现管理层有类似问题，反而说明该公司"一把手"决策失误、作风不扎实、

---

① 分别为沪深 300 指数前 20 大权重贡献公司，创业板指数前 10 大权重贡献公司，科创 50 指数前 10 大权重贡献公司。

工作浮夸、面子重于实质，或者是胸无点墨的老板，拉虎皮扯大旗，有借用所谓高级海归装点门面的嫌疑，这也是减分项。

此外，随着时间的推移，国内顶级大学与商学院也在快速成长，所培养人才的国际视野、专业水准与职业操守，也在快速提升。而在国内领先企业，如华为的海外工作经验，也越来越弥足珍贵。

第五篇

行业发展的逻辑（Industry）

我只投资自己看得懂的行业。

—— 沃伦·巴菲特

第 16 章　行业分析的框架

本篇的重点是分析行业发展的逻辑是什么,以及如何发现值得投资的行业。

投资正确的行业如同进入足球场的禁区,如果带球进入禁区,射门成功的概率会成倍增加。相反,如果你总是远射,也可能成功,但需要更频繁地尝试射门与更好的运气。我偏好于高成功率的近射,而不是疲于奔命的频繁远射,因此需要选择正确的行业。俗话说,"男怕入错行,女怕嫁错郎",这也是投资的真谛。

行业有内在逻辑关系,发展也有主要驱动因素,研究行业必须看懂逻辑,并找到正确的驱动因素。巴菲特说,他只投资自己看得懂的行业,在自己的"能力圈"之内行事。这并不是说伯克希尔－哈撒韦不投 TMT[①]、新能源这些所谓的新经济领域。

近年来,苹果公司一直高居伯克希尔－哈撒韦第一大持仓股。而伯克希尔－哈撒韦对中国新能源汽车公司比亚迪的投资亦

---

① TMT 指"Technology, Media & Telecom",即科技、媒体和通信。

获利颇丰。因此,巴菲特实际上是说,他只投资自己看得懂"逻辑"的行业。伯克希尔－哈撒韦早先未投资苹果公司,是因为当初是远射,还未进入其能力圈。而当巴菲特看清苹果所在行业的驱动因素、发展前景、行业格局与"护城河"等之后,行业逻辑讲得通了,他才起脚近射。

行业是经济的一部分,经济是社会的一部分,而社会则存于世界。社会与世界在每个时间点都有剪影,剪影连续起来,就形成了社会与世界的发展趋势。故观察行业,要从社会、世界与时间3个维度进行考察(见图16-1)。其中,社会是纵向的,世界是横向的,而时间则代表趋势。社会与世界的趋势决定了行业的趋势与方向。社会、世界在时间维度的交叉变换组合,形成了不断演进的驱动因素,渗透影响着实体经济,并分解细化到各个行业,最终反映到资本市场的股价中去。

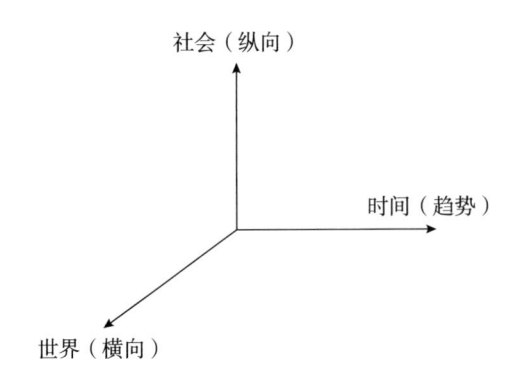

图16-1　行业分析逻辑的3个维度

资料来源:望华研究。

社会由政治、经济、文化、人口、科技、军事、外交、宗教等多个层面构成。

政治是国家的治理结构，决定国家的经济运行机制，掌控国家的财政与货币政策。文化凝聚国民精神，引导社会风气，传播国家文明，是经济、军事之外，国家软实力的代表。人口数量是一国 GDP 的基数（或被乘数）①，人口增速影响 GDP 增速，也影响未来劳动力增速，而人口构成则决定了现有劳动力规模、消费者特征与变化趋势。科技水平决定生产效率，生产效率决定人均 GDP，后者则是 GDP 的乘数。科技还决定一国的产业优势，并在跨国竞争与军事斗争中发挥重要作用。军事既代表国家的自我保卫能力，也彰显处理国际危机、解决军事冲突的能力，并与经济、文化一道，共同决定一国的国际影响力。外交是建立在经济、军事硬实力与文化软实力基础上的国家对外交流、国际事务合纵连横的能力。宗教是信徒的信仰与精神家园，也是比一般社会文化的凝聚力、约束性更强的精神力量。诸如此类，这些社会因素相互关联，触类旁通，共同组成了一个国家或地区社会生态的方方面面。

在经济层面，目前世界上 200 多个国家和地区中，主要经济体有美国、欧洲国家、中国、亚洲其他国家（地区）等。世界部分国家（地区）的经济构成及演化（2000—2020 年）如图 16-2 所示。2020 年，全球 GDP 为 83.4 万亿美元，其中排名前 10

① GDP = 人口数量 × 人均 GDP。

的国家合计占了 69.2%，美国、中国、日本、德国、英国、印度、法国、意大利、加拿大和韩国分别占 25.1%、17.7%、6.1%、4.6%、3.3%、3.2%、3.2%、2.3%、2.0% 和 2.0%（见表 16-1）。其中，中国 GDP 占全球 GDP 的比重从 2000 年的 3.4% 上升到 2020 年的 17.7%，印度从 1.3% 上升到 3.2%，韩国从 1.6% 上升到 2.0%，其他 7 个国家则均有不同程度的下降，其中日本从 14.0% 下降至 6.1%。

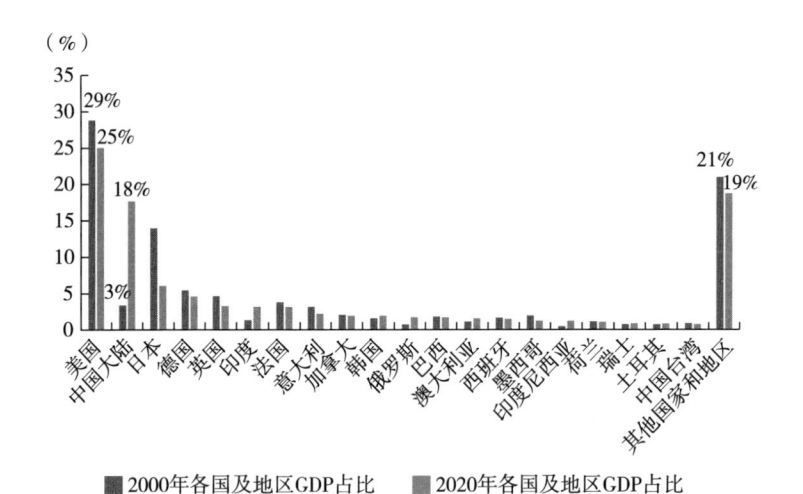

图 16-2　世界部分国家（地区）的经济构成及演化（2000—2020 年）

资料来源：万得资讯，望华研究。

表 16-1　2000 年和 2020 年世界经济前 10 及占比

	2020 年占比（%）	2000 年占比（%）
美国	25.1	28.8
中国	17.7	3.4
日本	6.1	14.0
德国	4.6	5.5
英国	3.3	4.7

续表

	2020年占比（%）	2000年占比（%）
印度	3.2	1.3
法国	3.2	3.8
意大利	2.3	3.2
加拿大	2.0	2.1
韩国	2.0	1.6
合计	69.5	68.4

资料来源：万得资讯，望华研究。

在政治层面，近几十年来，世界各国的政治体制与经济制度实现了更加灵活的组合，例如，中国作为社会主义国家，自20世纪90年代以来，采用了西方发达资本主义国家长期以来采取的市场经济形式，建立了资本市场，并考虑中国国情，形成有中国特色的社会主义市场经济，取得了巨大的成功。而在中国快速发展的背景下，更多的发展中国家开始研究学习中国的体制制度与经济发展模式，从而影响其他国家的发展模式，甚至影响世界政治与国际关系。

在文化层面，世界上文化的传播形式不断变得多元化。随着中国经济的崛起和中国消费者层次的提升，以中华五千年文明为依托，中国文化越来越受到年轻消费者的青睐。例如，中国电影市场曾长期充斥着好莱坞大片，目前已经逐步被中国国产影片主导。当然，中国影片还未成为世界票房第一，这毕竟有一个过程，如同中国经济与奥林匹克运动会比赛一样。精明的西方媒体与文化投资商已经意识到这一点。2022年初，国内热播的讲述中国几代普通老百姓故事的连续剧《人世间》，在播映之初，就被美国迪士尼抢先买断海外播放版权。

在人口层面，上述2000年和2020年世界经济前10名中，所占份额增长最快的两个国家——中国和印度，恰恰是世界人口最多的两个国家。而由于GDP是人口数量与人均GDP的乘积，不难从人口增速的变化推测其对一国GDP增速的影响。就人口结构而言，儿童、青年、中年、老年人口结构的变化，对消费市场的结构与趋势的影响亦尤为显著，例如，老年人口增加意味着医疗服务与医药市场需求快速扩张。前文已经指出，中国的低出生率、老龄化与趋于负值的人口增长率，已为我国经济发展带来冲击，需要政府及时出手扭转。

在科技层面，由于科技决定生产效率，并决定GDP乘数，因此科技成为GDP增速的关键驱动因素。各行各业都存在科技因素的重大影响，例如，生物制药企业的科技水平决定候选产品梯队结构，芯片企业的科技水平直接决定芯片效率、成本与适用面，服务企业的数据与信息处理能力决定服务效率、水平与盈利能力，新能源汽车的技术决定汽车续航里程、稳定性、安全性与轻便程度，等等。科技并非单一技术，而是一个完整体系，往往孤掌难鸣，需要从社会体系、经济效益、行业结构与整个产业链去看。

在军事层面，军事首先与军工行业的规模与实力直接相关。例如，美国是世界头号军事强国，也拥有世界上规模最大与最先进的军工行业，互联网就是美国研究开发军事通信技术的意外收获。但军事对一国经济、行业与资本市场的影响绝不止于此。例如，能源是一国之命脉，而军事实力往往决定并影响一国的能源安全，这就是为什么美国对中东投入如此多的军事力量与战略关注。在战争期间，军事冲突持续时间与结果的分析，还直接影响宏观政策走向与资本市场的反应，例如，2022年俄罗斯与乌克兰的冲突对欧洲和全球能源供应与价格、全球经济政策与增长预期、通胀率与资本市场走势等均有重大影响。

外交是大国对外政策的重要体现，对国际贸易、国际经济、全球产业链布局、核心技术与资源垄断等均有重要影响。例如，特朗普政府2018年挑起中美贸易摩擦，实际上是美国对华遏制外交政策的延伸与体现。宗教在不同的国家，影响力有所不同，例如，伊朗等国采取政教合一的体制，因此宗教具有极其重要的政治地位。宗教还影响消费者的习惯与行为，对分析所在国经济与行业亦有重要影响。

在世界维度，上述政治、文化、人口、科技、军事、外交、宗教等因素，决定和影响着各个国家与地区经济的发展速度，产业、行业的发展格局。例如，俄乌冲突对全球粮食供给产生重大影响。中美贸易摩擦对中国稀土上市公司的生产配额、定价产生重大影响。而全球地缘政治与大国竞争，则无时无刻不影响着原油、天然气价格的走势，甚至促使中国下定决心，大力发展新能源，在联合国大会做出"2030年碳达峰，2060年碳中和"的承诺。

总之，社会、世界与时间，是分析行业逻辑的3个基本维度，也是最难的行业底层分析。从这个角度讲，伟大的投资家，应该是伟大的哲学家、政治家，以及行业、世界知识等多方面的复合型"杂家"。

第 17 章　中国大趋势

"一长三忧五化"的大趋势，是分析未来30年中国各行各业的大背景与社会经济的基础。我将其简称为"国九"[①]趋势。

自1978年改革开放以来，经过40多年的发展，中国已经成为世界第二大经济体。按照世界银行颁布的购买力平价计算，中国已成为世界第一大经济体，2020年占按照购买力平价计算的世界经济的比例达18%（见图17-1），超过美国2个百分点。同时，中国人均GDP在2020年才超过1万美元，不足同期美国人均GDP 6.4万美元的1/6。

因此，中国经济仍有很大的发展空间，预计在未来的30年里仍将以较快的速度增长，从而将在2030年左右成为全球经济规模第一，在2050年左右成为人均GDP与可支配收入水平也进入世界一流梯队的发达国家。中国经济在中长期内持续增长的趋势，奠定了中国经济发展的总态势，也为中国资本市场奠定了持

---

① "国九"意指我国在一长、三忧、五化共九个方面的大趋势。

续发展的基础,我将其称为"一长"。

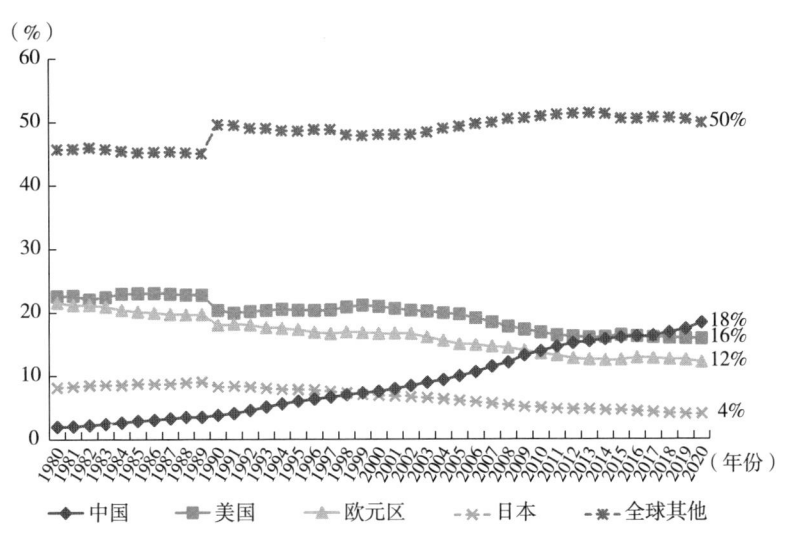

图 17-1　全球 GDP 按照购买力平价现价占比(1980—2020 年)

资料来源:万得资讯,望华研究。

但经过近半个世纪的高速发展,中国经济也出现了三个方面的隐忧。

首先,是"少子化"的人口资源约束之忧。2021 年中国人口的自然增长率降至 0.3‰,比 2020 年的 1.5‰,又下降了 1.2‰,中国人口正式进入负增长阶段。这一方面是由于我国 20 世纪 70 年代以来实施计划生育,管理人口过度膨胀;另一方面是由于当下年轻人因房价高、学费高、社会竞争压力大等原因而降低了生育意愿。尽管近些年国内陆续出台了放开"二孩""三孩"的政策,但效果一直不明显。这说明我国只有在教育、住房、税收、医疗等方面做好全面的配套制度改革,人口负增长问题才有可能解决。中国人口自然增长率、出生率、死亡率与抚养比（1952—2020年）情况见图17-2。

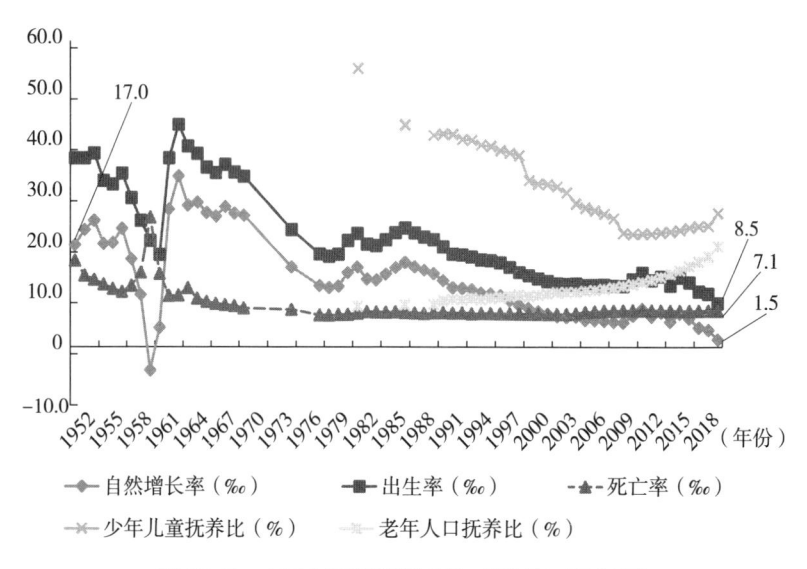

图 17-2　中国人口自然增长率、出生率、死亡率与抚养比[①]（1952—2020年）

资料来源：万得资讯，望华研究。

其次，是环境与资源约束之忧。根据国际能源署（IEA）的统计，中国能源体系的二氧化碳排放量从2000年的40亿吨左右，增加到2020年的110亿吨左右，在2020年占全球二氧化碳排放量的1/3。图17-3显示，中国人均二氧化碳排放量在此期间也增加了将近两倍，而美国、欧盟、日本等在此期间的二氧化碳排

---

① 抚养比指总人口中非劳动年龄人口数与劳动年龄人口数之比，即每100名劳动年龄人口要负担多少名非劳动年龄人口，可区分为少年儿童抚养比、老年人口抚养比。

放量均呈下降趋势。根据国际能源署的统计，2020年中国的人均碳排放量已经超过了日本和欧盟，而且每能量单位兆焦所产生的二氧化碳排放强度也超过了日本、欧盟与美国。

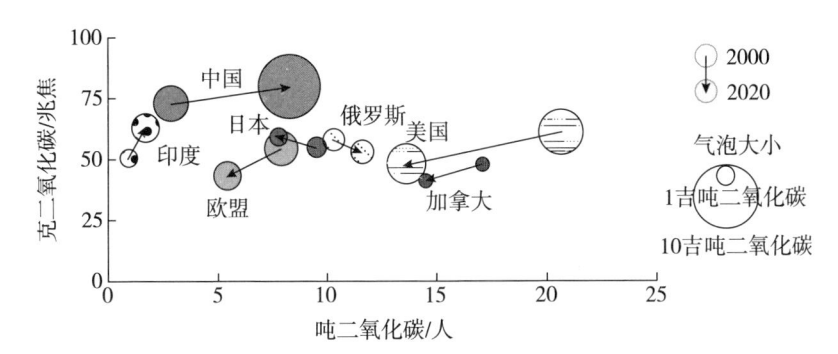

图17-3　各国（地区）二氧化碳排放强度与人均排放量（2000—2020年）

注：气泡面积代表能源相关和过程相关的二氧化碳排放总量。

资料来源：国际能源署。

环境与资源约束之忧还包括对海外原油、天然气资源的高度依赖。中国能源资源的特点是富煤、贫油、少气。中国目前是世界上最大的原油进口国。如图17-4所示，中国原油进口量从1991年的597万吨增长到2020年的54 201万吨，年均增长16.8%，人均进口0.38吨原油，折合2.8桶[①]。由于中东等世界主要原油产地的原油运输到中国需要经过漫长的海路，给中国的能源安全带来了巨大的隐患。

最后，是国际关系与政治环境之忧。古希腊历史学家修昔底德认为，当一个新兴大国快速崛起时，必然要挑战现存大国，而

---

① 1吨=7.3桶。

现存大国必然会回应这种威胁，这样战争变得不可避免，即所谓的"修昔底德陷阱"。例如，公元前5世纪，雅典的急剧崛起震惊了陆地强邦斯巴达。双方之间的威胁和反威胁引发战争，长达30年的战争结束后，两国均遭毁灭。据统计，自1500年以来，一个新崛起的大国挑战现存大国的案例一共有15例，其中发生战争的就有11例。最显著的就是德国。19世纪晚期，德国统一之后，取代了英国成为欧洲最大的经济体，而在1914年和1939年，德国的进攻和英国的反击导致了两次世界大战。

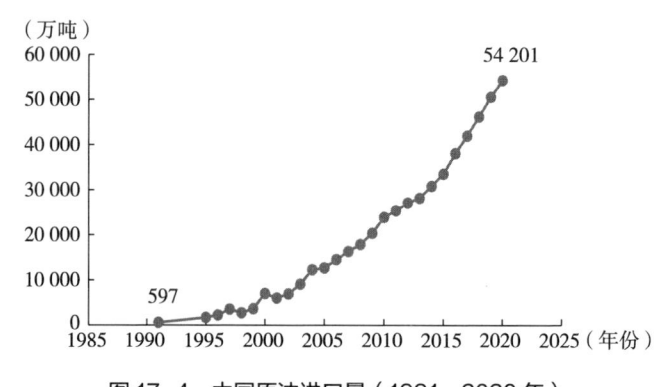

图17-4 中国原油进口量（1991—2020年）

资料来源：万得资讯，望华研究。

修昔底德说："使战争无可避免的原因是雅典日益壮大的力量，还有这种力量在斯巴达造成的恐惧。"中国改革开放以来的经济奇迹与国力增长，自然引起了世界头号强国美国的关注。2020年5月，美国白宫发布了《美国对中国的战略方针》[1]，表

---

[1] 英文标题为"United States Strategic Approach to the People's Republic of China"。

示中国经济崛起与国际往来并未实现美国希望看到的结果，因此确定对中国实施"竞争策略"（Competitive Approach）。该文件还明确了"竞争策略"的目标是保护《2017年美国国家安全战略》①的四个支柱，即保护美国的安全、繁荣、优势与影响力。随后而来的美国挑起对华贸易摩擦、中概股预摘牌、芯片出口限制等一系列举措也就不足为奇了。因此，以美国为代表的西方发达国家及其盟友对中国的竞争与遏制是中国发展的第三个隐忧。

事实上，上述"三忧"很容易理解。以村里一个穷人通过努力成为新富人为例。虽然越来越富有了，但随着财富的积累，这个家庭往往会面临三个方面的隐忧。一是传承的问题。例如，穷人在努力变富的过程中过于专注工作，从而错过了多生娃或者教育孩子的最佳时机。而第二代由于年幼时缺少关爱与管束，成年后又享有现成的财富，不思进取，甚至"躺平"。二是资源约束的问题。比如，穷人是通过在村里开农家乐致富的，当生意越做越大时，对环境造成了污染，那他就要开始为环境污染与资源约束（例如垃圾处理、修路架桥）买单。三是贫富地位改变的问题。本来大家都一样穷，或者有富人比他富，但如今村里的财富排序发生了改变，人们心中也五味杂陈，于是自然会有人用村里的旧"秩序"对新富人进行遏制与打压。这与中国目前面临的少子化、环境与资源约束，以及国际政治与安全问题的"三忧"如出一辙。

---

① 英文标题为"2017 National Security Strategy of the United States of America"。

除了上述"一长三忧"①之外，中国社会还呈现出以下"五化"。

一是城镇化。自20世纪70年代以来，中国人口呈现持续不断的城镇化趋势。1949年，我国仅有很少的人口居住在城市，城镇化率仅为10.6%，城镇户口几乎是至高无上的荣誉。1979年改革开放之初，经过30年的发展，中国的城镇化率上升至约19.0%，30年间每年仅提升0.3个百分点，城里人与乡下人的地位依然差得很大。改革开放之后，我国进入人类历史上罕见的高速城镇化过程，到2021年，城镇化率已达64.7%，42年间平均每年提升1.1个百分点（见图17-5）。现在的城乡差距已经显著缩小，甚至出现了由于农村宅基地等使农村居民不愿要城市户口

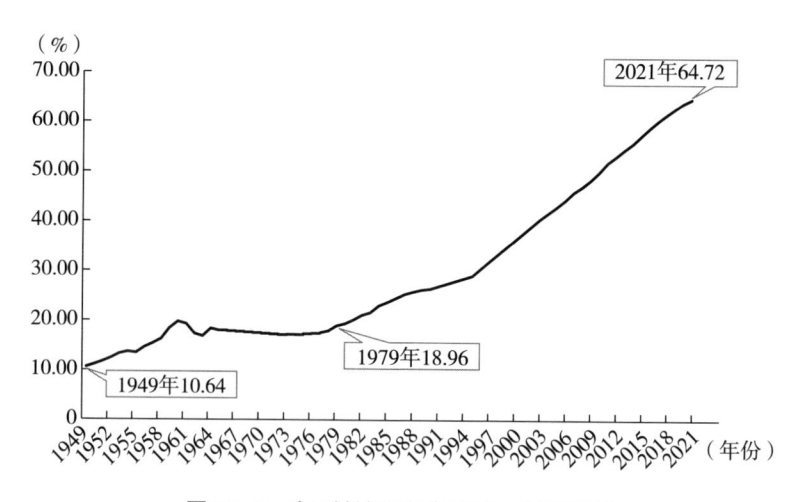

图17-5　中国城镇化率（1949—2021年）

资料来源：万得资讯，望华研究。

---

① "一长"即经济高速增长，"三忧"即人口负增长、环境能源安全与世界格局变化隐忧。

的现象，这在几十年前是无法想象的。

二是老龄化。如图 17-6 所示，1953 年中国人口中 65 岁以上人口的占比仅为 4.4%，到 1982 年依然在 4.9% 的水平，但到 2021 年该比例已达 14.2%，几乎增长了两倍。类似地，老年人口抚养比也从 1990 年的 8.3% 上升至 2020 年的 19.7%，增加了一倍多。同时，中国人的预期寿命从 1982 年的 67.8 岁提升至 2020 年的 77.9 岁，年均增长 0.27 岁。而美国 2019 年的男性平均预期寿命为 76.3 岁，女性为 81.4 岁，平均为 78.9 岁。中国与美国已经十分接近。当然，亚洲经济发达地区普遍长寿，例如，2019 年日本、韩国、新加坡的平均预期寿命分别为 84.4 岁、83.3 岁、83.5 岁。

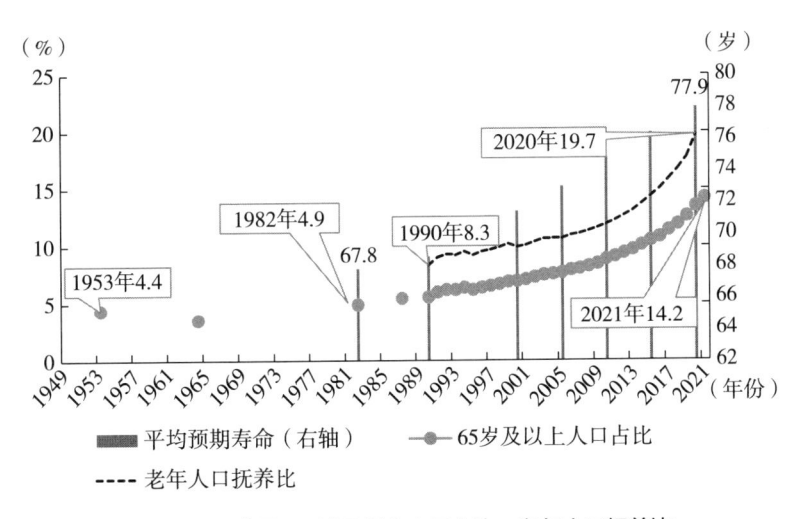

图 17-6 中国 65 岁及以上人口占比、老年人口抚养比及平均预期寿命（1953—2021 年）

资料来源：万得资讯，望华研究。

三是数据化。数据化实际上包含三个层次的内容，即网络化、数据化和智能化。网络化是指随着电信与互联网的发展，中国作为一个幅员辽阔、人口众多的国家，在信息科技层面更加紧密地连接在一起，实现了互联互通。2021年8月，中国互联网络信息中心发布的第48次《中国互联网络发展状况统计报告》显示，截至2021年6月，我国网民规模达10.11亿人，互联网普及率已达72%。其中，城镇网民7.14亿人，农村网民2.97亿人，城镇与农村的互联网普及率分别达到79%和58%，这表明我国城镇的互联网普及率已经很高了（考虑到非网民多为老年人或不适宜上网的儿童），而农村也已经实现了较高的互联网普及率。此外，我国网民呈现了明显的移动化，网民使用手机上网的比例高达99.6%。

在网络化的基础上，数据化在百姓生活、政府治理、企业营销等领域得到广泛应用。例如，当你用滴滴打车时，常用往返地点会快速跳出，节省打车的时间；当你使用运动手环运动时，步数与心率被自动记录，从而帮助你实现最佳的锻炼效果；当你进行网络购物时，历史偏好会自动反映到备选产品中，并且再也不必为两年前购买了哪个牌子和衣物的尺寸而苦思冥想，因为订单里都有记录。数据化的广泛应用显著提高了每一个人的生活效率与舒适度体验。

2020年，大数据应用对于政府应对新冠肺炎疫情，防止疫情向全国范围扩散，起到了关键作用，使疫情防控更加精准有效，阻止了我国产业链、供应链断裂，并成为当年全球唯一

GDP 正增长的主要经济体。对企业而言，大数据更是提供了精准营销的绝佳工具与手段，可以更加准确、及时地锁定客户需求，降低获客成本，增加客户黏性。目前，我国互联网企业有利用客户信息过度营销的趋势，因此，必须以更高的法治水平与道德水准对大数据应用进行管理，这是数据化应用的重要课题。

　　智能化则是在网络化的基础上，利用数据化的更高阶段。例如，在智能家居领域，居家联网的扫地机器人，可以通过数字化记录绘制"主人"家的清扫面积，规划最佳覆盖线路，解决"主人"的扫地烦恼。在智能农业领域，无人抛秧机、"5G+ 智能大棚"等智能设施推动了生产、养殖过程的精准感知和智能决策。在智能制造领域，2021 年 5 月，我国首条小卫星智能生产线生产的首颗卫星下线，标志着我国获得卫星批量生产能力[①]。在服务业，智能停车替代了数以万计的停车收费岗位，并杜绝了现场乱收费的现象。以郑州为例，自 2020 年 9 月智慧停车管理平台上线至 2022 年 3 月，道路停车[②]泊位增加了两倍多，而收费员人数减少了 60%[③]。

[①] 资料来源：《我国首条小卫星智能生产线首颗卫星下线》，《人民日报》，2021 年 5 月 14 日，https://baijiahao.baidu.com/s?id=1699696361689172500&wfr=spider&for=pc。

[②] 道路停车又称路内停车、路侧停车，是指城市道路两旁设置的停车泊位，主要用于短时停车，起到周转作用。路外停车，指封闭式停车场，一般小区、商场、写字楼的停车场都可以算作路外停车场。

[③] 资料来源：《被智慧停车系统"挤掉"的收费员，都去哪儿？》，《河南商报》，2022 年 3 月 23 日，https://baijiahao.baidu.com/s?id=1728079586995616226&wfr=spider&for=pc。

四是轻碳化。2015年第21届联合国气候变化大会上通过的《巴黎协定》[①]，把21世纪全球温度增长的目标设定在1.5~2摄氏度。目前，多数世界主要国家已经承诺了实现碳中和的目标年份，其中发达国家多是2050年或之前。2021年9月，习近平主席在第七十六届联合国大会一般性辩论上表示，"中国将力争2030年前实现碳达峰、2060年前实现碳中和"。尽管实现"双碳"目标对中国来说颇具挑战性，但这个目标符合国际社会的普遍共识与努力方向，也是中国经济发展、资源约束与国家安全的必然选择。

2020年，中国一次能源需求中约85%由化石燃料满足，其中煤炭、石油、天然气分别为60%、20%、5%。根据国际能源署2021年的测算，为实现"双碳"目标，到2060年，太阳能、风电与电气化将贡献中国50%以上的减排量，CCUS（碳捕捉、利用和封存）将贡献近10%。届时，中国煤炭用量将下降超80%，电力用量将增加一倍，中国的粗钢产量将下降超过1/3，水泥产量将下降超过40%。为了实现上述目标与转型，2022—2060年，中国预计要投入100万亿~130万亿元的资本开支，约

[①] 《巴黎协定》是一份有关国际气候的重要协议，于2015年12月在第21届联合国气候变化大会上通过，并于2016年4月正式签署。《巴黎协定》确立的目标是，把全球平均气温较前工业化时期上升幅度控制在2摄氏度内，并努力将气温升幅限制在1.5摄氏度以内。政府间气候变化专门委员会鼓励各国在2050年之前实现碳中和目标，以降低风险，避免严重依赖净负排放来实现到21世纪末将气温升幅限制在1.5摄氏度以内的目标。一般认为，如无控制，21世纪末温度增长可达3摄氏度左右。

占这一时期中国 GDP 总量的 1.5%~1.7%。上述数字仅是庞大的"双碳"经济的惊鸿一瞥。可以预见,"双碳"经济将在未来 30~40 年对中国经济与各行各业产生十分重要的影响。

五是硬科技化。所谓硬科技是指原创且具有很高技术门槛,需要长期基础研究积累与研发投入,能代表世界科技发展最先进水平,引领新一轮科技和产业革命,对经济、社会发展具有重大支撑作用的核心关键技术。目前,硬科技的代表性领域包括光电芯片、人工智能、航空航天、生物技术、信息技术、新材料、新能源、智能制造等。与硬科技相对应的是模式创新,如百度早期是模仿西方的谷歌,淘宝早期模仿西方的 eBay(易贝),它们将这些西方的业务模式,在中国的市场环境与监管政策下予以实现。

"硬科技"概念由中国科学院西安光机所光学博士米磊于 2010 年提出。面对 2008 年全球金融危机以及中国经济发展人口红利逐步消失等问题,他在剖析科技进步与经济增长关系的基础上,认为中国需要解放 9 000 万科技人力资源的脑力生产力,释放巨大的创新红利,推动新时期中国经济增长从要素驱动、投资驱动转向创新驱动。在此背景下,他提出硬科技概念,希望改变中国以往"重模式"创新,而"轻技术"创新的状况。他认为中国应更关注可以推动经济发展,但需要长期研发投入的关键核心原创技术,集中全社会力量掌握经济与社会发展的底层原动力,支撑中国在新时代由"跟跑"向"领跑"迈进。

硬科技化的根本原因,是中国经济总量逐步由世界第二走向世界第一,而大国竞争关系决定了美国对中国的竞争、敌意与打压。从加拿大应美国要求扣留华为 CFO（首席财务官）孟晚舟,到后续对华为在芯片领域的全面封杀即可看出,中美竞争关系已经"白热化",美国不可能把自己原创的硬科技拱手卖给中国。因此,中国只有自身踏踏实实、长期积累、努力创新,方可形成自己的硬科技体系,为中国未来 30~40 年的经济发展提供硬科技支撑。而有幸的是,新中国成立初期形成的重工业体系,每年毕业的过千万大学生（其中约 70% 是理工类）,中国经济发展所提供的各行各业应用场景,尤其是国家在光电芯片、人工智能、航空航天、生物技术、信息技术、新材料、新能源、智能制造等领域的政策支持,使中国在科技领域从"跟跑"变成"领跑"具备可行性,例如,中国在航空航天领域的持续突破就是经典的案例。

上述"国九"趋势,是分析中国任何行业的大背景与社会经济的基础。

第 18 章 行业分析实例

行业分析的目的，是确定行业的成长前景。因为增长趋势不同的行业，业内企业的成长前景也是不一样的。

例如，A 行业的增长率为 0[①]，则业内企业 X 的市场份额必须不断提升，才能实现正增长。而如果 B 行业的增长率为 20%，则业内企业 Y 的表现只要达到行业的平均水平就可以实现每年 20% 的增长。如果 C 行业的增长率为每年下降 10%，业内企业 Z 如果与行业表现一致，则收入每年都会打 9 折[②]，如此下来，3 年后企业的收入会缩减 27% 左右。为了对行业分析理解得更加透彻，我选择了近年来因美国对华无端制裁而变得炙手可热的芯片行业做示意性分析。

---

① 这里其实有两种情况，一种情况是扣除通胀率之后的真实增长率为 0，另一种是扣除通胀率之前的名义增长率为 0。为简化处理问题，这里假设是前者。否则，在后者的情况下，即使名义增长率为 0，在通货膨胀的挤压下，行业的实际规模也是逐年下降的。

② 本年收入 = 上一年收入 ×（1–10%），即打 9 折。如果连续 3 年打 9 折，就是 0.9^3 = 0.729。

18.1　美国对华为的芯片制裁

芯片映入世人眼帘，源自2020年5月15日美国商务部发布的针对中国民族创新企业巨头——华为的制裁规定。该规定直接切断了华为自研芯片的制造渠道。规定要求，如果一款芯片由华为或其旗下的海思设计，过程中使用了美国政府管控的软件或设备，即使生产过程发生在美国之外，也需要向美国商务部申请。8月17日，美国商务部进一步将此限制扩大至对华为芯片整个供应链的限制，即不仅包括华为作为买方，还包括作为中间收货人、最终收货人或最终客户参与交易，如未获得许可均被禁止。禁令范围包括芯片技术、制造设备及相关的手机操作系统软件等。芯片禁令对华为业务产生重大影响。2020年11月，华为出售荣耀品牌相关全部业务，以求断臂求生，保住荣耀品牌。2021年，华为整体销售收入比2020年下降了29%。其中，手机业务下滑严重，2021年手机销量为3 500万台，比2020年的1.897亿台下滑了82%左右。

为什么小小的芯片对华为的影响如此之大？芯片，或称集成电路（Integrated Circuit，IC），又称半导体，是对半导体元件产品的统称，其原理就是将电子学中的电路小型化，并制造在半导体的晶圆表面。由于芯片是计算机、手机、汽车、电力设备等设备的大脑，即核心运算、传输、操作系统的硬件基础，因此，芯片性能不佳的设备就像大脑不够优质的人一样，难以在最前沿的竞争中脱颖而出。华为在遭受芯片禁令之后，基本退出了5G手机的业务，这就是一个例子。

在芯片被禁之前，华为芯片的主要来源，是台积电代工生产的麒麟，以及美国高通、联发科等其他厂商。对华为影响最大的公司莫过于台积电。台积电是世界上最大的芯片代工企业，掌握着最新的 5nm[①] 制程工艺，在全球晶圆代工领域的市场份额超过 50%。对华为而言，如果失去台积电的支持，华为手机难以为继。目前，世界先进芯片制造过程工艺主流有 28nm、14nm、10nm 和 7nm。倪光南院士曾表示[②]，目前中国在 7nm 及以下芯片的制程工艺上被"卡脖子"，但是中国能够生产出 14nm、28nm 的芯片，并已拥有 28nm 的光刻机。事实上，国内只有中芯国际有能力实现 14nm 芯片的量产。但采用的依然是 ASML（阿斯麦尔）的光刻机。换句话说，中芯国际也无法在美国限制仍存在的情况下，向华为等被纳入实体清单的企业供货。一般而言，由于华为手机对速度与性能的要求，如果 14nm 或者 28nm 芯片工艺用在华为芯片处理器上，华为手机的竞争力会有所下降。但对于一些要求不高却依然很急需的半导体领域，比如内存芯片领域、LED（发光二极管）驱动芯片领域等，14nm 或者 28nm 的芯片工艺是够用的。

---

① nm 指纳米。1nm=10^{-9}m。
② 来自 2020 年 9 月 8 日倪光南院士在广州举行的中国信创黄埔论坛上的发言。

18.2　芯片行业的产业链

了解芯片行业，需要首先了解摩尔定律。摩尔定律是英特尔创始人之一戈登·摩尔在1965年4月提出的半导体行业经验，其内容是：同样面积的集成电路可容纳的晶体管数目，大约每过18个月会增加一倍，性能也会增加一倍；换句话说，同样数量的晶体管构成，或者同样性能的集成电路，面积每18个月会缩小一半；同样数量的晶体管构成，或者同样性能的集成电路，其成本每18个月会下降一半。这几种说法虽然衡量指标不同，但在一点上是共同的，即"翻番"的周期都是18个月。摩尔定律是芯片行业专家摩尔总结的经验，并非自然科学定理，因此只是大致反映了信息技术进步的速度。

尽管2020年美国限制全球芯片企业向华为销售芯片产品及提供服务，但芯片行业仍呈现明显的全球专业化分工协作模式（见图18-1）。在设计端，全球最大的三家EDA[①]企业中有两家位于美国、一家位于欧洲，合计所占市场份额超过全球的80%。在设备端，美国在大部分设备领域占据50%以上的市场份额。在光刻机领域，芬兰的ASML则完全垄断了EUV（极紫外线）光刻机市场。在材料领域，日本企业则有明显优势。

---

① EDA即电子设计自动化（Electronic Design Automation），是指利用计算机辅助设计（CAD）软件，来完成超大规模集成电路（VLSI）芯片的功能设计、综合、验证、物理设计（包括布局、布线、版图、设计规则检查等）等流程的设计方式。全球最大的三家EDA企业是新思科技、铿腾电子和西门子。

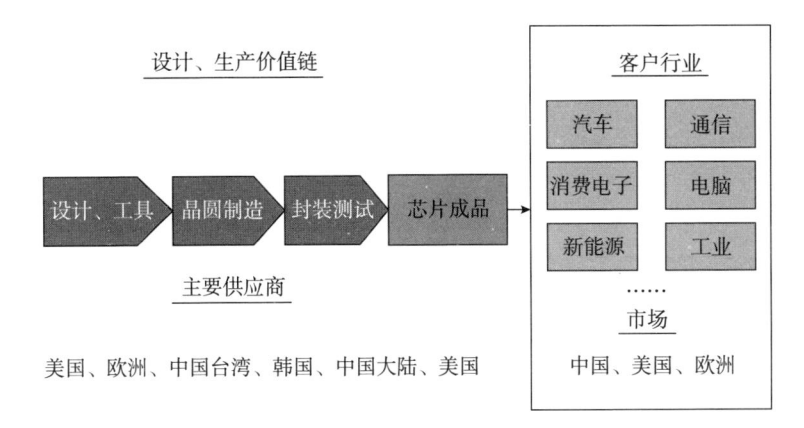

图 18-1　芯片行业产业链

资料来源：行业整理，望华研究。

芯片的制造环节，呈现明显的亚洲领先局势。在全球晶圆[①]制造代工业，根据 2021 年第三季度的数据，前五大代工厂占据了 90% 以上的市场份额，它们分别是台积电（中国台湾，54.6%）、三星（韩国，17.6%）、联电（中国台湾，7.5%）、格罗方德（美国，6.3%）和中芯国际（中国大陆，5.2%）[②]。

中国大陆是全球芯片最大的市场。如图 18-2 所示，根据美国半导体产业协会的数据，中国大陆占全球半导体销售额的比例，从 2015 年 3 月的 27.4% 逐年上升至 2021 年 5 月的 35.7%。

---

① 晶圆是制作硅半导体电路所用的硅晶片，其原始材料是硅。高纯度的多晶硅在溶解后掺入硅晶体晶种，慢慢拉出，则形成圆柱形的单晶硅。硅晶棒在经过研磨、切片后，形成硅晶圆片，也就是晶圆。晶圆生产线目前以 8 英寸（20.32 厘米）和 12 英寸（30.48 厘米）为主。

② 资料来源：招商证券研究报告。

2021年全年，全球半导体销售额达到5 469亿美元，同比增长21.5%。2021年，中国大陆半导体销售额为1 901亿美元，同比增长25%，占全球销售额比例已达34.8%左右，中国是全球第一大芯片消费国。

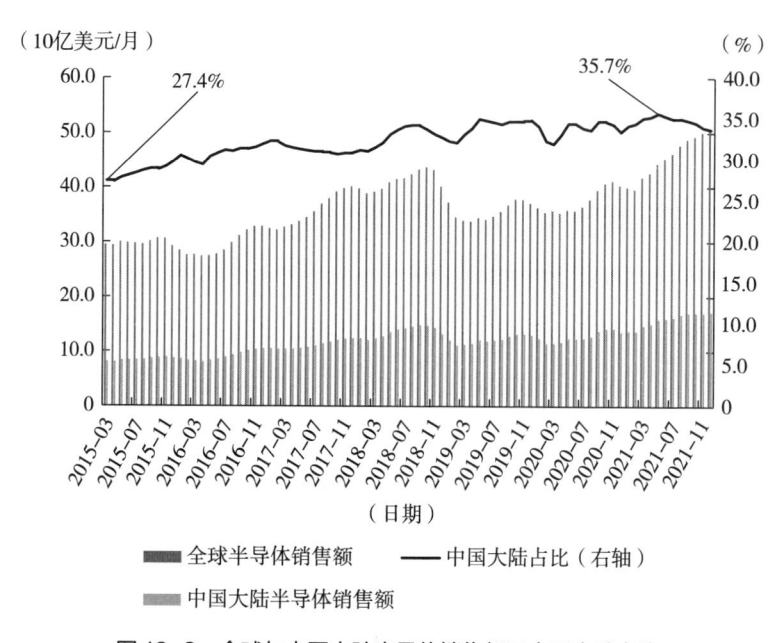

图18-2　全球与中国大陆半导体销售额及中国大陆占比

资料来源：美国半导体产业协会，万得资讯，望华研究。

芯片作为信息产业的基础与核心，被誉为"现代工业的粮食"，其应用领域十分广泛。在半导体发展史上，不同时期的发展动力不同。在最终客户端，目前消费电子产品（主要是智能手机）作为芯片第一大应用终端的推动作用正在下降。使用芯片的行业领域更加多元，包括新能源汽车、5G、HPC（高性能计算）

机群[1]、人工智能物联网（AIoT）[2]、电力、现代制造等正在成为新的芯片产业发展动力。

  芯片行业是兼具成长性和周期性双重属性的行业。自 1975 年以来，半导体行业销售额由 50 亿美元增长到 2021 年的超过 5 000 亿美元，实现了近 100 倍的增长。同时，芯片也受经济周期的影响，并且属于大投入、大产出的行业，呈现一定的周期性。如图 18-3 所示，2020 年 1 月至 2022 年 2 月，全球半导体销售额总体呈增长态势，但在 2001 年互联网泡沫危机、2008 年全球金融危机、2018—2019 年中美贸易摩擦、2020 年新冠肺炎疫情危机等时期，芯片销量均出现大幅度波动。然而 2001—2021 年，全球半导体销售额仍实现了 6.8% 的复合年均增长率。

---

[1] HPC 机群是指高性能计算（High Performance Computing）机群，主要解决大规模科学问题的计算和海量数据的处理。应用范围很广，包括数据中心、电子政务、电子图书馆、大中型网站、网络游戏、金融电信服务、城域网/校园网、大型邮件系统、管理信息系统等。

[2] AIoT 即人工智能物联网，是指 AI（人工智能）+IoT（物联网）。AIoT 融合 AI 技术和 IoT 技术，通过物联网产生、收集来自不同维度的、海量的数据存储于云端、边缘端，再通过大数据分析，以及更高形式的人工智能，实现数据化与智联化。除了在技术上需要不断革新外，相关技术的落地与推广规模应用也是亟待突破的问题。

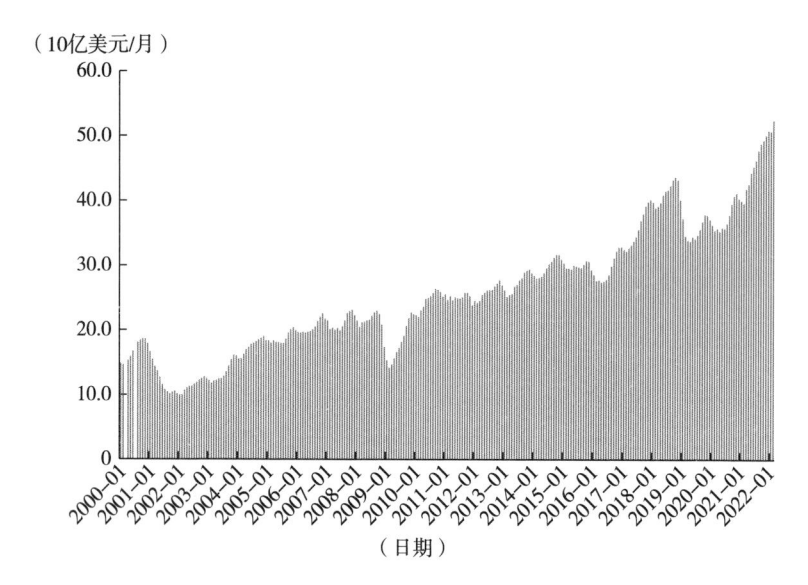

图 18-3　全球半导体行业销售额（2000—2022 年）

资料来源：美国半导体产业协会，万得资讯，望华研究。

18.3　中国芯片行业前景与机遇

中国芯片行业当下进入了前所未有的发展机遇期。

一方面是由于中国 2021 年有 1 900 多亿美元的芯片产业需求，占全球的 35% 左右，但其中绝大部分依靠进口。图 18-4 显示了 2007—2021 年中国的集成电路净进口金额（进口总额减去出口总额以抵消来料加工的因素）与我国原油进口金额的比较。令人吃惊的是，中国的芯片行业几乎呈现与中国原油行业一样的对进口的巨大依赖性，进口金额与原油不相上下，快速增长的趋势也很类似。因此，中国芯片行业到了不得不努力实现国产化，扭转高度依赖进口的时候了。

图 18-4　中国集成电路净进口金额与原油进口金额（2007—2021 年）
资料来源：海关总署，万得资讯，望华研究。

另一方面是美国对华为的制裁打压，为中国企业走向自主生产提供了绝佳的理由与发展动力。历史上，华为手机的麒麟芯片主要由台积电代工生产，同时华为也购买高通、联发科的芯片，因为全球化垂直分工合作的本质就是术业有专攻，大家发挥各自的比较优势，做好自己的主业，实现各领域的规模经济与专业化。美国对华为制裁，就是因为华为发展得太快了，而芯片行业的设备、设计端的核心技术又是由美欧所控制的，所以美国采取限制措施打压华为，要求任何使用美方技术的芯片生产商与设备供应商都不能给华为或华为的供应链供货。那么结果很简单，华为只能自己在中国寻找国产化的芯片了。华为事件还给中国企业敲响了警钟，那就是芯片技术不能靠国外，就像中国石油供应依靠长距离海运有重大安全隐忧一样。

一般而言，我们在分析确定一个行业的成长前景时，会依照中国的大趋势——"国九"趋势，即"一长三忧五化"的结构来进行比较与判断（见表18-1）。

表18-1 "国九"趋势与芯片行业前景对照

名称	含义	对芯片行业发展是否有利
一长	经济长期以中高速度增长	有利
三忧	少子化	有利
	环境与资源约束	有利
	国际关系与地缘政治影响	有利
五化	城镇化	有利
	老龄化	有利
	数据化	有利
	轻碳化	有利
	硬科技化	有利

资料来源：望华研究。

中国经济持续高速增长对芯片行业有利。经济增长意味着居民财富与消费水平提升，产业链进一步深化完善，国家财政实力增强，人均受教育程度提高等一系列有利于芯片行业需求、要素供给、使用场景与频率增加的情况。美国之所以有如此强大的芯片科技与研发能力，无非也是因为美国是当今世界GDP第一大国，并且自第二次世界大战以来实现了长期增长。因此，未来如果中国成为世界GDP第一大国，并且保持持续的中高速增长，无疑有利于中国芯片行业的全面发展。

从"三忧"来看，少子化要求更多的事情由机器替代人，对人工智能、工业自动化、物联网、信息传输等的要求也越来越高，这无疑将带动对芯片的需求。环境与资源约束之忧要求清洁能源的发展与环保产业的发展，这将带动新能源汽车、风电、太阳能、电网对芯片的需求。国际关系与地缘政治之忧，将进一步加强芯片被迫本地化研发、设计与生产的格局以及军事现代化的需求。这需要大量的本地化生产来填补进口缺口，为本地化芯片企业带来广阔的市场机会。

从"五化"来看，城镇化导致人口进一步聚集，从而使智慧城市、电商、智慧物流等方面的需求进一步增加。美国接近或者超过500万人口的特大城市仅有纽约、洛杉矶[1]，而中国在2020年有91个常住人口超过500万的特大城市。以现代化为特征的城市人民生活对芯片的需求巨大，城镇化给芯片的发展提供了广阔的前景。老龄化则与少子化一样，导致人对自动化、智能化的依赖，加大了芯片需求。芯片还是数据化（包括网络化、智能化）的大脑与传导神经。如果没有发达的芯片产业，数据化将无从谈起。轻碳化的核心是清洁电力与电气化，芯片是支撑风电、太阳能、电网、电动汽车、铁路电气化、建筑电气化等发展的核心部件。芯片国产化将是中国硬科技化的重要内容之一，并得到国家政策的大力支持，可以预见，国产芯片会逐步实现进口替代，进入各行各业，这也是信创产业[2]的重要组成部分。

---

[1] 洛杉矶约有400万人口。

[2] 信创产业，即信息技术应用创新产业。信创产业推进的背景在于，过去中国IT（信息技术）底层标准、架构、产品、生态大多数都由国外IT商业公司来制定，由此存在诸多底层技术、信息安全、数据保存方式被限制、被制裁的风险。中国要逐步建立基于自己的IT底层架构和标准。基于自有IT底层架构和标准建立起来的IT产业生态，便是信创产业的主要内涵。

最后，还有一个令人担心的问题，中国能真正实现芯片国产化吗？这个问题要从三个方面回答。

第一是摩尔定律。中国目前已经完全可以实现 28nm 芯片的国产化，并且也可以生产 14nm 的芯片。目前国际领先的水平是 5nm。所以中国只要把芯片的效率提高 3~5 倍就可以了，取其平均数就是 4 倍。因此，按照摩尔定律，中国经过 36 个月，即在 2025—2026 年就可以达到国际目前 5nm 的水平。且不说在实践中也存在超摩尔定律的可能。中国在电动汽车领域弯道超车就是快速赶超国际先进水平的实例。

第二是中国巨大的市场。中国目前占全球 1/3 以上的市场，而且还在继续增长。如此巨大的市场，如此巨大的客户群，以及被迫的国产化，必将催化芯片产业链各个环节的创新与发展。技术、装备永远是跟着客户走的，例如中国在轨道交通领域的巨大投资与建设，最终带来了中国在西方长期垄断的盾构挖掘机领域的突破。

第三是中国芯片产业已经具备一定的基础。与新中国成立初期的一穷二白不同，中国的芯片产业在部分环节，例如晶圆制造，已经进入了全球前五，下一步重点进行规模扩张与工艺提高。在芯片设计、光刻机、芯片原材料、封装测试等环节，中国企业也都有布局跟踪与创新发展。在国家政策的大力支持与国产化市场的巨大诱惑下，难以想象中国芯片产业经过 7~10 年的发展后仍无法进入世界芯片整体实力排名前列。20 世纪 50 年代，新中国百废待兴之时，决定搞"两弹一星"，经过十几年都搞成了，难道在 2030 年中国成为世界第一大国之时，经过近 10 年的举国体制努力，连芯片"卡脖子"的技术都突破不了吗？这种情况自然是难以想象的。反观美国，丧失了世界 1/3 的市场后，其芯片产业的发展速度必然会放缓。此消彼长，将给中国的芯片产业带来巨大的发展机遇。

第六篇

企业增长"护城河"（Growth）

> 芒格对我最大的帮助，是告诉我："用划算的价格投资一家优秀企业，比以便宜的价格买入一家普通企业的结果要好得多。"
>
> ——沃伦·巴菲特

第 19 章　为增长估值

按照格雷厄姆的说法，价值投资的本质，就是以真实价值的一半或以下的价格购买企业，或者是购买企业的一部分（即股票）。

本篇篇首所写的芒格的话，是对"5折买公司"价值投资思路的深化。也就是说，如果同样是以5折左右的价格买公司或股票，那么买优秀企业所获得的投资回报，往往比买普通企业要好得多。

什么是优秀的企业？就是那些增长持续超出竞争对手的企业，而公司所处的行业也持续增长。关于行业，第五篇已详尽论述。本篇着重研究那些持续超出行业平均增长率的优秀企业。这些企业往往拥有同行对手所不具备的突出优势，能够不断战胜对手，最终脱颖而出。

在进入非量化分析前，要形成一个量化概念，即了解企业的长期增长率每年增加1个百分点，企业估值会增加多少。

需要说明的是，这里的增长是指可持续的年均增长，例如，未来长期可持续的年均增长率从2%增加到3%，而不是今年增长 3%，明年又回到 2% 这样的"昙花一现式"单年增长。

学习过企业估值的人都知道，在用 DCF 方法计算企业价值的终值时，有一个用永续增长率计算终值的方法，即永续增长率法。该方法的公式是：TV = FCF_{n+1}/（WACC-g）。

这里的 TV 代表终值，FCF_{n+1} 是指永续期开始的第一年[①]的企业自由现金流，WACC 是指折现率，g 则是指企业的永续增长率，即企业从第 n+1 年开始每年都可以实现的复合年均增长率。

如果我们换一个角度，不从终值的角度来审视这个公式，而是假设这个企业从现在（或估值折现时点，往往是所在年度的 12 月 31 日）往后的第 1 年开始，而不是第 n+1 年开始，每一年都可以实现复合年均增长率 g，那么这个公式可以写成：EV = FCF_1/（WACC-g）。

其中，EV 代表企业价值，FCF_1 代表企业从现在（或估值折现时点）开始的第 1 年的自由现金流。

我们做一个敏感性分析，并假设企业的 FCF_1 是 1 亿元。如表 19-1 所示，假设企业折现率 WACC 是 12%，增长率 g 从 2% 到 10% 以 1 个百分点为步长变化，分析企业价值 EV 的敏感性变化。我们把 g = 2%[②] 的情况称为基础情况。

[①] 永续期开始之前为 n 年。

[②] g=2% 一般可以被视作永续增长率的基础情况。例如，美联储将长期通胀率目标设定为每年 2%。由于企业财务预测数据是没有剔除通胀因素的，因此，g=2% 大致意味着企业在永续阶段跟上了通胀率，并没有比通胀做得更好或更差，是可以持续的。

对企业价值而言，当企业增长率从基础情况，即 2% 变化到 10% 时，EV 从 10 亿元增长到 50 亿元。如果用倍数来表达，当 $g = 10\%$ 时的 EV 是 $g = 2\%$ 时的 5 倍，即每 1 个百分点永续增长率的变化，使企业估值平均增加了 50 个百分点[1]；当 $g = 7\%$ 时的 EV 是 $g = 2\%$ 时的 2 倍，即每 1 个百分点永续增长率的变化，使企业估值平均增加了 20 个百分点[2]；当 $g = 3\%$ 时的 EV 是 $g = 2\%$ 时的 1.11 倍，即每 1 个百分点永续增长率的变化，使企业估值平均增加了 11 个百分点[3]。

可见，在上述情况中，每 1 个百分点永续增长率的变化，可以撬动 11%~50% 的企业估值的增长。这个估值增长百分比与永续增长率变动之比——可以形象地称为增长率撬动倍数，高达 11~50 倍。这样的数字是惊人的。而且，不难看出，永续增长率越高，每 1 个百分点增长率变化的撬动倍数就越高，这是由于复利的魔力。因为每一年的更高增长都作为基数，在下一年被进一步放大，其数学原理和民间的所谓"利滚利"高利贷如出一辙。

---

[1] 公式即 (5–1)(10 个百分点 –2 个百分点) = 0.5 倍 / 每个百分点 =50 个百分点 / 每个百分点。

[2] 公式即 (2–1)(7 个百分点 –2 个百分点) = 0.2 倍 / 每个百分点 =20 个百分点 / 每个百分点。

[3] 公式即 (1.11–1) / (3 个百分点 –2 个百分点) = 0.11 倍 / 每个百分点 =11 个百分点 / 每个百分点。

表 19-1　企业价值与不同永续增长率的关系（折现率 =12%）

永续增长率	WACC = 12%	
	EV	EV 较 g = 2% 的倍数
10%	50.0	5.00x
9%	33.3	3.33x
8%	25.0	2.50x
7%	20.0	2.00x
6%	16.7	1.67x
5%	14.3	1.43x
4%	12.5	1.25x
3%	11.1	1.11x
2%	10.0	1.00x

注：表中的 x 表示倍数。
资料来源：望华研究。

再讨论一下 WACC 变化的情况。如果 WACC 有所下降，即折现率与永续增长率之间的差距缩小，则在同样的增长率下，每 1 个百分点永续增长率的增加，会使企业的价值增加得更大。如表 19-2 所示，在折现率下降至 11% 的情况下，如果 g=10%，则 EV 是 g=2% 时的 9 倍，即每 1 个百分点永续增长率的变化，使企业估值增加了 100 个百分点[①]；如果 g=7%，则 EV 是 g=2% 时的 2.25 倍，即每 1 个百分点永续增长率的变化，使企业估值增加了 25 个百分点；如果 g=3%，则 EV 是 g=2% 时的 1.13 倍，

---

① 公式即（9-1）(10 个百分点 -2 个百分点)= 1 倍 / 每个百分点 =100 个百分点 / 每个百分点。

即每 1 个百分点永续增长率的变化,使企业估值增加了 13 个百分点。简言之,WACC 与永续增长率之间的差别越小,增长率变化对企业价值变化的撬动倍数越大。

表 19-2 企业价值与不同永续增长率的关系(折现率 =11%)

永续增长率	WACC = 11%	
	EV	EV 较 g = 2% 的倍数
10%	100.0	9.00x
9%	50.0	4.50x
8%	33.3	3.00x
7%	25.0	2.25x
6%	20.0	1.80x
5%	16.7	1.50x
4%	14.3	1.29x
3%	12.5	1.13x
2%	11.1	1.00x

注:表中的 x 表示倍数。
资料来源:望华研究。

上述是从永续增长率的角度看增长对估值的影响。下面我们从企业历史盈利、预测盈利、增长率与对应估值倍数的变化,分析增长对估值倍数的影响。我们以隆基绿能作为示意性参考。

根据万得资讯的公开信息,截至 2022 年 5 月 13 日,隆基绿能的收盘价是 69.76 元,公司总股本数是 54.13 亿股,对应市值是 3 776.1 亿元。公司 2020 年与 2021 年的归属母公司净利润(扣除非经常性损益之后）分别是 81.4 亿元与 88.3 亿元。而万得资讯统计的过去 180 天内 27 家证券公司，对隆基绿能 2022 年归属母公司净利润有效预测的平均值是 141.0 亿元，2023 年预测的平均值是 178.3 亿元。据此，截至 2022 年 5 月 13 日，隆基绿能的市盈率估值情况如表 19-3 所示。

表 19-3　盈利增长与市盈率倍数变化举例示意

隆基绿能股份 （2022-05-13）	2020 年	2021 年	2022 年预测	2023 年预测
归母净利润 （亿元）	81.43	88.26	140.96	178.26
市盈率	46.4x	42.8x	26.8x	21.2x
净利润增长率 （较上年）		8.4%	59.7%	26.5%

注：表中的 x 表示倍数。
资料来源：万得资讯，望华研究。

由表 19-3 可见，2020 年、2021 年隆基绿能的历史市盈率分别为 46.4 倍、42.8 倍，看似偏高，但 2022 年与 2023 年预测的市盈率则分别是 26.8 倍与 21.2 倍，相对合理。究其实质，是由于研究机构普遍预测未来两年隆基绿能股份的归母净利润显著增长，即 2022 年净利润增长约为 60%，2023 年增长约为 27%。显然，较高的预期增长，直接导致了隆基绿能预测市盈率水平与历史市盈率水平有显著的差异，使看似偏高的历史市盈率倍数在预测市盈率下显得合情合理。因此，在实践中，研究机构也会用

PEG，即市盈率倍数除以增长率①，来分析高增长公司的估值合理性。

总之，企业永续增长率（或长期增长率）的不同，直接导致企业价值的巨大不同。即使企业近几年的预测增长率不同，也会影响企业估值标尺的变化，并影响投资者对企业估值倍数与增长前景的判断。

---

① 注意，增长率作为分母时，不必考虑百分号，即 2021 年的 PEG = 43 倍市盈率 / 2021—2023 年的复合年化增长率 43% = 1 倍。

第 20 章 增长的源泉

> 伯克希尔–哈撒韦投资的企业,要有宽广、经久不息的护城河。
>
> ——沃伦·巴菲特

诚然,第二篇中介绍的 5 折购买价格折扣,即安全边际,给予了企业一定的护城河。但我认为,长期而言,更重要的是企业自身的突出竞争实力,即企业超出行业增长的能力。这和芒格建议巴菲特以合理的价格购买优秀的公司是一个道理。毕竟购买价格的折扣,随着投资时限的拉长而被摊薄,而且时间越长,价格的护城河越不明显。相反,企业持久的竞争优势所产生的护城河,会通过复利被不断增厚,使企业的竞争优势护城河生生不息、源远流长。

巴菲特描述说:"我们努力寻找这样的企业:它拥有一条宽广、经久不息的护城河,企业是被护城河完美保护的经济城堡,而城堡里住着诚实的管理者。这基本是一个优秀企业所需要的一切。"在此，巴菲特强调了"诚实的管理者"的重要性，本书的第四篇"寻找善良的管理层"已有详尽讨论，不再赘述。下面，我们聚焦企业的增长源泉，即企业的突出竞争实力护城河到底有哪些。

巴菲特曾就护城河专门举了几个例子，他说："护城河可以是别人无法复制的低生产成本，或者提供更好服务的连锁经营优势，或者消费者品牌效应，也可能是高科技优势等。"

为了便于理解并形成体系，我将考察企业竞争实力的维度，换成对企业财务报表产生影响的角度。换句话说，就是企业任何一个方面的竞争优势，都可以转化为对企业财务报表的正面影响，尤其是对企业未来盈利或自由现金流产生能力的正面贡献。否则，无法产生企业自由现金流或盈利增长的竞争优势也是没有意义的。

从财务报表的视角出发，我将企业的竞争优势护城河划分为以下六大类。

第一个竞争优势护城河是成本优势。众所周知，企业的营业收入减去成本就是企业的盈利。如果用 R 代表收入，C 代表成本，E 代表盈利，就是 $R-C=E$，为便于后续讨论，我们把这个公式叫作企业盈利公式。

我们暂且把营业收入放到一边，则企业的成本节省，就意味着企业利润的增加。如果企业具有别人无法复制的成本优势，则企业盈利就会甩下别人一截。下面举几个例子。

第一个例子是伯克希尔-哈撒韦。2021 年，巴菲特是美国上市公司中薪酬收入[①]倒数第二[②]的CEO，他来自伯克希尔－哈撒韦的全部收入只有37万美元，远低于美股上市公司CEO收入的中位数1 470万美元。当然，这只是巴菲特作为伯克希尔－哈撒韦CEO的收入，而不包括他作为公司股东所持有的伯克希尔－哈撒韦股票的股价增值。由于巴菲特本人薪酬极低，导致伯克希尔－哈撒韦的基金经理们也只能收取远低于市场水平的薪资[③]，并专注于实现自己"掏腰包"持股的伯克希尔－哈撒韦公司价值的提升。对伯克希尔－哈撒韦而言，这是一个别人难以复制的巨大成本节省。因为投资公司最重要的竞争优势就是投资经理，而股神巴菲特却几乎免费地为伯克希尔－哈撒韦打工，并带动了伯克希尔－哈撒韦管理层低薪酬、无官僚、高持股的"为股东创造价值优先"的文化[④]，使其拥有其他投资公司难以比拟的成本优势，形成了伯克希尔－哈撒韦特殊的护城河。这为包括巴菲特在内的所有股东创造了巨大的价值，成就了这家全球最伟大的投资公司。

第二个例子是中国海油。中国的石油石化行业是以"三桶油"，即中石油、中石化与中海油为主导的自然垄断市场。由于原油是石化产业链的源头与原料，因此原油的储量、勘探及开采

[①] 薪酬收入包括薪资、奖金及上市公司奖励的股票或期权等。
[②] 特斯拉的CEO马斯克从特斯拉领取的收入为零。
[③] 在我参加的一次伯克希尔－哈撒韦股东大会上，巴菲特明确表示自己的两个主要基金经理特德和托德的收入大约是100万美元。作为世界上最伟大的投资公司的投资经理，其收入甚至不如中国国有商业银行和国有券商的管理层的收入（或者与其类似），可见伯克希尔－哈撒韦控制管理成本的能力。
[④] 资料来源：《信任边际》，中信出版社，2020年。

成本是石油公司最核心的竞争优势。"三桶油"因各自在成立之初所拥有油田及开发定位不同，油气储量与勘察、开采成本有重大差异。中国石油的油田板块主要由大庆、长庆等老油田基地与塔里木、西南等油气田组成。中石油也有中下游炼化与营销板块，其原油可满足自身炼厂的大部分需求，但仍需部分进口。中国石化的优势在于中下游炼油、化工与加油站销售，上游主要是胜利油田、中原油田等，但大部分原油需依靠进口。中国海油则是以海上石油与天然气勘探开发为主的海上石油公司，主要油田是海上油田。三家中国石油公司 2021 年的原油储量、产量、实现价格、操作成本与利润率数据如表 20-1 所示。

表 20-1 中国"三桶油"原油储量、产量与成本收益指标

2021 年年报	中国石油	中国石化[①]	中国海油
实现价格（美元/桶）	65.6	62.8	67.9
原油产量[②]（百万桶）	887.9	279.8	440.5
原油证实储量[③]（百万桶）	6 064	1 749	3 923.8
油气操作成本[④]（美元/桶）	12.3	16.6	7.8
营业利润率[⑤]（%）	15.7	1.9	43.2
储采比[⑥]	6.8	6.3	8.9

资料来源：上市公司年报，望华研究。

① 中国石化实现价格与油气操作成本按照 1 吨 =7.3 桶及 1 美元 =6.4 元人民币进行折算计算。
② 只包括境内外原油产量，不包括天然气。
③ 只包括原油，常用的还有已开采证实储量，口径小于证实储量。
④ 因数据可获得性，采用原油与天然气油气操作成本。
⑤ 中国石油、中国石化的勘探开发板块营业利润率来自年报的分部报告。
⑥ 只包括原油，按照 2021 年底截止的原油证实储量与 2021 年原油产量之比测算。

从表 20-1 的情况看，中海油的成本优势十分明显，而且预计在较长的时间内难以替代。首先，中海油的原油实现价格是每桶 67.9 美元 / 桶，而中石油、中石化分别是 65.6 美元 / 桶、62.8 美元 / 桶。这一方面是由于中石油、中石化仍有较大的炼油业务，因此存在以相对更低的价格结算给公司内部的炼油板块的可能；另一方面是由于中海油的海上油田更年轻，原油品质也更高，可以实现更高的价格。很明显，这方面的优势在相当长的时间内无法逆转。

其次，从成本上看，中海油的油气操作成本仅为 7.8 美元 / 桶，而中石油、中石化分别是 12.3 美元 / 桶、16.6 美元 / 桶。原油的油气操作成本主要指把原油从井下提升上来的现金操作成本[1]。这还没有包括原油的勘探开发成本，即寻找、勘察、开发油田的成本[2]。事实上，中国陆上贫油且大型陆地油田（如大庆、胜利等）老龄化，导致中石油、中石化勘探开发的成本显著高于中海油，这一点由三家公司原油业务板块营业利润率的巨大差异所证实。2021 年，中石油、中石化与中海油的营业利润率分别是 15.7%、1.9% 与 43.2%，即中海油比中石油、中石化的营业利润率分别高出了 27.5 个百分点、41.3 个百分点，几乎给人三家公司来自不同行业的感觉。

---

[1] 操作成本的英文为"lifting cost"，可直译为升井成本。
[2] 中国海油在 2021 年的年报中披露了桶油主要成本，为每桶 29.49 美元。该成本包括油气操作成本、勘探开发成本等桶油主要成本。中国石油、中国石化未在 2021 年年报中披露该数据。

最后，中海油的原油储量决定了其成本优势可持续。从三家公司的储量看，中海油按照现有生产速度可以持续生产的时间更长，即储采比更高。截至 2021 年底，中石油、中石化和中海油的原油证实储量分别是 60.6 亿桶、17.5 亿桶和 39.2 亿桶。按照 2021 年三家公司的原油产量 8.9 亿桶、2.8 亿桶和 4.4 亿桶测算，分别还可以开采 6.8 年、6.3 年和 8.9 年。当然，这并未考虑三家公司勘探开发新油田的速度，以及天然气、页岩气等其他上游产品的情况。总体而言，我国海上原油发展前景更为广阔，并且拥有陆上油田无法复制的成本优势，这已被中海油的发展历程与三家公司的财务数据所证实。

在巴菲特的投资历史上，现金流强劲的石油公司是他的最爱之一。2022 年俄乌冲突爆发后，巴菲特大举增持西方石油公司和雪佛龙石油公司的股票。尽管战争是全球油气供需失衡并推高油价的直接推手，但成本优势是巴菲特选择性地投资这两家石油公司的重要原因。

第二个竞争优势护城河是市场"垄断"地位与定价权。我们要先对所谓"垄断"与定价权进行解释。

我们通常所说的垄断[①]是经济学名词，即在一个行业或市场里只有一家公司提供产品或服务。这种情况比较绝对，往往是国家行政命令决定的，例如铁路、电网等。有一个与垄断类似的情况，即寡头垄断[②]，是指由少数几家寡头（而非像垄断那样只有

---

① 垄断的英文为"monopoly"，又译为独占。
② 寡头垄断的英文为"oligopoly"，又译为寡头、寡占。

一家公司）主导提供产品或服务。寡头们往往占据很高的市场份额，这种情况有国家行政的原因，也有自然资源禀赋的原因，例如中国的石油石化行业。寡头垄断的一个特殊情况，是行业中只有两家企业互相竞争，称为双头垄断[①]，世界的民用大飞机市场目前基本是由美国波音与欧洲空中客车双头垄断的，中国商飞正在积极切入该市场。在上述垄断形式下，因提供某一行业产品或服务的供应商很少，即一家、两家或几家，因此少数供应商基本可以确定价格。如果它们涨价，消费者只能被动接受，即供应商拥有很强的定价权。在中文里，"垄断"一词源于《孟子》"必求龙（垄）断而登之，以左右望而罔市利"。可见，无论在英文还是中文的语境里，垄断一词从诞生的那一天就和经济利益与市场定价权有关系。

我们说过，企业的营业收入（R）减去成本（C）就是企业的盈利（E）。而营业收入等于价格（P）乘以数量（Q），所以企业盈利公式可以改写为：$P \times Q - C = E$。垄断或定价权的重要性跃然纸上，因为它们直接决定 P。

客观地讲，巴菲特喜欢有定价权的企业，从美国铁路公司、苹果、微软，到石油公司、保险公司等，不一而足。而近年来，苹果公司是伯克希尔-哈撒韦最中意的企业。

截至 2022 年 3 月底，伯克希尔-哈撒韦持有苹果公司 8.9

---

① 双头垄断的英文为"duopoly"，又译为双占垄断。

亿股股票，持股比例为 5.5%[①]，对应市值 1 555.6 亿美元，苹果公司是伯克希尔-哈撒韦的第一大重仓公司[②]。根据 2021 年财报，苹果公司收入构成包括 iPhone（苹果手机）占 52.5%，服务收入占 18.7%，外围设备和其他硬件占 10.5%，Mac（苹果电脑）占 9.6%，iPad（苹果平板电脑）占 8.7%，其中，iPhone 产品占比超过 50%，并且直接带动影响外围设备、服务收入等其他相关收入。

买过 iPhone 的人都知道，苹果几乎拥有绝对的定价权，尤其是每一次 iPhone 新品上市，果粉们甚至需要通宵排队才能赶上"一果难求"的潮流，价格则鲜有人关心。从本质上讲，苹果手机的定价权来自其在高端智能手机市场上"一家独大"的垄断地位。从图 20-1 可见，在全球单价大于 400 美元的高端手机市场，苹果占据了一半以上的市场份额，2021 年更是比 2020 年上升了 5 个百分点，高达 60%。排名第二的韩国三星，2020 年、2021 年的市场份额分别是 20%、17%。排名第三的是华为，2020 年、2021 年的市场份额分别是 13%、6%，一年内市场份额骤降了 7%。看到这里大家也更清楚为什么美国政府那么使劲打压华为了——因为华为不仅在全球通信设备、通信科技领域占据了一定的位置，甚至在个人手机终端领域向苹果这样的西方领先企业发起了冲击。

---

① 伯克希尔-哈撒韦为苹果公司第二大股东，持股比例仅次于第一大股东贝莱德集团的 6.35%。
② 同期，伯克希尔-哈撒韦的第二至第五大重仓股是美洲银行、美国运通、雪佛龙、可口可乐，所持市值在 248 亿美元至 416 亿美元之间。

虽然华为的市场份额下去了，但是小米、OPPO、vivo在快速崛起，三家合计在2020年、2021年的市场份额分别是7%、12%。

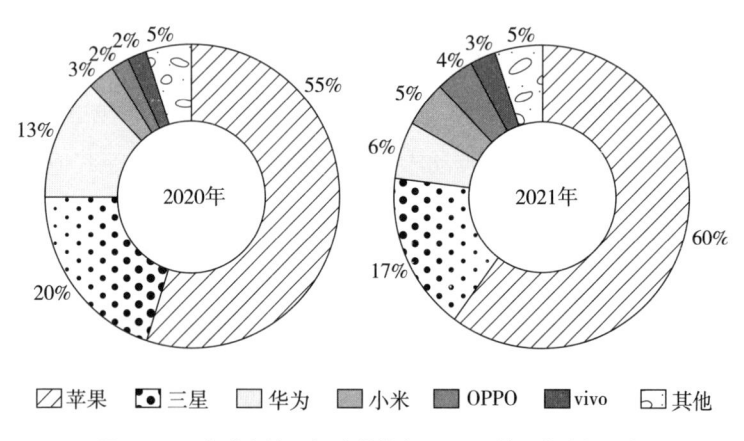

图20-1　全球高端手机（单价大于400美元）市场份额

资料来源：IDC，Counterpoint，富途证券。

无论如何，苹果60%的高端手机市场份额，给予了苹果业已形成的市场垄断地位，使苹果拥有很强的市场定价权。换句话说，如果在同一个消费层次，大家都在用iPhone，而且消费者已经熟悉了苹果的各项功能，它甚至"控制"了你的生活，你就不会为了一百元或几百元的价格差异，而轻易换成其他品牌的手机。

第三个竞争优势护城河是企业的品牌效应与客户忠诚度。所谓"十年育树，百年育人"，世间凡是涉及人心的事都是最难的，而品牌效应与客户忠诚度讲的就是这个道理。

继续使用上面的盈利公式进行推理：$P \times Q-C=E$。如果说定价权讲的是P，那么品牌效应与客户忠诚度讲的就是直接决定

Q 的客户重复购买次数，以及直接影响 C 的营销与销售[①] 成本。因为产品总要用完，或者用坏，或者过时。对消耗品而言，例如白酒、洗发水，需要消耗之后再购买；对工业品而言，例如制造设备、工程机械，总会用坏，或者需要更新换代，因此都存在重复购买的需求。如果客户对使用过的品牌有很强的客户忠诚度，持续购买同一品牌，那就会不断地增加 Q。客户忠诚度也反映了品牌在客户心目中的效应，如果品牌效应很强，销售成本可能很低，大幅降低了 C；反之，则可能很高。此外，对于新进入的品牌，它需要进行大量的营销投入，才能树立自身的品牌效应，而这都直接影响成本。我们继续使用苹果的例子，看一下苹果的客户忠诚度。

如图 20-2 所示，91.90% 的 iPhone 用户会继续选择使用 iPhone，只有 8.10% 的人选择更换品牌。说明 iPhone 在消费者中有着很强的品牌效应与客户忠诚度。而图 20-2 的右图则详细解释了苹果拥有如此高客户忠诚度的原因：一是品牌偏好（占 45%），二是 iOS（苹果公司开发的移动操作系统）生态绑定（占 21%），三是没必要更换（占 16%），四是更换 iOS 系统太麻烦（占 10%），五是倾向于更熟悉的品牌（占 8%）。其中，第一点和第五点合计占 53%，属于品牌效应。第二点和第四点属于更

[①] 营销与销售是企业市场管理的两个不同方面。营销的英文是 marketing，翻译为市场营销，更侧重于如何树立企业的品牌，推广企业的形象。销售的英文是 sales，讲的是如何通过有效的销售及渠道将产品卖给客户。

换成本[①]问题，消费者已经完全熟悉了iOS操作系统，并且已经将其"嵌入"生活的方方面面，更换系统感觉很麻烦。第三点说明没有一个必要的理由让其更换iPhone，既说明品牌深入人心，也说明没有足够好的替代品。

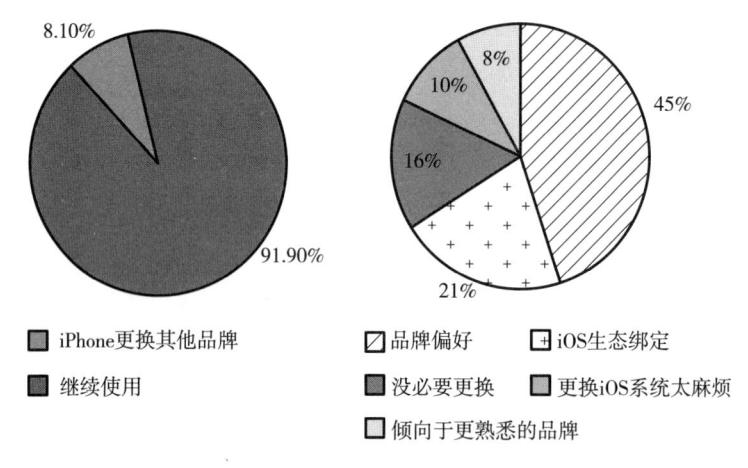

图 20-2 苹果手机客户忠诚度及理由

资料来源：Wiki，SellCell，富途证券。

我是从2012年开始使用iPhone的，之后不断更新使用苹果各种新型号的手机，直至新冠肺炎疫情暴发的2020年初。我在疫情发生后，花了大约两个月的时间，才适应了安卓系统，并换成了华为手机。客观地讲，如果华为没有受到美国的强制打压，成为中国的民族英雄，我是不会花如此巨大的更换成本来换掉iPhone的。这也正是苹果惧怕华为的原因，因为中国越来越多的客户对华为更忠诚了，不少人只是因为更换成本太大，才没有换

[①] 英文有个专属名词叫switching cost，即更换成本，用来描述更换品牌、客户、供应商、技术等所造成的时间、财务、配套系统、效率等的成本。

手机。根据苹果2022财年第一季度的数据，中国（含香港、台湾地区）占苹果公司营收的20.8%，而整个欧洲仅占24%。作为一个全球性品牌，如果在中国的高端机型领域，有客户忠诚度与品牌影响力超过自己的对手，苹果的营收将受到显著影响。

第四个竞争优势护城河是企业的组织与文化优势。组织文化也是生产力。在盈利公式中，既体现在成本里，也体现在收入端。就成本而言，一个组织有效、文化鲜明的公司，其运行效率更高、生产力更强、内耗更少，单位产品的成本也更低；同时，这种文化与组织的优势，会传递影响到消费者、供应商、分销商等，从而增加企业的品牌影响力，甚至增加销量并增强定价能力。在文化与组织优势方面，一个典型的例子就是高盛。

一名高盛的前员工曾写过一本畅销书，名为《高盛文化》[1]。在高盛崛起之前，华尔街大型投资银行内部文化的标配，就是尔虞我诈、彼此倾轧。一方面是由于投资银行的本质是中介生意，无论是卖股票还是卖债券，都是把买家、卖家拉到一起，收一笔中介费，这导致如何"撬掉"别人的——无论是竞争对手的还是同事的——生意；成为投资银行家重要的工作内容。另一方面是由于华尔街的双高特点，即"高收入、高周期性"。在好年景，华尔街资深投资银行家奖金达几百万美元或几千万美元不在话下。但是，资本市场的周期性很强，导致市场处于熊市时，必须通过大规模裁员来维持竞争力，这又增加了同事间尔虞我诈的

---

[1] 这本书英文版原名为"Goldman Sachs: The Culture of Success"，可直译为"高盛：文化的胜利"。

理由。

而高盛文化的特点，就是逆华尔街传统文化而行之，全力推崇团队精神，其标志是张口只谈"我们"，而不许只说"我"。这使高盛成为华尔街第一个旗帜鲜明地推崇"团队精神"，反对"个人自大"的投行，并继而确立了其在华尔街的特殊地位。高盛做出如此选择有其自身的逻辑。一方面，华尔街工作时间长、强度高，而严重内耗会降低员工的幸福指数，留不住优秀员工，不利于形成高盛推崇的"合伙人"机制。另一方面，团队合作可以确保内部信息通畅，加强工作协同。高盛相对于其他投资银行的比较优势是服务超大型客户，能为"巨无霸"客户提供跨不同业务线的多部门合作与无缝衔接的项目执行，而只有在公司各部门、各团队之间信息共享、有机整合，并且考核体系鼓励合作的前提下，方可真正实现。高盛独特的团队文化，与之伴生的超大型客户服务能力，提升了企业品牌，实现了公司更高的利润率，并有力促进了高盛长期以来的股价表现，远超其他主要投资银行。

图 20-3 是自 1999 年 5 月 4 日高盛 IPO 以来，三家主要投资银行的股价走势[①]。1999 年 5 月 4 日，高盛、摩根士丹利和摩根大通的股价分别是 53.34 美元、32.28 美元和 28.18 美元。截至 2022 年 6 月 3 日，三家公司的股价分别是 318.68 美元、84.12 美元和 130.16 美元，分别上涨 497%、161% 和 362%。在此期

---

① 收盘价，前复权。

间，另一家主要投资银行美林已被美国银行兼并，而花旗银行在金融危机期间遭遇重创，同期股价从1999年的229.93美元跌至51.33美元，下跌了78%，不具可比性。需要说明的是，摩根大通由大通曼哈顿银行与投资银行J. P.摩根合并而来，具备大量的商业银行业务。因此，高盛与老对手摩根士丹利最具可比性。而在22年间，高盛比摩根士丹利的股价多上涨约336个百分点，平均每年多上涨15个百分点，为股东创造价值的能力差异巨大。所谓"高盛：文化的胜利"名不虚传，也是其最重要的护城河。

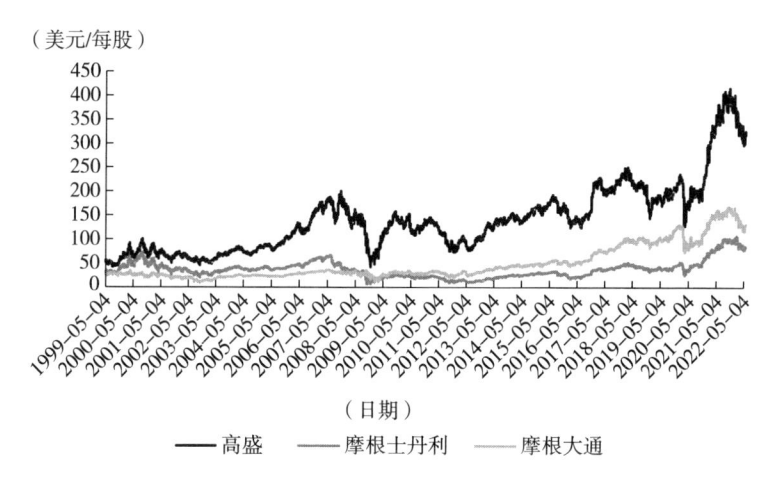

图 20-3　高盛与主要投资银行的股价表现（1999—2022年）

资料来源：万得资讯，望华研究。

第五个竞争优势护城河是企业的技术优势。技术优势，是指企业拥有竞争对手不具备的独特技术，而这些技术无法被竞争对手获得，或者在相当长的时间内这些技术难以被他人超越。

半导体芯片是现代科技"皇冠上的明珠",而芯片核心制造设备光刻机的垄断者——ASML则是芯片行业"皇冠上的明珠"。鉴于其所在行业的重要意义、技术含量及市场垄断性,ASML是技术优势护城河的最佳案例。它在全球光刻机市场的占有率超过65%,并且是全球唯一能生产高端EUV[①]光刻机的企业。

根据ASML公开披露的信息,2022年第一季度ASML仅有3台EUV确认收入,占公司第一季度营业收入35.3亿欧元的26%,每台EUV价格均达3.1亿欧元,堪称世界上最贵的单体设备。尽管2022年该公司计划出货55台EUV和240台DUV(深紫外线)光刻机,但公司光刻机订单数量仍超过产能的两倍,平均交货时间预计要两年。这就是技术优势的现实:买一台设备要20多亿元,而且还要等两年。而对于中芯国际等被美国纳入"实体名单"的企业,还不让买——2019年11月,ASML宣布推迟中芯国际订购的EUV交付,截至2022年第二季度仍未交付。

ASML成立于1984年,由飞利浦和ASMI(半导体设备制造商)合资创办。当时,飞利浦原本计划关停光刻设备业务,而尼康、GCA[②]则分别占国际光刻机市场份额的三成,可谓市场环

[①] EUV即极紫外线光刻机,在7nm及以下的芯片制程中,EUV是必需设备。
[②] GCA指美国传奇公司Geophysical Corporation of America(美国地球物理公司)。1959年,GCA收购了哈佛大学天文学家戴维·曼以自己的名字创立的高精度测量机械仪器公司,使其成为GCA公司的一个事业部。1961年,戴维·曼向市场推出第一台光刻机971型号。

境很不利。后来ASMI将股权出售给飞利浦，后者则继续支持ASML的光刻设备业务。

纵观ASML的发展历史，其技术竞争优势护城河主要围绕以下几点建立。

一是追求极致的科学技术，不断推出效率最高、精度最高的产品，赢得客户的深厚信任。1991年，ASML推出PAS5500系列光刻机，具有业界领先的生产效率和精度，成为扭转时局的重要产品，为ASML带来台积电、三星和现代等关键客户，使这些公司几乎全部决定改用ASML的光刻设备。1994年，ASML市场占有率已经提升至18%。ASML在2001年推出TWINSCAN双工件台系统[①]，大大提升了系统的生产效率和精确率，成为ASML垄断的隐形技术优势。2006年，ASML首台量产的浸没式光刻机TWINSCAN XT：1700i发布，该光刻机比之前最先进的干法光刻机分辨率提高了30%。2007年，ASML发布首个采用193nm光源的浸没式光刻系统TWINSCAN XT：1900i，由此一举垄断市场。得益于浸没式光刻系统，ASML光刻机销量占全球销量的比例从2001年的25%上升至2010年的近70%。2010年，ASML首次发售概念性EUV光刻系统NXW：3100，成为全球唯一的EUV光刻机供应商，开启了光刻系统的新时代。[②]

[①] 在2000年前的光刻设备都只有一个工件台。
[②] 2016年，第一批面向制造的EUV系统NXE：3400B开始批量发售。2019年推出NXE：3400C。目前，ASML正在从NXE：3400转移到利润率更高的NXE：3600产品，同时公司最先进的产品EXE：5200也进入市场。

二是紧跟不断崛起的客户，在成就伟大客户的同时成就自己。1988年，ASML跟随飞利浦，获得飞利浦合资工厂台积电的17台光刻机订单，成为其早期奠基性的订单，国际化布局也就此建立。20世纪90年代，尼康、佳能等日本厂商把重点放在美国市场，而ASML则将重点放在新兴市场，包括欧洲、中国台湾、韩国等地。后来，台积电、三星等在芯片市场的快速崛起，奠定了ASML的雄厚客户基础。2011年英特尔、三星和台积电共同收购ASML23%的股权，享有了EUV光刻机优先供应权。近年来，ASML已出货的EUV光刻机主要优先供应给台积电、三星、英特尔等有紧密合作关系的下游厂商。

三是在技术路线的选择上做多手准备，避免错失战略机遇。光刻机中最初采用的干式微影技术沿用到20世纪90年代，遇到了瓶颈——始终无法将光源的193nm波长缩短到157nm。2002年，台积电提出了一个简单的解决办法：放弃突破157nm，退回到技术成熟的193nm，把透镜和硅片之间的介质从空气换成水。ASML抓住机会，决定与台积电合作，在2003年开发出了首台样机TWINSCAN AT：1150i，成功将90nm制程提升到65nm。2006年，ASML首台量产的浸没式光刻机TWINSCAN XT：1700i发布。而尼康由于已经在157nm F2激光和电子束投射（EPL）上付出了巨大的沉没成本，因此没有采纳这一捷径。2003年，尼康宣布采用干式微影技术的157nm产品和电子束投射产品样机研制成功。但ASML的产品相对于尼康的全新研发，属于改进型成熟产品，半导体芯片厂应用成本低，只需对现有设备做较小的改造，就能将蚀刻精度提升1~2代，因此，几乎没有厂商愿意选择尼康的产品，尼康的溃败由此开始。

到了2010年后，制程工艺尺寸进化到22nm，已经超越浸没式DUV的蚀刻精度。在EUV技术取得应用突破之前，包括ASML在内的相关企业也在积极改进浸没式光刻系统。从设备、工艺和器件方面多管齐下，开发出高NA（0.55数值孔径）镜头、多光罩、FinFET（鳍式场效应晶体管）等技术。在各种技术与材料的配合下，ASML最先进的浸没式光刻机TWINSCAN NXT：2000i，制程极限也已达7nm与5nm，使ASML的浸没式光刻系统在EUV面世前得以延续摩尔定律，并进一步拉开与尼康、佳能的差距。而同时，2010年ASML首次发售概念性EUV光刻系统，并成为全球唯一的EUV光刻机供应商。

四是整合光刻机的核心上游企业，控制产业链各环节世界顶级的企业。一台EUV光刻机重达180吨，超过10万个零件，需要40个集装箱运输，安装调试要超过一年时间。总之，EUV光刻机几乎逼近物理学、材料学以及精密制造的极限。在超过10万个零件之中，来自SVGL（硅谷光刻集团）的微激光系统、德国蔡司的镜头和Cymer（西盟公司）的EUV光源[①]是最重要的三环。1997年英特尔牵头创办了EUV LLC联盟，随后ASML作为唯一的光刻设备生产商加入联盟，共享研究成果。2000年ASML收购美国光刻机巨头SVGL，2012年ASML收购

---

① EUV波长只有13.5nm，穿透物体时散射吸收强度较大，对光源功率要求极高。目前，EUV光源的技术基本只掌握在美国Cymer公司手中。

光源提供商 Cymer，2016 年 ASML 取得光学镜片龙头德国蔡司 24.9% 的股份。这些收购使 ASML 几乎参与了整个 EUV 光刻上游产业链。但在 ASML 收购美国企业的过程中，美国政府要求必须在美国建立工厂和研发中心，以此满足美国本土的需求，并确保 55% 的零部件从美国供应商购买，这为日后 ASML 向中国出口光刻机受到美国管制埋下隐患。

第六个竞争优势护城河是稳健、低债务（甚至无债务）的资产负债表优势。在西方经济学中有一个重要的理念，即债比股要便宜，其缘由一方面是债务利息可以抵减所得税，而分红不可以抵税；另一方面是股权回报有波动，故理应获得风险溢价补偿。但企业增加债务是有限的，因为银行或债券持有人会衡量企业债务违约的风险，即已有债务越高，资产负债率或债务资本比越高，企业债务违约风险就越大。因此，对于那些低债务（或低债务资本比）甚至负债务（企业冗余现金大于付息债务）的企业，其未来进行便宜的债务融资的空间就更大。而那些高债务（或高债务资本比）的企业，其债务融资空间越小，企业债务违约或者资金链断裂的风险就越大[1]。故稳健的企业资产负债表，也是企业的重要竞争优势护城河。

---

[1] 中国的中央企业通常指国务院国有资产监督管理委员会直属的近百家企业，它们多数是关系国计民生重要行业的骨干企业，在进行银行贷款或资本市场债券融资时往往有隐含的国家信誉，故其债信衡量体系与通过自身财务指标衡量债信的普通企业有所不同。一般而言，由于有隐含的国家信誉，央企的债务融资空间显著超过资产负债率及／或其他债信指标处于类似水平的非国有企业。

然而，稳健的资产负债表仍面临一个问题，即尽管企业债务融资的空间很大，甚至企业的账面现金远远大于债务，但企业能够进行有效的再投资吗？如果企业没有能力进行高回报的再投资，那么稳健的资产负债表仅仅意味着企业现金流断裂的风险低，或者企业有足够的冗余现金回购股票，但并不意味着企业可以不断再投资形成新的业务增长。换句话说，尽管企业拥有可以扩张的资本或金融资源（如债务空间），但仍需进一步探究企业是否有兑现资本的力量。否则，新投资只是企业新灾难的开始。

第 21 章　资本的力量

是否企业的 ROE 越高，就越值得投资？

这个问题是我在哥伦比亚大学商学院读书时印象很深的一次课堂讨论。很明显，对这个问题的回答并不是简单的"是"。但这个问题依然很有趣，其中的道理引人深思。它把企业的 ROE，即净资产收益率[①]，作为衡量投资标的吸引力的最重要的指标。类似的说法还有"是否企业的市盈率越低，就越值得投资"。人人都知道，市盈率是投资选择的重要衡量指标，足见 ROE 的重要性。

ROE 的本质是什么？它揭示的是企业对股东投资的回报能力。ROE 的分子是企业产生的归属母公司的净利润，代表企业的盈利能力。分母是净资产，即股东投资的资本金，加上累计净利润扣除分红后所得。因此，ROE 是反映企业对累计股东权益投资回报的最好的指标。既然 ROE 是如此好的指标，那么把

---

① 净资产收益率又称股东权益收益率，即净利润/净资产，或者净利润/股东权益。

所有上市公司的 ROE 拉出来，从高到低进行排序，岂不就是投资的优先顺序？显然，答案并没有这样简单。因为历史 ROE 高并不意味着未来的 ROE 一定高，而且，如果新的股东购买股票，不是以企业净资产账面值为价格来买，而是按照市场价来买的，后者可能远远高于前者。

但是无论如何，ROE 指标揭示了企业的一个重要方面，即通过分析企业的财务报表，来揭示企业的投资回报能力。准确地说，就是将盈利能力指标作为分子，将资本投入指标作为分母，形成企业的投资收益率指标。

换句话说，不同的企业①用同样的资本创造盈利或现金流的能力是千差万别的。有的企业是资本价值的毁灭者，它们持续地产生负的投资收益率，或者远低于资本成本的投资收益率。而有的企业是资本价值的创造者，它们持续地产生高于资本成本的投资收益率，相应地，这些资本价值创造企业的护城河不断地加宽——既包括自身回报再投资所带来的复利回报，也包括更多投资资金的涌入。

这就是资本的力量！长期而言，资本的力量仅属于那些可持续创造高于资本成本、高于市场平均投资收益率的企业。然而，企业的投资收益率指标林林总总，必须区别看待，并倚重真正反映企业资本创造回报能力的指标。总体而言，这样的指标有两大类。

---

① 不同的企业在很多方面有所不同，包括不同的管理层、市场地位、行业格局、品牌、专利技术等，即上一章所述的企业不同的竞争优势。

第一类是上面提及的 ROE 及与之相关的 ROA。ROE 使用起来简洁明了，而且是股东权益的收益率，因此与股东也更相关。但其主要问题也源于此，即它只是企业的净资产收益率，没有考虑企业的杠杆率，因此它不是企业真正的资本——股本加上债务的收益率，并没有反映企业的总体投资回报能力。

打一个比方，有 A 和 B 两个企业，它们的最新净资产都是 1 亿元，最新年度净利润都是 2 000 万元，故两个企业的 ROE 都是 20%。但 A 企业有 2 亿元的银行债务，B 企业没有任何银行或其他有息债务，毫无疑问，B 企业更有投资价值，因为尽管 ROE 相同，但 B 企业的债务融资能力并没有使用。假设 B 企业的资本收益率可以维持，并假设进行银行债务融资 1 亿元，按照 20% 的收益率水平，在扣除债务融资成本（假设是 5%）之后，企业的净利润将增加到 3 500 万元[1]，B 企业在进行 1 亿元的债务融资后 ROE 增加到 35%，远高于 A 企业。以此类推，如果 B 企业的债务融资比率达到 A 企业的水平，即进行 2 亿元的银行融资，则其净利润将增加到 5 000 万元[2]，ROE 将增加至 50%，是 A 企业的 2.5 倍。因此，B 企业通过投资扩大再生产制造护城河的能力远远超过 A 企业。

与 ROE 密切相关的是 ROA，即资产收益率，ROA= 税后净

---

[1] 进行 1 亿元债务融资后的 B 企业的净利润计算公式是：2 000 万元 +1 亿元 × 20%–1 亿元 × 5% = 3 500 万元。

[2] 进行 2 亿元债务融资后的 B 企业的净利润计算公式是：2 000 万元 +2 亿元 × 20%–2 亿元 × 5% = 5 000 万元。

利润/总资产。它反映了企业总资产创造净利润的能力。但这个指标也有缺陷，例如其分母是企业的总资产（从资产负债表的负债方看，即股东权益+包含有息债务在内的总负债），但分母是扣除了利息费用的净利润，分子、分母不匹配。

事实上，ROA时常被会计师津津乐道，一个重要原因是杜邦公式，即ROE可以拆分为ROA与杠杆比率的乘积，并可以进一步拆分为净利润率、资产周转率与杠杆比率的乘积。公式是：ROE（股东权益收益率）= ROA × 杠杆比率（L）= 销售利润率 × 总资产周转率 × 杠杆比率（L）。其中，销售利润率即净利润/销售收入，总资产周转率即销售收入/总资产，杠杆比率即公司总资产/股东权益。

如果说ROE并非企业总资本的投资收益率，ROA指标则存在分子与分母的不匹配，而且分母包含了冗余现金、与经营无关的短期投资等非主业使用资本，因此ROA也不是反映企业总资本收益率的理想指标。

在此背景下，有了第二类的投资回报指标，它们更贴近于企业的资本投资收益率，其中，最具代表性的是ROIC，即投入资本收益率。其分母是企业投入的资本，不仅包括企业的净资产（股东权益），还包括银行贷款等有息债务。为了更加准确地定义投入资本，往往还会扣除企业的冗余现金[①]以及非经营性资产（例如与企业经营无关的股权投资、房地产等），公式为：投入资

[①] 冗余现金又称超额现金，即企业维持正常生产经营不需要的额外现金。

本＝净资产＋有息债务－冗余现金－非经营性资产。

与 ROE 类似，ROIC 的分子也是盈利能力指标。但有一个差别是，由于分母是企业资本全口径[1]而非净资产口径，因此是不扣除利息，仅扣除所得税的，即息前税后经营利润，公式是：息前税后经营利润＝EBIT×（1－所得税率）。

因此，ROIC=EBIT×（1－所得税率）/（净资产＋有息债务－冗余现金－非经营性资产）。

这一指标再次证明投资是一个专业的精细活儿，例如，如何判断有息债务、冗余现金、非经营性资产，都需要专业的知识与精准的判断，正如巴菲特所说，需要"潜水"进入企业的财务报告与信息披露，逐一分析，才会有准确的把握。这也是为什么后期的巴菲特，除了建议大家投资伯克希尔－哈撒韦，越来越多地建议普通投资者投资不需要专业财务与金融知识的指数基金。

与 ROIC 类似的指标还有 ROCE，即已占用资本收益率，英文是"Return on Capital Employed"。该指标与 ROIC 类似，但有所不同。ROCE 的分子是 EBIT，比 ROIC 的分子更加粗糙，因为 ROIC 的分子要扣除所得税，即 EBIT×（1－税率）。ROCE 的分母计算也更简单，通常用总资产减去流动资产，即"所有股东权益＋所有负债－流动资产"，其隐含的意思是流动资产还可以变现，须予以扣除，才是已占用资本。ROCE 与 ROIC 的理念是一样的，只是 ROCE 是税前已占用资本收益率，而 ROIC 是

---

[1] 企业资本全口径指分母中包括有息债务，因此分子中包括对有息债务的回报，即利息。

税后总投入资本收益率。

如上一章所言，强大的资产负债表是企业的竞争优势护城河之一。而对拥有强大的资产负债表，或者拥有巨大的融资空间、融资潜力的企业而言，下一个问题是：企业能否创造可持续、高于资金成本、高于行业平均，甚至高于所有竞争对手的投资收益率？尽管 ROE、ROA 等回报指标为券商分析师或某些投资基金所使用，但我们更倾向于使用 ROIC、ROCE 这样真正的投资收益率指标，来鉴别企业持续使用资本、创造超额收益、不断扩大护城河的真实能力。

第七篇

"微米革"财富密码（VMMIG）

微小的米粒，可以实现财富的革命。
而"微米革"模型，是中国百姓实现长期复利收益，
打开财富自由之门的密码和钥匙。

——戚克栴

第 22 章 "微米革"选股方法

本书行至此时,"微米革"模型已经跃然纸上,包括 5 个方面。

一是估值(Valuation)。估值是选择投资目标的核心基本功。

二是市场(Market)。把握市场趋势必须综合了解多个方面的因素。

三是管理层(Management)。识别好的管理层是投资的前提。

四是行业(Industry)。理解行业发展的逻辑是投资的基础。

五是增长(Growth)。竞争优势护城河是企业增长的源泉。

上述 5 个关键词的英文首字母,恰恰组成"VMMIG",与"微米革"谐音。

"微米革"模型的 5 个方面,构成了 5 维矩阵(见图 22-1)打分体系,其中,一个维度轴线代表"微米革"的一个方面,即估值、市场、管理层、行业与增长。对投资标的股票打分,首先需要对标的公司的每一个维度进行打分(分三档:0 分、1 分、2

分）。然后，剔除存在单项得分为 0 分的标的，再对每一标的进行加总合计，挑选出"及格"与"接近及格"的投资标的，就形成了对投资标的选择的建议。

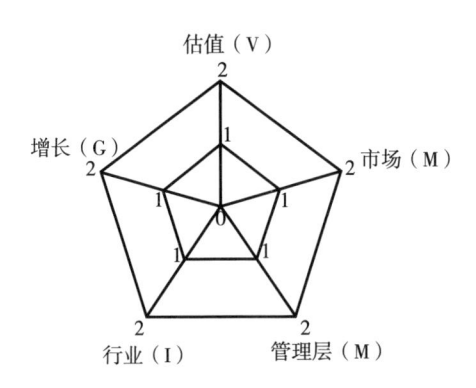

图 22-1　"微米革"（VMMIG）模型五维矩阵示意

资料来源：望华研究。

"微米革"模型 5 个维度的打分标准如下。

第一，"估值"（满分 2 分）。

股票价格≤DCF 估值（真实价值）的 50%，为 2 分。

DCF 估值（真实价值）的 50%＜股票价格≤DCF 估值（真实价值）的 80%，为 1 分。

否则，为 0 分。

第二，"市场"（满分 2 分）。

几乎 100% 确定市场趋势在 6 个月内上涨 10% 以上，为 2 分。

几乎 100% 确定市场趋势在 6 个月内下跌 10% 以上，为 0 分。

否则，为 1 分。

第三，"管理层"（满分 2 分）。

管理层的诚信有问题（即不符合"有道德"），或者你不喜欢公司核心人物，为 0 分。

管理层的诚信没有问题（即符合"有道德"），且其他的"四有"中符合两项或三项，为 1 分。

管理层符合"五有"的全部标准，为 2 分。

第四，"行业"（满分 2 分）。

行业高速增长，预计未来 5 年行业规模复合年均增长率不低于 15%，为 2 分。

行业较高增长，预计未来 5 年行业规模复合年均增长率不低于 5%，但低于 15%，为 1 分。

否则，为 0 分。

第五，"增长"（满分 2 分）。

企业的竞争优势护城河十分明显，且预计未来 5 年企业归母净利润复合年均增长率不低于 20%，为 2 分。

企业有较强的竞争优势护城河，且预计未来 5 年企业归母净利润复合年均增长率不低于 10%，但低于 20%，为 1 分。

否则，为 0 分。

在完成对 5 个维度的单项打分后，需要剔除存在单项评分为 0 分的企业。然后，加总得到"微米革"模型的总分。

根据总分，挑选出"及格"的标的企业，即"微米革"模型 5 个维度总分大于或等于 8 分，并且不得有单项等于 0 分的企业。除了"及格"企业之外，也可以挑选出"接近及格"（总分为 7 分，且不得有 0 分）的企业，作为备选梯队进行关注，并进行持续跟踪。

由于"估值"打分涉及股价，需要确定股价对公司 DCF 的折扣[1]，因此"微米革"模型需要有一个明确的基准日。投资者可以尽量选择临近自己实际投资的日子作为模型基准日。在实施投资的当天，再根据当时的股价情况，计算当时的"估值"折扣，确认"估值"得分，并计算投资标的的"微米革"模型总分是否达到"及格"或"接近及格"的水平。

---

[1] 一般而言，"管理层"、"行业"与"增长"等不会因为基准日的选择而在短期内产生重大差异。但在股市巨幅波动的经济危机期间，不同基准日的选择有可能对"市场"产生影响。而由于股价在每个正常交易日都会有变化，因此对"估值"折扣会有持续的直接影响。

第23章 "微米革"实用举例

我们以2022年10月25日为基准日,从20个市场比较关注的热点行业或子行业选取公司,每个行业选3家,共计60家(见表23-1),并根据"微米革"的五维矩阵进行示意性打分评价,作为"微米革"模型模拟应用案例。

20个行业或子行业包括:(1)军工;(2)生物制药;(3)光伏;(4)风电;(5)储能;(6)黄金有色;(7)半导体;(8)种子粮食;(9)房地产;(10)石油化工;(11)机械制造;(12)新能源车;(13)家用电器;(14)酒水;(15)证券;(16)银行;(17)制药;(18)医疗服务;(19)智慧城市;(20)通信设备与5G。

表23-1 "微米革"模型示意性举例(20个行业板块60家公司)

行业板块	序号	公司	估值	市场	管理层	行业	增长	合计	股价(2022年10月25日)
军工	1	航发控制	0	1	1	2	2	6	29.20
	2	中航重机	1	1	1	2	2	7	34.85
	3	航天发展	1	1	1	2	2	7	10.08
生物制药	4	智飞生物	1	1	1	2	0	5	89.05

续表

行业板块	序号	公司	估值	市场	管理层	行业	增长	合计	股价（2022年10月25日）
生物制药	5	长春高新	1	1	1	2	2	7	182.77
	6	通化东宝	1	1	1	1	1	5	8.72
光伏	7	隆基股份	0	1	2	2	2	7	48.70
	8	通威股份	1	1	1	2	2	7	47.37
	9	上机数控	2	1	1	2	2	8	135.88
风电	10	金风科技	1	1	2	2	1	7	12.07
	11	明阳智能	1	1	2	2	1	7	28.37
	12	天顺风能	1	1	2	2	2	8	14.09
储能	13	天赐材料	1	1	1	2	2	7	45.00
	14	科达利	2	1	1	2	2	8	93.99
	15	四方股份	0	1	1	2	2	6	15.81
黄金有色	16	山东黄金	0	1	1	1	2	5	16.95
	17	洛阳钼业	2	1	1	2	2	8	4.22
	18	华友钴业	2	1	1	2	2	8	57.91
半导体	19	京东方A	2	1	1	1	0	5	3.57
	20	中芯国际	0	1	2	2	1	6	37.60
	21	大族激光	2	1	2	1	2	8	25.80
种子粮食	22	大北农	0	1	1	1	2	5	8.85
	23	隆平高科	0	1	1	1	2	5	14.09
	24	北大荒	0	1	1	1	1	4	13.01
房地产	25	万科A	1	1	1	0	0	3	15.55
	26	保利发展	2	1	1	0	0	4	16.15
	27	招商蛇口	1	1	1	0	0	3	14.50
石油化工	28	万华化学	1	1	2	2	1	7	83.50
	29	中国海油	1	1	2	1	1	6	15.50
	30	卫星化学	2	1	1	2	2	8	12.57
机械制造	31	潍柴动力	1	1	1	1	1	5	9.38
	32	徐工机械	2	1	1	1	1	6	4.57
	33	中国中车	0	1	1	1	0	3	4.79
新能源车	34	比亚迪	0	1	2	2	2	7	257.90
	35	亿纬锂能	1	1	1	2	2	7	92.00
	36	赣锋锂业	1	1	1	2	2	7	79.98

续表

行业板块	序号	公司	估值	市场	管理层	行业	增长	合计	股价（2022年10月25日）
家用电器	37	美的集团	1	1	2	1	1	6	42.02
	38	格力电器	2	1	2	1	1	7	29.80
	39	海尔智家	0	1	1	1	1	4	22.08
酒水	40	五粮液	0	1	1	1	1	4	142.12
	41	口子窖	1	1	1	1	1	5	41.57
	42	青岛啤酒	0	1	1	1	1	4	93.30
证券	43	中信证券	1	1	2	1	1	6	17.53
	44	华泰证券	2	1	2	1	1	7	12.04
	45	中金公司	1	1	2	1	1	6	34.12
银行	46	招商银行	2	1	2	1	1	7	28.19
	47	工商银行	2	1	1	1	0	5	4.34
	48	农业银行	2	1	1	1	0	5	2.85
制药	49	药明康德	1	1	2	2	2	8	73.20
	50	司太立	1	1	1	1	2	6	17.05
	51	丽珠集团	1	1	2	1	2	7	32.76
医疗服务	52	迪安诊断	1	1	2	1	1	6	28.82
	53	金域医疗	1	1	2	1	1	6	70.50
	54	爱尔眼科	0	1	2	2	2	7	27.83
智慧城市	55	科大讯飞	0	1	2	2	2	7	33.86
	56	千方科技	1	1	2	1	2	7	8.87
	57	启明星辰	1	1	2	1	2	7	22.94
通信设备与5G	58	亨通光电	1	1	1	1	2	6	20.98
	59	中兴通讯	1	1	1	1	1	5	21.55
	60	信维通信	2	1	2	1	2	8	14.82

资料来源：万得资讯，望华研究。

在上述60家公司中，有9家的"微米革"模型得分为8分，分别是：上机数控（光伏）、天顺风能（风电）、科达利（储能）、洛阳钼业（黄金有色）、华友钴业（黄金有色）、大族激光（半导体）、卫星化学（石油化工）、药明康德（制药）、信维通信（通信设备与5G）。有趣的是，这9家公司中有7家的"估值"得分为满分2分，可见其重要性。其余2家公司的"估值"为1分，由于对所有60家公司的"市场"均给了1分（即无法100%确定近中期的市场走势，事实上，可能多数时间点都是这样的），因此，这2家公司的"管理层"、"行业"与"增长"均得了满分2分。总体而言，8分的要求是比较苛刻的，即要么在"估值"上得满分，在其他方面（"管理层"、"行业"与"增长"）非常好，得5分；要么在估值上比较好（得1分），在其他方面（"管理层"、"行业"与"增长"）要完美，得6分。

需要再次强调的是，上述"微米革"模型示意性分析并不代表对具体股票的推荐。一方面，上述信息是以2022年10月25日为基准日，对股价、行业及公司的情况进行测算的，随着时间的推移，会发生很大的变化（尤其是股价）。另一方面，上述打分的很多方面涉及大量的测算与假设，甚至涉及主观判断与主观预测，因此其得分并不准确，甚至可能是错误的。列示该表仅仅是为了给投资者建立自己测算分析的"微米革"模型提供示意性参考。

除了9家打分达到"及格"标准8分的公司外，还有16家公司的"微米革"模型得分为7分，处于"接近及格"的水平。它们分别是中航重机（军工）、航天发展（军工）、长春高新（生物制药）、通威股份（光伏）、金风科技（风电）、明阳智能（风电）、天赐材料（储能）、万华化学（石油化工）、亿纬锂能（新能源车）、赣锋锂业（新能源车）、格力电器（家用电器）、华泰证券（证券）、招商银行（银行）、丽珠集团（制药）、千方科技（智慧城市）和启明星辰（智慧城市）。

这16家企业中只有3家"估值"得分为满分2分，其他13家得分为1分，可见，"估值"是否满分是能否"及格"的重要区分点之一。对于"估值"为1分的"接近及格"的企业，除了"市场"，其他3项得分均是2个2分和1个1分。这也是比较高的要求。例如，"管理层"只要无法实现全部的"五有"，就最高得1分，因此"行业"与"增长"就必须都得2分。

从上面的分析不难看出，"微米革"模型的核心还是"估值"。

一方面，如果股价较DCF估值没有足够的折扣（处于"溢价"状态，或者有了折扣，但不够20%），则"估值"得分为0分，立即被排除。另一方面，即使估值有20%~50%的折扣，也只能得1分，而由于"市场"往往判断是1分（无法100%确定近中期的趋势），因此在"估值"得1分的前提下，"市场"之外的3项——"管理层""行业""增长"，必须都是满分2分，才能达到及格的总分8分，而这对公司所处的行业、增长速度及管理层的要求几乎是完美的。因此，在"微米革"模型下，标的企业最好"估值"能得满分，即股价低于DCF估值的50%。这一点，恰恰与经典的价值投资理念，无论是哥伦比亚大学商学院的经典价值投资理论，还是巴菲特的伯克希尔-哈撒韦公司的投资哲学，都是完全一致的。

除了"估值"以外，第二重要的就是管理层了。根据"微米革"模型的标准,管理层诚信有问题(即不符合"有道德"),或者投资者不喜欢公司的核心人物,则"管理层"一项为0分,而"及格"或"接近及格"都不得有0分。因此,根据"微米革"模型,投资者不应该投资有诚信问题,或者自己不喜欢其管理层的企业。简言之,"微米革"投资者不投资没有道德的企业。这一点与巴菲特"不与没有道德的人打交道"的投资与处世方式,是完全一致的。

关于"市场",由于要求"几乎100%确定"(无论是6个月内上涨10%以上为2分,还是6个月内下跌10%以上为0分),因此"市场"在大多数情况下得1分。我认为,只有在经济与金融危机的谷底,或者资本市场过度狂热的高峰时刻,才存在"几乎100%确定""市场"得2分或0分的情况。

事实上,"微米革"模型中的"行业"与"增长"维度,与芒格向巴菲特推荐并影响了巴菲特毕生的投资理念——用划算的价格投资一家优秀企业,比以便宜的价格买入一家普通企业的结果要好得多——是一脉相承的。换句话说,如果其他各项("管理层"、"行业"与"增长")都是完美的,而"市场"往往有不确定性(即得1分),在"微米革"模型下,在"估值"折扣大于20%的情况下("估值"得1分),即使没有达到经典价值投资者要求的5折股价折扣("估值"得2分),也是可以考虑投资的(总分仍有可能达到8分)。

这一点使"微米革"模型不仅是中国特色价值投资理论的深化、具体化与模型化,也是对西方经典价值投资理论的补充。

第 24 章 "微米革"风险控制

"微米革"投资方法的本质，是通过微小米粒的投资，获得可持续的复利，以在长期内实现财富的革命。这必然要涉及一个问题：如何在投资中，尤其是投资的中早期，避免所有的米粒，即投资本金全军覆没，而丧失实现"微米革"财富的基础？

24.1 永不借贷

中国的金融市场与西方的金融市场有两点存在显著差别。一是中国是以银行为代表的间接融资为主，以资本市场为代表的直接融资为辅。自 20 世纪 90 年代设立 A 股市场以来，经过几十年的努力，这种情况有所缓解，但银行依然是中国融资体系的主渠道。因此，"借钱"在所有人心目中的地位根深蒂固。二是存在着比较明显的"金融压抑"现象，即国有背景的中央企业与地方国企贷款额度绰绰有余，借款利息很低，而民营企业和个人却很难获得银行贷款，甚至在急需资金时不得不借民间的"高利贷"。在不少民营企业的观念中，银行的钱是一个需要找关系、求人才能借到的稀缺资源。而事实上，恰恰相反，借贷是很多民营企业倒闭的根本原因，更是诸多股民"微米"丧失殆尽的直接原因。

道理很简单，贷款是要还的，是有刚性还本付息时间表要求的资金。而企业投资、股票投资获得回报是有周期的，而且有很大的不确定性。比照经典的价值投资情形，以5折进行投资，并持有5年，在5年内股价恢复到真实价值水平的概率是大的。那么一系列问题来了：贷款能否等得了5年才还本？5年内的利息怎样还？万一5年到了，股价还未回到真实价值的水平怎么办？而贷款利息是每季度甚至每月都要付的，贷款本金往往半年、1年就要还，即使延期，也很难延续至5年。因此，贷款或杠杆资金与价值投资的期限是错配的。换句话说，用贷款或杠杆资金进行股权价值投资，终将落得血本无归，使"微米"丧失殆尽。

从西方资本市场数百年的发展历史看，凡是使用杠杆资金进行股票投资的，最终无一不爆仓。"杠杆买股"爆仓只是一个时间问题，而不是会不会爆的问题。即使使用所谓"无风险套利"理论，进行所谓"市场中性"的"无风险"投资，最终也摆脱不了同样的宿命。关于这一点，读者可以阅读一下我牵头翻译的《并购大师》一书，书中记录了对17位传奇套利大师的采访，包括迈克尔·普莱斯、保罗·辛格等。在他们的传奇故事与投资纪律后面，都有一个共同点，就是"不要使用杠杆"。

在华尔街的历史上，有一个著名的长期资本管理公司（Long-

Term Capital Management，LTCM），这家公司曾创造华尔街所谓"无风险套利"的传奇，而最终却濒临破产。LTCM 成立于 1994 年 2 月，是一家主要从事债务套利的对冲基金公司。公司负责人是梅里韦瑟，被誉为"华尔街债务套利之父"，他还招募了诺贝尔经济学奖得主默顿和斯科尔斯等金融领域的专家，他们由于对期权定价公式的突出贡献而获得诺贝尔奖。1994—1996 年，LTCM 的投资收益率分别为 28.5%、42.8% 和 40.8%。然而，以无风险套利为目的的巨大杠杆，最终使 LTCM 跌倒在小概率事件上。1997 年，LTCM 的杠杆比率高达 60 倍，共买入了价值 3 250 亿美元的证券。5 月，俄罗斯金融危机突如其来，到 9 月时 LTCM 的资产净值已经下跌了 90%，因巨额亏损而濒临破产[①]。

"微米革"投资永不借贷的理念，与中国民间的"加杠杆、博大钱"理念完全相反。其根本原因是，"微米革"投资是一个漫长的、通过持续投资"微米"式资本获得复利，最终慢慢地富起来的过程，并且享受这个过程。而"加杠杆、博大钱"的本质是赌博式的投机过程，幻想"一夜暴富"，其理念、本质、实现方式均与"微米革"投资完全不同。当然，这个世界上没有免费的午餐，"常在河边走，难免踏湿鞋"。那些期望借助杠杆实现快速致富的人，最终欲速而不达。而永不借贷的"微米革"投资者却可以实现快乐的、毫无外债负担的长期超额收益。

---

① 1997 年 9 月，美联储组织以美林等为首的 15 家金融机构注资 37.25 亿美元，购买了 LTCM 90% 的股权，共同接管公司，从而避免了其破产的命运。

24.2 守法

自从 2013 年我离开投资银行行业创立望华，迄今已经 9 年多了。如果说到望华最令人骄傲的是什么，同事们多半会说"望华的文化"。而在望华的文化中，最重要的就是"守法"二字。很多人会疑虑说，"守法"难道不是常识吗？为什么还要写入公司文化？

其实和上面的第一条投资风险控制法则——永不借贷一样，中国人对金融投资的守法缺乏很多基本的认识。比方说，内幕交易。很多中国人以自己有企业的内幕消息，或者有可以获得内幕消息的渠道而骄傲，甚至为此沾沾自喜，待价而沽。事实上，从你获得了企业内幕消息的那一天起，你就与利用那个内幕消息赚钱的任何机会绝缘了，因为无论你是自己买卖涉及内幕消息的股票，还是告诉他人买卖股票，都是犯罪行为。但很多中国人都没有意识到，这和中国资本市场创立只有 31 年，而前面很长的时间对内幕交易的入罪、判刑不够严格有关。

在我从事投资银行业务期间，曾从事美国和中国香港上市公司的私有化退市业务，而这些都会涉及股价敏感的内幕消息。为了能确保给出足够高，但又不至于成本过高的要约收购价格，在美国与中国香港的资本市场，需要与大型持股机构和基金进行沟通，征询它们对要约收购价格的意见。而在沟通之前，投资银行的销售人员会一般性、无指向性地询问基金经理："你是否愿意与我们的投资银行人员进行沟通，而这个沟通，会使你由于知晓内幕消息而无法交易涉及的股票。"不少基金经理会拒绝，因为他们不希望听到任何内幕消息，否则他们相关的股票交易会受到限制。如果中国资本市场的参与者们，无论是散户、中介机构、机构投资者还是监管者，都对内幕消息退避三舍，躲得远远的，而不是趋之若鹜，那么中国资本市场恐怕就接近成熟了。

为什么"守法"是"微米革"投资风险控制的法则之一？因为，违法其实就是欠了法律的债务。这与第一条风控法则——永不借贷一样。守法，就是永不欠法律的债务。你违反了法律规定，可能一次、两次、三次……不出问题，但终究会有出问题的时候，因为"违法"的本质是违背了社会的公平正义，从而侵犯了他人平等竞争的机会（例如，利用没有公开的内幕消息进行股票交易获利），而这种违法的不平等，终究会受到他人的反弹、社会正义的追责与法律的惩罚。

24.3　构建组合：集中与分散

在西方经济学理论中，有一套关于分散风险的重要理论，其基本理念就是"鸡蛋不能都放到一个篮子里"，于是要尽量多元化自己的投资组合。在极端的情况下，通过投资整个市场的股票，获得与整个市场一样的收益率。这样问题就来了，"微米革"投资的根本目的，是获得超出市场平均水平的投资回报。如果极致化地分散投资组合，甚至投资整个市场，并获得与市场一样的收益，那么投资的意义何在呢？因此，真正的"微米革"投资者，并不会为了控制投资风险而无限地分散投资组合至很多股票，甚至整个市场。

事实上，由于真正的"微米革"投资者有极其严格的投资流程与选股评价标准，包括估值、市场、管理层、行业与增长等多个方面的计算、评估与打分，因此投资标的在 5 年内实现比较理想的收益的概率是比较大的，"微米革"投资者具备进行相对集中的投资的技术基础。所谓相对集中，用巴菲特的话讲，就是集中投资那些在自己"能力圈"范围内的公司。的确，如果不在"能力圈"范围内，你的测算与打分怎么可能准呢！

那么，相对集中是指多么集中呢？是否只投资一两只股票呢？这时候，我们必须关注相对小概率事件。比如，我们假设判断出错的概率是 20%，而所谓判断出错是指在 5 年内，我们单一股票的复利投资收益率是 0%。假设在正常情况下，如果我们判断对了，我们单一股票的年化复利投资收益率是 25%。我们设定 15% 为可以接受的投资组合年化收益率的低限，并关注低于该低限的概率有多大。下面有三种情况。

情况一是我们只投资一只股票。有 1/5 的概率投资失败，即 5 年浪费了"微米"获得任何复利的机会，年化收益率为 0%。当然，有 4/5 的概率是投资成功，年化收益率为 25%。对于一个真正的"微米革"投资者而言，会视 1/5（20%）的概率为真正失败，而这个失败的概率还是偏大的。

情况二是我们投资了两只股票。则这两只股票中至少有一只股票投资失败的概率是36%[①]。如表24-1所示，两只股票全部失败或者至少一只股票失败的概率合计为4%+16%+16% = 36%。如果至少有一只股票是失败的，那么年化复利投资收益率最高是12.5%[②]。对于"微米革"投资者而言，这样的年化投资收益率是不理想的，低于目标15%的收益率低限。

表24-1 投资组合中仅有两只股票的结果及概率测算（A为失败）

股票一	股票二	
	A	B
A	AA / 4%	AB / 16%
B	BA / 16%	BB / 64%

资料来源：望华研究。

因此，在投资组合中只有两只股票的情况下，有高达36%的概率组合的复利投资收益率不高于12.5%，这并不是一个好情况。因此，组合中仅有两只股票也不是理想的选择。

情况三是我们投资了五只股票。五只股票中有不超过两只股票失败（包括无失败、一只失败或两只失败三种情况）的概率还是很高的[③]，而且整个"微米革"组合的投资回报水平还是可以

---

① 即 20%+20%−20%×20%=36%，其中要去掉一次重复计算的两种都失败的情况，或者也可把表24-1中阴影单元格的概率求和，也可以得到同样的结果。

② 即至少一次失败时的最高收益率是25%×50%=12.5%。当然，其中有4%(20%×20%=4%)的概率是两只股票都失败，在此情况下，组合的年化复利投资收益率为0%。

③ 即 0.8×0.8×0.8×0.8×0.8+0.8×0.8×0.8×0.8×0.2×5+0.8×0.8×0.8×0.2×0.2×(5×4÷2)≈94.2%。

接受的，即不低于（25%×3）/5=15%，而这恰恰是目标收益率的下限。

以此类推，在有 10 只股票的情况下，如果有不超过 3 只、4 只股票失败，则整个投资组合的收益率分别不低于 17.5%、15%[①]，在这些情况下，组合的收益率是可以接受的，而且概率很高[②]。

因此，在严格履行"微米革"投资模型的选股标准与程序的前提下，我一般建议选择 10 只左右的股票。最起码不要低于 6 只，区间可以是 6~15 只。截至 2022 年第三季度，巴菲特前 5 大重仓股的投资金额占其整个投资组合的 73%。一般而言，该比例会达到 60% 以上。

24.4 现金为王

在很长的时间里，巴菲特的伯克希尔 - 哈撒韦公司维持很高的现金持有比例。这正应了西方金融界的名言："现金为王！"

从图 24-1 可以看出，近 10 年来，伯克希尔 - 哈撒韦现金持有规模一直维持在折合 2 000 亿元人民币左右或以上。其中 2021 年底，更是达到了 5 622 亿元人民币（近 900 亿美元）的历史最高水平。尽管 2022 年上半年在俄乌冲突爆发后，巴菲特大举增持雪佛龙石油、西方石油等能源股，其现金水平有所下降，

---

① 分别是 17.5%=（25%×7）/10，15%=（25%×6）/10。
② 分别是约 88% 和约 97%。

但截至2022年中报，仍维持在折合2 054亿元人民币左右。从现金占归属母公司权益的比例看，2021年底曾高达17%，2022年大幅下降后依然维持在7%左右。

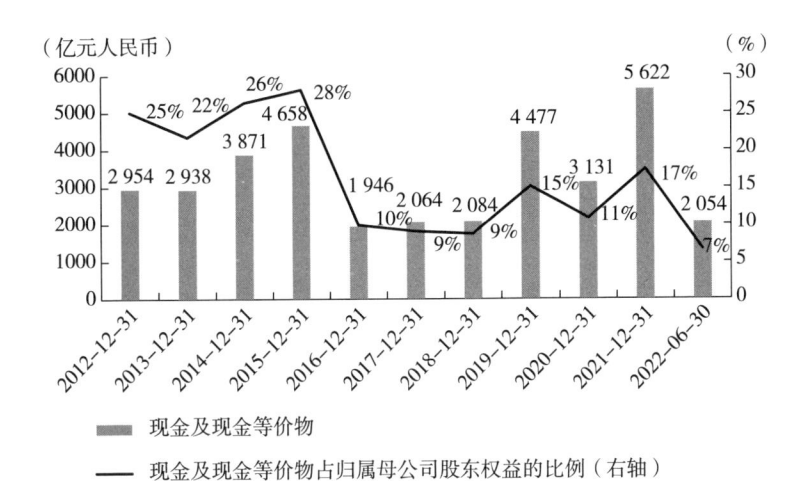

图24-1 伯克希尔-哈撒韦持有现金规模及其占股东权益比例（2012—2022年）

资料来源：万得资讯，望华研究。

数百亿美元的现金规模，无疑是一个天文数字。而巴菲特维持这样高比例的现金，换来的无非就是更好的风险控制与机会到来时所需的灵活性。换句话说，当股市估值高企，巴菲特认为股市下跌风险加剧，或者他认为需要等待更好的机会出现时，他会持有大量冗余的现金。而在股市下跌或机会出现时，他不需要任何杠杆，仅利用自有现金，就可以自如地选择最佳建仓机会，或者大幅度摊薄已持仓股票的成本。

为了更好地推演持有冗余现金的逻辑，我们进行以下模拟测算。假设如表24-2的A表所示，共有5种不同的"微米革"投资组合，分别是组合一、组合二、组合三、组合四和组合五。各组合的初始投资规模是一样的，均是10 000万元[①]。为简化计算，假设各组合均只持有一只股票，初始持仓成本均是100元/股。但是，各组合持有的现金量不同，从组合一到组合五现金持有比例逐渐提高，分别是10%、20%、30%、40%、50%。相应地，随着初始持有现金比例的增加，各组合初始持股的数量也相应减少，分别是90万股、80万股、70万股、60万股、50万股。

在表24-2的B表中，我们假设，随着时间的推移，股市有所下跌。事实上，这种情况颇为普遍，因为没有人能永远准确地预见股市底部，即使偶尔抓住了一次，也不意味着可以永远如此。为了反映不同的下跌幅度，我们随机地假设组合一至组合五所面临的股价下跌分别是10%、20%、30%、40%、50%，我们还假设每个组合均会永远保有初始规模至少10%的现金，以保障管理费等不时之需。超出10%之外的现金，投资经理均会在股票下跌时买入股票，以摊薄持仓成本。

表24-2的B表反映了在股市下跌后，各组合加仓后的持股数与摊薄后的每股成本。需要说明的是，组合一的初始现金保有

[①] 当然，也可以是10 000元。为避免摊薄成本后持股数为非整数，且考虑到股票交易有每手为100股或其他约定股数的要求，因此选择10 000万元进行示意。对于初始投资规模为10 000元的"微米革"投资者，可以根据投资股票的要求和手数进行取整。

量是 10%，与最低现金要求一致，因此在股市下跌时，组合一没有加仓，持仓成本也没有改变。而组合二至组合五则分别增加了 12.5 万股、28.6 万股、50 万股、80 万股，持仓成本也从初始的 100 元 / 股，降至 97 元 / 股、91 元 / 股、82 元 / 股、69 元 / 股。其中，组合五由于初始现金保有量高达 50% 且股价下跌达 50%，持股数增加了 160%，而平均持仓成本下跌了 31%。

根据价值投资理念，随着时间的推移，在对企业竞争优势"护城河"与现金流产生能力判断正确的前提下，优秀企业产生的持续现金流增长，终将反映到股价表现上。因此，如表 24-2 的 C 表所示，我们假设在投资期（按照价值投资的经典说法有可能长达 5 年）内，"微米革"组合所投资股票的股价终将上涨。随机地，假设组合一至组合五，最终股价较最初的持仓成本分别上涨了 10%~50%，综合考虑了初始投资、股价前期下跌后的加仓及成本摊薄后，各组合的投资收益率分别是 9%、21%、38%、64%、105%。其中，由于组合一初始现金持有比例 10% 处于现金底线，而现金没有收益，因此组合的投资收益率为股价上涨幅度与股票持仓比例的乘积，即 10% × 90%=9%。而组合五，由于初始持仓仅有 50%，即有 40% 的冗余现金，且假设的前期下跌幅度最大，因此实现了 105% 的回报。

当然，保有现金也是有"机会成本"的，因为现金几乎不产生收益，尤其是在股票价格一路上涨的情况下，由于没有加仓摊薄成本的机会，股价最终上涨的幅度，就是现金的"机会成本"。

巴菲特曾经说过，他最不擅长的事情之一就是股市"择时"[1]。因此，他买的股票尽管长期看有很大的价值，但短期看，往往都不是最好的入股时机。但在表24-2的D表中，我们假设遇到了真正的"择时大师"（不难想象，出现这种情况的概率是很低的），即入股后股价一路上涨，直至与C表的最终上涨幅度一样，其间未经历任何低于初始投资股价的增持（摊薄成本）机会，则组合一至组合五的投资收益率分别是9%、16%、21%、24%、25%。显然，由于没有股价下跌的摊薄，除了组合一没有变化，组合二至组合五的收益率较C表中的收益率均大幅下降。

表24-2 不同现金配比下"微米革"投资组合的风险与收益分析

A　初始组合

组合名称	初始规模（万元）	现金比例	股票比例	初始持仓成本（元/股）	初始股数（万股）
组合一	10 000	10%	90%	100	90
组合二	10 000	20%	80%	100	80
组合三	10 000	30%	70%	100	70
组合四	10 000	40%	60%	100	60
组合五	10 000	50%	50%	100	50

资料来源：望华研究。

---

[1] 这一点听起来有一些可笑，因为在国内有很多所谓专家，号称自己是股票"择时"专家，能准确预测下一周或明天的股市涨跌。而股神巴菲特却声称自己非常不善于"择时"。笔者的理解是，这只能反映不同的人对自己"擅长"或"不擅长"的标准要求不同，以及那些声称自己是"择时"专家的人的目的与巴菲特不同。就"微米革"投资者而言，尽管在"微米革"模型中有市场（Market）这一项，但由于打分标准极其苛刻（要求几乎100%确定1年内股市涨幅超过10%或者跌幅超过10%），因此，在绝大部分情况下，需选择市场中性，即打1分，详细示意见表23-1中的市场一栏。

B 假设下跌后各组合的持股数及摊薄后成本

组合名称	股票下跌比例	下跌后价格（元/股）	加仓后股数（万股）	摊薄后成本（元/股）
组合一	10%	90	90.0	100
组合二	20%	80	92.5	97
组合三	30%	70	98.6	91
组合四	40%	60	110.0	82
组合五	50%	50	130.0	69

资料来源：望华研究。

C 先下跌后上涨情况下各组合的最终收益率

组合名称	最终股价较最初成本上涨比例	最终股价（元/股）	最终组合价值（万元）	最终组合回报
组合一	10%	110	10 900	9.00%
组合二	20%	120	12 100	21.00%
组合三	30%	130	13 814	38.14%
组合四	40%	140	16 400	64.00%
组合五	50%	150	20 500	105.00%

资料来源：望华研究。

D "一路上涨"情况下各组合的最终收益率

组合名称	最终股价较最初成本上涨比例	上涨后股价（元/股）	最后组合价值（无摊薄，万元）	最终组合回报（无摊薄）
组合一	10%	110	10 900	9%
组合二	20%	120	11 600	16%
组合三	30%	130	12 100	21%
组合四	40%	140	12 400	24%
组合五	50%	150	12 500	25%

资料来源：望华研究。

然而，需要指出的是，一方面，股价在投资后"一路上涨"毕竟是小概率事件；另一方面，表24-2的C表中因持有冗余现金所获得的大比例超额收益和D表中的所谓"一路上涨"情况下持有现金的所谓"机会成本"——所丧失的若干点收益率是不对称的。我们可以测算一下在"一路上涨"的情况下，如果组合二至组合五从一开始就仅维持 10% 的现金比例，则在各组合中股价分别上涨 20%、30%、40%、50% 的情况下，其投资收益率分别是 18%、27%、36%、45%[①]。这些收益率，比 D 表中初始持有现金比例高的情况下各组合的收益率，分别高出 2%、6%、12%、20%——这些收益损失即为"一路上涨"情况下持有冗余现金的"机会成本"。

然而，在 C 表中，持有大量冗余现金，所带来的在股价下跌时摊薄持仓成本的"机会收益"，似乎远远大于上述"机会成本"。具体而言，C 表中组合二至组合五的"机会收益"分别是 3%、11.14%、28%、60%[②]，明显超过了上述"机会成本"，即 2%、6%、12%、20%。因此，持有冗余现金的潜在收益与机会成本是显著不对称的。

这就是持有现金的收益与风险的权衡。巴菲特式的持有大量现金的情况，适合于注重长期企业价值与基本面，但在短期内并不特别擅长"择时"的投资者。"微米革"投资者本质上是价值投资者，因此，应该保有一定量的冗余现金，在价格下跌时进一步摊薄成本，从而获得超额的回报。而且，"微米革"投资者认为，不存在永远在短期内择时成功的人，即使巴菲特、芒格也没有这样的能力。影响资本市场走向的不确定性因素毕竟太多了。

[①] 即分别用 20%、30%、40%、50% 与 90% 的持仓比例相乘所得之积。

[②] 即用表 24-2 的 C 表中的收益率分别减去初始持仓 90% 且股价"一路上涨"情况下的收益率（18%、27%、36%、45%）。

例如，在"9·11"事件爆发前谁能预测到这一事件的发生？又有谁会预知"9·11"事件导致美国股市暂停交易3天？而专注于研究一个或几个企业的基本面、竞争优势"护城河"和长期产生自由现金流的能力，却要容易得多，这也是"微米革"投资者花更多的时间专注研究企业的"估值""管理层""行业""增长"，而非市场"择时"的根本原因[1]。

24.5　管理好投资者

科学的最高境界是哲学，投资的最高境界是艺术，风险控制的最高境界也如出一辙，可以总结为出奇简单的哲理：永远保持合适的距离。

本章的第一节是讲永不借贷，即永远与债权人保持遥远的距离，因为债务的偿还是刚性的，是性格最"烈"的相关方，错过了还贷日期就丧失了信誉，甚至面临破产的风险。第二节是讲守法，即永远与法律的边界保持距离，否则，就是欠法律的债，一旦爆发则万劫不复。第三节是讲集中与分散，即永远与被投资的企业保持距离。要接近少数的有道德的公司，对它们（包括管理层）有足够的理解，但绝不可以押注于过少的公司（例如，仅有

---

[1] 从"市场"只占"微米革"模型1/5权重的角度来看，市场时机的判断只占整个模型的20%。而如果考虑到"市场"打分的苛刻标准及其结果——绝大多数情况下"市场"打分是市场中性的1分，则"市场"占整个"微米革"模型的比例应是个位数。

两三个），距离过近，往往就是危机隐患的开始。第四节是讲现金，即永远与自己的判断保持距离。尽管从长期来看，"微米革"投资者的价值投资判断往往是正确的，但正确判断的"兑现"可能需要两三年，甚至四五年，没有人知道这期间会发生什么。因此，必须保有足够的冗余现金，保有股市下跌时摊薄成本的机会，保有足够的灵活性。

这一节是讲投资过程中的另一个重要相关方——投资者。投资者可以是公募基金或私募基金的投资者，也可以是像巴菲特的伯克希尔－哈撒韦公司那样上市的投资公司股东。与其他的风险控制理念一样，要与自己的投资者保持合适的距离。

有人说，投资者不就是基金或公司的所有者吗？其实不然。如果是作为公司的股东，他们只是小股东，既不是公司的实际控制者——控股股东，也不是公司的经营者——管理层。如果是作为基金的投资者，他们既不是投资专家（这也是他们需要基金经理的原因），不参与基金投资决策，也不承担投资决策的责任。因此，无论是作为公司的控股股东、经营者，还是公募基金与私募基金的基金经理，都要与投资者保持合适的距离。尤其不能忘记的是，正如价值投资的三大基础之一——这个市场是不理性的，甚至是疯狂的——所描述的那样，投资者作为市场组成的普通成员之一，往往是不理性的，尽管这无可厚非。

因此，"微米革"投资者作为坚定的价值投资者，需要举起理性的大旗，努力实现在中长期内为投资者创造超额收益的使命。为此，真正的"微米革"人，必须与自己的投资者保持合适的距离。这里面包含以下几个方面。

第一，要筛选投资者。"微米革"投资获得收益是需要周期的，短则二三年，长则四五年，因此不适合于那些在3年内急需用钱或期望获得全部投资收益的短期、中短期投资者。此外，"微米革"投资者是需要"微米"作为启动资金的，但不能通过借贷或加杠杆来获得启动资金，而应该是通过打工积累，卖掉多余、空闲的住房，或是通过实体生意与家族传承而获得。对于还没有"微米"的人，应该踏踏实实打工挣钱，并通过投资自己——读更多的书，来提升自己获得更高工资的能力。

第二，要管理好投资者。在这方面，巴菲特是最成功的典范。一方面，他每年都会在位于奥马哈的巨大的体育馆，召开规模盛大的伯克希尔-哈撒韦股东大会，与5万多名投资者进行面对面的现场沟通，答疑解惑，推销旗下企业的产品。另一方面，他清楚地界定了投资者的权限，即普通投资者与他作为公司的实际控制人及伯克希尔-哈撒韦公司管理层的距离。伯克希尔-哈撒韦的股票由每股价格约45万美元的伯克希尔-哈撒韦A类股票，以及每股价格约297美元的B类股票[1]共同组成。其中，B类股票相当于A类股票的1/1 500的经济权益（包括分红权等），但仅相当于1/10 000的投票权。巴菲特持有的伯克希尔-哈撒韦股票基本在A类股票中。根据2021年底的年报，巴菲特持有A类股票23.86万股，相当于A类股票总计61.7万股的38.67%。

---

[1] 截至2022年8月19日收盘，伯克希尔-哈撒韦的A类股票每股价格约为44.7万美元，B类股票每股价格约为297.3美元。

但在总计12.9亿股的B类股票中，巴菲特仅持有2 400股。因此，巴菲特通过类别股东机制，把经济收益权分享给了小股东们，但同时通过A类股票保持着对伯克希尔－哈撒韦的控制权[①]。

第三，要教育好投资者。投资者教育是一个永恒的话题。遵循"微米革"模型的基金经理，要清晰地向投资者传输"微米革"的投资理念、投资方法、投资期限与历史业绩。只有在投资者形成了与"微米革"理念一致的合理预期之后，遵循"微米革"模型所形成的投资结果才不会给投资者带来意外。尽管在伯克希尔－哈撒韦股东大会上，几万名现场观众可以随机地经过抽签在10个左右的"提问站"中提出任何自己想问的问题，但绝大部分问题都在巴菲特的价值投资理念与框架之内。这无疑要归功于巴菲特持之以恒的投资者教育。他通过数万人的股东大会、电视及网络直播、亲自书写详尽的股东信函等方式，持续、准确地传播伯克希尔－哈撒韦的价值投资理念，从而使几乎每一个伯克希尔－哈撒韦股东，都是巴菲特价值投资理念的信奉者，并最大限度地降低了不同意见股东的比例及由其带来的不同意见与争执的可能性。如巴菲特所说，他几乎什么都不缺，唯一缺的就是时间，他要避免干扰，用有限的时间专注于自己热爱并擅长的投资。

第四，要给予投资者合适的退出与及时收益机制。无论经过

---

① 根据B类股票相当于A类股票1/1 500的经济权益及1/10 000的投票权折算比率，A类股票大约占据整个伯克希尔－哈撒韦投票权的82.7%和经济权益的41.8%。巴菲特大约占据整个公司32%的投票权和16.2%的经济权益。

怎样的投资者筛选、管理与教育，总会有投资者对公司或基金经理不满，或者对资金有不时之需。伯克希尔－哈撒韦面对这种情况时，不满或需要钱的投资者可以在二级市场减持退出，或者由伯克希尔－哈撒韦根据市场价格不定期地回购。对于公募基金与私募基金而言，也需要适度地考虑投资者不时会出现的现金需求。例如，在我担任基金经理的私募证券基金里，会有定期分红的条款，其中最具代表性的望华卓越高分红价值成长私募证券投资基金在成立的前4年时间里，实现了累计超过70%的高比例分红。

当然，说一千道一万，"微米革"风险控制的终极手段，还是坚守"微米革"的各项原则与投资理念，为投资者实现可持续的长期超额收益。

免责声明

本书所载信息、意见、评估及预测仅供参考，并不构成独立的研究报告或任何投资、法律或税务等专业建议。本书所载估值等观点是基于一系列的假设和前提条件，在任何时候不构成对任何人的具有针对性的、指导具体投资的操作意见。作者对本书所载资料的准确性、可靠性、时效性及完整性不做任何明示或暗示的保证，对依据或者使用本书所载资料所造成的任何后果，不承担任何形式的责任。

后　记

2020—2023 年，必将载入史册。

自新冠肺炎疫情暴发以来，世界发生的巨变，令人瞠目结舌，贯穿了撰写本书的始终。在即将收官付梓之际，我突然发现，这 3 年发生了太多事情，几乎来不及用数据去更新，用文字去记载。

2020 年初，新冠肺炎疫情暴发，武汉封控，A 股大跌，美股熔断。7 月，A 股暴涨，白酒造富。9 月，"双碳"目标宣示，新能源崛起。2021 年，病毒变种继续，全球供应链断裂。2022 年，俄乌冲突爆发，油价破百。4 月，上海封控，A 股发生"4·25"大暴跌。9 月，北溪管道破裂，欧洲游走在核战争的边缘，而上证综指则回到了 3 年前。12 月，国内疫情政策有所调整，A 股市场出现久违的反弹。

这就是真实的世界，令人难以置信。而这正是格雷厄姆口中的"疯子"市场，也正是这种极端的非理性波动，为真正的价值投资者提供了难得的机遇。

在此期间，望华卓越高分红价值成长私募证券投资基金累计净值增长了一倍多，但也经历了剧烈的震荡。事实上，我本人也在学习的过程中。幸运的是，我不断地将学到的东西融入"微米革"模型，并最终得以在此奉献给中国资本市场的"草根"。

"微米革"模型的生命力，不只在于它融合了西方价值投资的经典理念，更在于它将价值投资"中国化"，结合了中国特色。除了估值要"5折"之外，"微米革"关注市场趋势，注重中国管理层的特色，关注行业是否符合"国九"趋势，并更关注那些高增长企业价值被低估的机会。

尽管本书的内容在2022年第四季度已经完成，但预计实体书的出版将在2023年春天。我希望届时的市场，会进一步证实"微米革"的价值。当然，微小的米粒，可以实现财富的革命，绝不在一朝一夕。

由衷地希望更多的中国"草根"能够拥有它，并在未来的30年、40年、50年，践行新时代中国"渔夫"的造富神话。